刘国胜 著

鲁迅精神与上海城市品格

鲁迅在上海（1927—1936）

上海人民出版社　　学林出版社

目 录

后记　让鲁迅作品本身来回答什么是鲁迅精神

前言　解读一个人的精神与一座城市品格的关系

　　鲁迅，1881 年 9 月 25 日生于浙江省绍兴府会稽县（今属绍兴市）。本名樟寿（1898 年投考江南水师学堂时改名树人），字豫山（1887 年入家塾读书时改字豫才）。鲁迅，是先生 1918 年 5 月在《新青年》上发表中国现代文学史上第一篇白话小说《狂人日记》（《呐喊》）① 时开始用的笔名。先生对教育家、终身好友许寿裳② 解释道，取此笔名是因为"从前用过迅行的别号"，又因为"（一）母亲姓鲁，（二）周鲁是同姓之国，（三）取愚鲁而迅速之意"。③ 他一生用鲁迅之名发表著译 500 余篇。

　　1927 年 9 月 27 日，鲁迅先生和夫人许广平（1898 年 2 月 12 日生，笔名景宋）在广州登上"山东号"客轮，绕道香港乘船经汕头北上，于 10 月 3 日抵达上海。自此，先生开始在沪定居，至 1936 年 10 月 19 日逝世，跨十年。这十年，称为鲁迅后期，对研究鲁迅具有特殊重要的意义。本书旨在解读这十年，鲁迅与上海的关系。

---

① 在鲁迅作品名后括号中注明的，是该作品编入的鲁迅作品集名，在每一部分第一次出现时注明。

② 本书出现的人物，如重复出现，须介绍其身份的，在第一次出现时说明。

③ 本书引用许寿裳对鲁迅的回忆，均见许寿裳《鲁迅传》，九州出版社 2017 年版。

　　书名《鲁迅精神与上海城市品格——鲁迅在上海（1927—1936）》。副标题"鲁迅在上海（1927—1936）"是基础，旨在尽可能说清楚一个人与一座城市——鲁迅与上海的关系；没有用"鲁迅与上海"，是考虑不局限于解说鲁迅与上海的关系。先生的作品不是从概念到概念，就理论谈理论，而总是由现实的、具体的、形象的人和事切入。他生活在上海，看到或听到的相当多的人和事是上海的，他的作品对上海有着直接针对性，然而又不只对上海，而是辐射全国，两者有着高度一致性。上海是中国走在现代化前列的城市，上海遇到的问题和先生对这些问题的文明批评、社会批评，在全中国具有典型性和前瞻性。何况先生身在上海，始终关注全国情势，他的不少作品是针对全国或上海以外的人和事而创作或由此引发的。简而言之，先生在上海写了面向全体中国人的作品。

　　主标题"鲁迅精神与上海城市品格"是重点，旨在把解说鲁迅精神与上海城市品格结合起来。贯穿鲁迅全部作品的核心内容是"立人"。近十多年来，我已写了三本综合性的解读鲁迅"立人"思想的书，又分专题写了鲁迅儿童观、青年观、妇女观、教育观、人生哲学和方法论方面的书，形成了"鲁迅今读"系列，却没有专门写过鲁迅精神。上述那些书无一例外都涉及鲁迅精神，但和专门解读鲁迅精神毕竟不是一回事。综观鲁迅研究界，论及鲁迅精神的专著和论文很多，但专论鲁迅精神的也不多见。

　　改革开放以来，中国的现代化进程大大加快，对人们的思想带来重大而深刻的影响。一方面，人们的思想在某些方面获得了前所未有的解放，道德水平也在某些方面有了明显提高。另一方面，许多人在潜移默化中仍程度不同地受封建遗毒之累，乃至沉渣泛起；还有许多人则受西方物欲冲击，"一切向钱看"几成时尚。在百年未有之大变局中，如何使精神文明与物质文明协调发展，是中国人面临的严峻挑战。令人欣慰的是，早在八九十年前，鲁迅就对类似挑战作出了回应，提出了真知灼见。在新的时代背景下，进一步梳理、阐释鲁迅精神，从中吸取智慧和力量，以有效抵御各种假恶丑现象，促使中国人尽快实现自身现代化，重要而紧迫。

上海是一座具有特殊品格的城市。2018 年，中共中央总书记、国家主席、中央军委主席习近平在首届中国国际进口博览会开幕式上的主旨演讲中指出："一座城市有一座城市的品格。上海背靠长江水，面向太平洋，长期领中国开放风气之先。上海之所以发展得这么好，同其开放品格、开放优势、开放作为紧密相联。""开放、创新、包容已成为上海最鲜明的品格。这种品格是新时代中国发展进步的生动写照。"① 鲁迅在上海的十年，是他人生最成熟的十年。先生与上海城市品格是相辅相成的关系，当时已体现的上海城市品格影响了他，而他对上海城市品格的形成和提升则更产生了深刻而长久的影响——不仅影响了当时，而且影响到他身后的 80 多年，还必将影响未来。

本书绪论"鲁迅在上海：'运交华盖欲何求？'"介绍先生对当时上海的评价，解读他在上海自我描述的那首《自嘲》诗。介绍他在上海接受马克思主义的情况，与中国共产党早期领导人之一、文

---

① 中共中央党史和文献研究院编：《十九大以来重要文献选编（上）》，中央文献出版社 2019 年版，第 688—689 页。

艺理论家、翻译家瞿秋白，作家、文艺理论家冯雪峰，红军将领陈赓，孙中山夫人宋庆龄，教育家、国民政府大学院院长蔡元培，作家、文学团体文学研究会主要发起人茅盾，教育家、语言学家陈望道等交往的情况。解读先生与黑暗势力作斗争的主要特点——搏击"本体自发"和"交通传来"的"二患交伐"。

本书直接阐述鲁迅精神的内容共七章，分述鲁迅的七种精神，以及这些精神对我们的启示，尤其是对提升上海城市品格的启示。七章分成三个板块。

第一章"为'我们的份'而奋斗的爱国主义精神"。介绍鲁迅记述亲历一·二八事变的情况，根据报章消息对外患内乱的批判。解说先生对民众抗日热情的充分肯定，对一些热血青年华而不实的救亡行为的善意嘲讽，对外国列强罪恶行径和国民党政府错误立场的抨击。阐述先生针对"国际的财神爷扼住了中国的喉咙"，所发表的"我们该自有力量，自有本领"等深刻见解。联系上海实际，以"爱国·自立自强与上海城市品格"为题，阐述爱国主义在当下突出表现为反制以美国为首的反华势力对中国的打压，关键在自立自强，而上海理应率先实现自立自强；为此亟须用民主监督和自我革命相结合的方法来破解20世纪40年代"窑洞对"中，近现代爱国人士、民主主义教育家黄炎培向毛泽东提出的"跳出历史周期率"难题。阐述"开放、创新、包容"的城市品格与人的现代化的关系。

第二章"'俯首甘为孺子牛'的大爱真爱情怀"。介绍鲁迅笔下半殖民地半封建的中国、特别是上海，劳苦大众受压迫和侮辱、被榨取，"不像活在人间"的困境，包括"推、踏和踢""爬和撞"等现象，以及形形色色的女性悲剧。同时介绍先生揭露的国民性弊端的新旧表现，包括"普遍的做戏"、夸大其词，以及看客现象和奴性。解说先生一方面讴歌"中国的脊梁"，强调"多数的力量是伟大的"；一方面帮助和引导大众摆脱愚昧，反对"迎合和媚悦"大众。联系上海实际，以"上海'凝聚力工程'博物馆告诉我们什么？"为题，介绍被习近平称为"社区党建最早、最长的典型"——"凝聚力工程"，阐述按照鲁迅"一要生存、二要温饱、三要发展"的"立人"目标，来建立为民服务的"八个人"工作机制。第二章和第一章密切相关，爱人民是爱国主义的本质。

"为'我们的份'而奋斗的爱国主义精神"和"'俯首甘为孺子牛'的大爱真爱情怀"，是提升上海城市品格的原动力。这两章构成本书的第一板块。

第三章"'放开度量无畏地吸收新文化'的豁达闳大"。介绍鲁迅在批判"闭关主义""送去主义"和"送来"现象基础上提出的开放观——"拿来主义"。解说"拿来主义"的出发点，是通过对外开放，将中国与发达国家作比较，唤起民众觉醒，鞭策有识之士突破阻力推进改革。阐述"拿来主义"并非妄自菲薄，而是为了更好地传承民族文化精华；对拿来的东西并非照单全收，而是作出"或使用，或存放，或毁灭"的选择；这对"拿来主义"者提出了很高的要求，为此"我们急于造出大群新的战士"。介绍先生甘为人梯，满腔热忱扶持青年作家成长。阐述"拿来主义"要促进创造，"几千百万人的创造"。联系上海实际，以"开放：'拿来主义'对'五个中心'建设的启示"为题，阐述上海在国际经济、金融、贸易、航运、科技创新中心建设中，要具体深入地开展国际对标，抓住列宁所说"善于吸取人类的全部知识"这个关键，加快国际化人才队伍建设，从仿造走向更多的创造——真正意义上的中国制造。

第四章"'横眉冷对千夫指'韧性战斗的硬骨头精神"。从鲁迅面对国民党"清党"导致日益猖獗的"围剿"进步文化、屠戮革命者的白色恐怖，还得面对革命文学运动中的极"左"思潮干扰，来描述先生在上海"横站"着进行两种不同性质战斗的"运交'华盖'"。解说先生在与黑恶势力和错误思潮的斗争中，毫不妥协的执着和"总要战取光明"的自信，阐述先生一贯强调的锲而不舍的韧性斗争精神。联系上海实际，以"创新：走在深化改革前列须具备'深沉的勇气'"为题，阐述改革者内心要有"理想的光"，通过进一步解放思想来推进文化创新，用能不能解决困扰发展的实际问题，来检验是否具有迎难而上、锲而不舍的硬骨头精神和改革成效。

第五章"'不求全责备''不走极端'的大气"。解说鲁迅提出的待人处事的基本原则。阐述处理人际关系的要点是"彼此略小节而取其大"，否则就难以吸引、留住和用好优秀人才，弄不好反而会有不良分子前来迎合你，使队伍劣化。阐述中国许多人"自命为中庸，其实是颇不免于过激的"，过犹不及，走向极"左"或极"右"；"虚悬了一个'极境'"，其实是"陷入'绝境'"。联系上海实际，以"包容：上海人自应有海纳百川的度量"为题，阐述提升"包容"的城市品格，要在为科技创新和各项事业发展创造宽松的环境上下功夫，"老上海人"和"新上海人"要借鉴"北人南相、南人北相者贵"的理念,在优点"相师"的基础上实现深度融合,使上海人的素质提升到一个前所未有的新水平。

"'放开度量无畏地吸收新文化'的豁达闳大","'横眉冷对千夫指'韧性战斗的硬骨头精神"和"'不求全责备''不走极端'的大气",直接对应提升"开放、创新、包容"的上海城市品格。这三章构成本书的第二板块。

第六章"'不后于世界思潮,弗失固有血脉'的理性"。解说鲁迅侧重从"改革国民性"的角度,对当时上海三种文化的批判:从"西崽相""流氓气"和"才子气"三个方面,对租界文化的批判;从过度商业化、娱乐化乃至低俗化的角度,对海派文化的批判;从脱离中国实际、照抄照搬的角度,对左翼文化中极"左"倾向的批判。阐述上述批判都不是对某种文化的全面评价,而是为了古为今用,洋为中用,创立中国现代文化。联系上海实际,以"知行关系:'必须从感性认识跃进到理性认识'"为题,联系毛泽东的《实践论》,谈归纳法和演绎法及训练与调查研究的关系。提出要重视社会科学成果转化,简要介绍哲学家、哲学史家、华东师范大学教授冯契,文艺理论家、作家王元化,哲学家、复旦大学教授俞吾金,历史学家、上海师范大学教授萧功秦的相关研究成果。以宝钢集团有限公司(简称宝钢)为例,阐述"'把发展经济的着力点放在实体经济上'是理性选择"。

第七章"'切切实实、足踏在地上'的务实精神"。解说鲁迅对中国社会所作出的"大时代,动摇的时代,转换的时代"的判断。介绍他反复强调的"执着现在、执着大地"的时空观,一再倡导的

"一木一石"和"泥土"精神，以及从一点一滴做起的实干作风。阐述先生揭露"聪明人"以虚假的同情来麻痹劳苦大众的伪善，批评"奴才"只会诉苦的怯弱，赞赏勇于抗争、说干就干的"傻子精神"。联系上海实际，学习贯彻党的二十大精神，以"纠治形式主义、官僚主义是提升上海城市品格的基本保证"为题，解说毛泽东在延安整风时期提出的"在党内发动一个启蒙运动"的现实意义，邓小平提出的"具体解决、真正解决自己的实际问题"的方法论价值。

"'不后于世界思潮，弗失固有血脉'的理性"和"'切切实实、足踏在地上'的务实精神"，是提升上海城市品格的重要条件。这两章构成本书的第三板块。

鲁迅精神七个方面，不是截然分割的；上海城市品格三个方面，也是相互贯通的。笔者在阐述时尽可能减少重复和交叉，但为了做到每一章的相对完整性，还是未能完全避免。敬请读者谅解。

结语以"中国人的现代化靠什么？"为题，回顾鲁迅生前最后一段日子，对他 1936 年 9 月写的七篇"立此存照"和 1935 年秋末写的诗（他写的最后一首诗）《亥年残秋偶作》，作扼要解读。对鲁迅作出"中国现代文化的主要创立者"的评价，分析鲁迅精神和整个鲁迅"立人"思想，对于中国人实现自身现代化，对于提升上海城市品格、增强上海软实力的重大价值。提出"我们需要孔夫子，更需要鲁迅"。

后记，介绍一下本书的来龙去脉。附录，是一个小小的资料库，便于读者查询相关内容。

绪论　鲁迅在上海：
"运交华盖欲何求？"

　　鲁迅与上海早有因缘，来上海定居前，曾数次到过上海。1898年5月他去南京求学时，由绍兴经杭州，5日到上海，17日到南京。1902年3月，他登上日轮"大贞号"从南京启程，经上海赴日本留学。1903年9月，他利用假期回国探亲后，10日从杭州抵上海，13日自上海乘船赴日。1912年5月，已是中华民国临时政府教育部公务员的他，与许寿裳一起随部北迁，从绍兴经上海乘船赴北京。1913年6月、1916年底至1917年初和1919年12月，他省亲途中均路经上海。1926年8月，已是知名文学家、思想家的鲁迅，偕许广平乘火车经天津转津浦路南行至上海，住了四天，然后转水路南下，分别去厦门和广州。

　　先生早年，上海成为他求购书籍的主要来源地，他在上海停留时的主要活动之一是买书。他任绍兴初级师范学校校长期间，与军政府发生矛盾，辞职后一度曾起念到上海当编辑，后因接到去教育部工作的通知而作罢。总的来看，那时他对上海留下一些浮光掠影的印象，但已对上海有所批评。1904年5月，他在给同学的信中，谈到上海官绅对于国难当头无动于衷，黄浦江畔依然灯红酒绿，醉生梦死的景象。当时，他对上海的了解还不多。到上海定居后就大不一样了，他对上海的认识日渐加深。

1927年9月19日，鲁迅在给作家翟永坤的信中，谈了去上海后的打算："我先到上海，无非想寻一点饭，但政，教两界，我想不涉足，因为实在外行，莫名其妙。也许翻译一点东西卖卖罢。"[①]到上海，没有了公职和教职，首先要解决生计问题。这里没说到创作，但可看出他今后的自由撰稿人或职业作家兼翻译家的身份就这样定下来了。先生虽教过书，但历来认为作家和教师是差异很大的两种职业；虽有较长时间的政府官员经历，但历来认为自己不适合做领导；他选择从事文学创作和翻译工作。

一、从"烦扰"但"别有生气"到"凄凉得可怕"

鲁迅对上海的评论，与时局变化密切相连。1927年至1936年这十年，是中国民族矛盾和阶级矛盾日益激化的十年，也是现代化在曲折中推进的十年，这在上海得到集中反映。先生初到上海时，对上海的印象有褒有贬，褒大于贬。1927年10月21日，他在给中山大学学生廖立峨的信中说："这里的情形，我觉得比广州有趣一点，因为各式的人物较多，刊物也有各种，不像广州那么单调。我初到时，报上便造谣，说我要开书店了，因为上海人惯于用商人眼光看人。""有趣一点"和"不那么单调"，是肯定的评价。"商人"是一种职业身份，无所谓好坏，但"惯于用商人眼光看人"，就带点贬义了。

---

① 本书引用的鲁迅论述，如无特别说明，均见《鲁迅全集》，人民文学出版社2005年版。

1928 年 2 月，先生在给文学团体未名社成员台静农的信中说："上海的情形，比北京复杂得多，攻击法也不同，须一一对付，真是糟极了。""复杂得多"是中性评价，"攻击法不同"主要指文学团体创造社和太阳社的一些人打着"无产阶级革命文学"旗号对他的批判。

1929 年 5 月，先生去北平看望母亲期间，在给许广平的信中评说："这里的空气，真是沉静，和上海的动荡烦扰，大不相同"，"为安闲计，北平是不坏的，但因为和南方太不同了，所以几有世外桃源之感。我来此虽已十天，几乎毫无刺戟，略不小心，确有落伍之惧的。上海虽烦扰，但也别有生气"。以上是先生到上海定居一年多后，对上海的概括性评价，主基调是正面积极的。上海虽动荡不安，但毕竟走在中国现代化前列，层出不穷的新事物虽令人"烦扰"，却"别有生气"。

随着时局变化，鲁迅开始对上海多负面评价。1933 年 11 月，他在给日本歌人山本初枝的信中说："上海依然很寂寞，到处呈现不景气，与我初来时大不相同。""很寂寞"和"不景气"，与先前的"动荡烦扰"和"别有生气"形成对照。1934 年 3 月，他在给日本小说家、诗人森三千代的信中说："如今的上海与当年已大不一样了，实在凄凉得可怕。""当年"指 20 年代末 30 年代初。先生对上海的负面评价，多针对文坛和一些"文人"。1933 年 10 月，他在给作家、文学史家郑振铎的信中说："上海所谓'文人'之堕落无赖，他处似乎未见其比，善造谣言者，此地也称为'文人'；而且自署为'文探'，不觉可耻，真奇。""善造谣言"是"堕落无赖"的突出表现。1934 年 4 月，他在给翻译家、剧作家姚克的信中，批评"上海文坛不干净"："近二年来，一切无耻无良之事，几乎无所不有。"

鲁迅还留下一些关于自己在上海所处的生活环境方面的文字。较多的是谈居住方面的情况。先生夫妇到上海，先下榻共和旅馆。五天后住进横浜路上的景云里 23 号，此地进出方便，但治安情况不太好，周边吵闹，加上房屋质量差。1928 年 3 月 16 日，先生在给翻译家、教育家、未名社成员李霁野的信中，谈及寓所附近发生警匪枪战："今天我寓邻近巡警围捕绑票匪，大打其盒子炮和手枪，我的窗门被击一洞，巡警（西洋人）死一人，匪死二人。我无伤。"1930 年 1 月，先生家失窃一件皮袍。1929 年 3 月，先生在给翻译工作者、未名社成员韦素园的信中说："苦于终日伏案写字，晚上是打牌声，往往睡不着。"同年 8 月 14 日，先生日记载："夜大风雨，屋漏不能睡"。1930 年 5 月，先生一家搬到北四川路（今四川北路）194 号拉摩斯公寓 A 三楼 4 号。左前方是日本海军陆战队司令部，后先生直接遭受了战乱。右前方是日本友人内山完造开的内山书店，特别近。内山书店不仅满足了先生的购书需要，而且成为他对外联系的窗口。但住所光照条件不好，卫生设施差，1932 年 7 月，先生在给曹靖华的信中说："上海已热起来，我们总算好的，但因天气及卫生设备不好，常不免小病，如伤风及肚泻之类。"

1933 年 4 月，先生一家搬到施高塔路（今山阴路）大陆新村 9 号。这是一栋小楼，共三层，总面积近 180 平方米，三个朝南房间，两个朝北小房间、一个朝北亭子间，煤卫独用，管道煤气，三个卫生间。藏书不再放在家里，在外面专门租了一间房放书。在当时这住所相当不错了，但后来外部情况发生变化。1934 年 6 月，先生在给山本初枝的信中说："我家前面又造了新屋，吵得没办法。"1935 年开始，先生想到租界租房，但那时风传中日将要开战，租界房租暴涨，他就没动。等到传闻平息，房租回归正常，他下决心搬了，1936 年 10 月 11 日先生日记载："同广平携海婴往法租界看屋。"遗憾的是，八天后先生就去世了。

当时的上海，绝大多数住屋没有取暖和降温设施，冬天很冷，夏天非常热。1928 年 1 月，先生在给李霁野的信中说："此地下雪，无火炉，颇冷。"1929 年 9 月海婴出生后，先生家才装了一个烧煤的取暖火炉。1934 年 6 月，先生在给日本汉学家增田涉的信中说："上海这一周来大热，室内也达九十三四度（华氏），晚上蚊子还出来举行盛宴。因此，我这一向除浑身生痱子外，毫无成绩。"还有空气污浊，1934 年 5 月，先生在给北平第一师范学院学生王志之的信中说："上海的空气真坏，不宜于卫生，但此外也无可往之处。"

先生在上海，除了以著译谋生外，一段时期内，还有他任国民政府大学院特约撰述员，每月 300 元固定收入。[①] 先生家的生活属中上水平，如他 1933 年 7 月给母亲的信中所说："以现在生活之艰难，家中历来之生活法，也还要算中上。"但仍不尽如人意，烦扰多多。

二、"上海这地方，也实在不想离开"

鲁迅到上海，一开始并不打算定居，1927 年 11 月 3 日，来

---

① 1927 年 12 月，蔡元培聘鲁迅为大学院特约撰述员，直至 1931 年蔡元培离职。

沪才满一个月，他就在给李霁野的信中说："我原想躲起来用用功。但看近来情形，各处来访问，邀演讲，邀做教员的很多，一点也静不下，时常使我想躲到乡下去。所以我或者要离开上海也难说。"上海不是可以"躲起来用用功"的好地方。同年 12 月，他在给留日同窗邵文熔的信中说："弟从去年出京，由闽而粤，由粤而沪，由沪更无处可往，尚拟暂住。"之后，类似"暂住"的想法时有流露，但他终究没有离开上海，为什么呢？冯雪峰解释道："他讨厌上海那地方，可是他就说过：'上海这地方，也实在不想离开，这里有斗争。'"① 这是与上海城市品格相关的，一个值得研究的问题。

当时的上海是全国的文化中心，在与黑暗势力的斗争中，上海是能够最大限度发挥作用的阵地。江苏师范大学教授梁伟峰认为，鲁迅对上海文化的态度，蕴涵着认同—不认同的张力："始终居住上海而不离不弃，说明鲁迅实质上有着一份对上海文化的分享和认同，而他的深刻的社会批评、文化批评者的身份，又决定了他对充满世俗、商业精神的上海文化的异议。""具有思想家气质和战士性格的鲁迅，面对上海文化这样一个含有太多'恶'的因子的对象，很自然地摆出了批判而非认同的姿态。"② 说先生"有着一份对上海文化的分享和认同"，用"一份"来限制，是符合实际的。

复旦大学教授郜元宝这样评价鲁迅对上海的态度："鲁迅对上

---

① 本书引用冯雪峰对鲁迅的回忆，均见《一九二八年至一九三六年的鲁迅·冯雪峰回忆鲁迅全编》，上海文化出版社 2009 年版。

② 梁伟峰：《文化巨匠鲁迅与上海文化》，上海文化出版社 2012 年版，第 33 页。

海的态度相当复杂，既称它为各色人等'漂聚'的'秽区'，也承认它别有一番生意。20 年代末以后，鲁迅对中国的认识，很大程度上就是一个放大的上海，就好像他在《呐喊》《彷徨》中透过故乡绍兴认识中国一样。鲁迅晚年的工作与上海结下了不解之缘，尤其在杂文中，他有意识地观察上海的众生相，记录下来，作为国民性批判的新的一步。"① 通过认识上海，来认识全中国，在现代化加快推进的历史背景下，其他城市的条件都不如上海。

当时的上海，报刊业发达，1872 年在上海创刊的《申报》，是 19 世纪中期到 20 世纪中期，中国规模最大、影响最广的报纸，几乎成为"报纸"的代名词。出版业在全国独占鳌头，商务印书馆等著名的出版机构大都在上海，上海的出版物总量占到全国的三分之二。世界电影诞生于 1895 年，第二年就在中国落脚，第一个落脚点是上海，上海的电影占据了中国电影 70% 以上份额。由于租界在政治上成为一个"孤岛"，它在战乱不断的广阔的中国大地上，就成为相对安全的地方。以上特点，使得大量文人集聚上海，群英荟萃，也吸引和影响了鲁迅。先生在上海，之所以能够以杂文为主要形式进行创作，与上海的特殊性相关，也是与整个上海文坛的发展联系在一起的。

鲁迅眼中的上海"文人"乃至整个文坛，尤其是中国左翼作家联盟（简称"左联"），有着成绩斐然的一面。1933 年 10 月，他在给编辑胡今虚的信中说："现在左联的各种现象，在重压之下一定

---

① 郜元宝：《鲁迅精读》，复旦大学出版社 2006 年版，第 233 页。

会有的。""但一面有人离叛，一面也有新的生力军起来，所以前进的还是前进。"同年 11 月，他在给姚克的信中说："现在新出台的作家中，也很有可以注意的作品，倘使有工夫，我以为选译一本，每人一篇，绍介出去，倒也很有意义的。""新的生力军起来"，"很有可以注意的作品"，都是较高的评价。1935 年，先生在《〈中国新文学大系〉小说二集序》(《且介亭杂文二集》) 中，回顾了五四以来文学发展的历史，指出："创作衰歇了，为人生的文学自然也衰歇了。""但上海却还有着为人生的文学的一群"。"为人生的文学"是文学研究会的主张，先生完全赞同。

在动荡不安的上海，鲁迅完成了《三闲集》《二心集》《南腔北调集》《伪自由书》《准风月谈》《花边文学》《且介亭杂文》《且介亭杂文二集》和《且介亭杂文末编》九本杂文集的创作，共收 400 多篇杂文；创作了《故事新编》中的五篇历史小说，修订了《中国小说史略》，还写了 100 多篇诗文，开辟了文学和思想的新境界。先生在上海，还完成了许多译作，包括俄国作家果戈理的长篇小说《死魂灵》，苏联作家法捷耶夫的长篇小说《毁灭》，俄国早期马克思主义理论家、文艺理论家普列汉诺夫的文艺论集《艺术论》，日本作家、文学评论家鹤见祐辅的随笔集《思想·山水·人物》等。同时，他还写了大量书信，其中不乏精湛之论。先生上海十年著译出版不下 40 种，约占他平生文字所为的五分之四。

三、自我描述：诗《自嘲》新解

1932 年 10 月，鲁迅在上海定居五年，作《自嘲》(《集外集》)

诗一首，曰：

> 运交华盖欲何求？未敢翻身已碰头。
>
> 破帽遮颜过闹市，漏船载酒泛中流。
>
> 横眉冷对千夫指，俯首甘为孺子牛。
>
> 躲进小楼成一统，管它冬夏与春秋。

按一般理解，自嘲就是调侃自己，先生的《自嘲》则远超此意，这是他在上海，最有代表性的自我描述的一首诗。

华盖，《古今注》释为像花一样盖在头上的云气，《宋史·天文志》释华盖为古星名。先生对华盖则作了另一番诠释，他在《华盖集·题记》中说："我平生没有学过算命，不过听老年人说，人是有时要交'华盖运'的。这'华盖'在他们口头上大概已经讹作'镶盖'（上海方言，锅盖）了，现在加以订正。"他说："这运，在和尚是好运：顶有华盖，自然是成佛作祖之兆。但俗人可不行，华盖在上，就要给罩住了，只好碰钉子。"先生坦陈自己常碰钉子，把自己1925年、1926年的杂文集分别定名为《华盖集》和《华盖集续编》。

"运交华盖欲何求？未敢翻身已碰头。"1927年，先生在《革"首领"》（《而已集》）中说自己"在五色旗下（指在北洋政府统治下），在青天白日旗下（指在蒋介石独裁的南京政府统治下），一样是华盖罩命，晦气临头"。城头变幻大王旗，但"华盖罩命"的状况不仅没有改变，反而更严重。直到1935年6月，先生还在《"题未定"草（一至三）》（《且介亭杂文二集》）中说："好像华盖运没有交完，仍旧不得舒服。"先生亲眼所见社会环境的恶化，始见于1927年的广东，1932年，他在《〈三闲集〉序言》中说："我是在二七年被血吓得目瞪口呆，离开广东的。"广州当局执行蒋介石"清党"指示，发动"四一五"事变，大肆搜捕并杀害共产党人和革命志士。当时先生在中山大学担任文学系主任兼教务主任，因营救被捕的进步学生无果，愤而辞职。

到上海后情况如何呢？出乎先生意料的是，他受到了包括创造社、太阳社和新月社等文学团体，以及其他一些文人的"围剿"："但我到了上海，却遇见文豪们的笔尖的围剿了，创造社，太阳社，'正人君子'们的新月社中人，都说我不好，连并不标榜文派的现在多升为作家或教授的先生们，那时的文字里，也得时常暗暗地奚落我几句，以表示他们高明。"这是一场如何评价五四新文化运动的论争。"未敢翻身已碰头"，比喻自己尚不指望现状有何改变，就又碰了新的钉子。这是先生初到上海的遭遇，之后有过一段相对缓和的时期，但没过几年就变得严峻，且日益严重。"运交华盖欲何求？"联系先生毕生经历，为只为拯救民族的灵魂。1925年3月，先生在给许广平的信中指出："此后最要紧的是改革国民性，否则，无论是专制，是共和，是什么什么，招牌虽换，货色照旧，全不行的。"通过批判国民性弊端以"立人"，进而强国，这一从青年时期毅然决然弃医从文那一刻，就已有的执着信念和神圣使命，是先生虽运交华盖而矢志不渝的动力源泉。

"破帽遮颜过闹市，漏船载酒泛中流。"体现先生身处险境时的斗争策略和顽强意志。先生一贯反对盲动。1926 年北洋军阀段祺瑞执政府，枪杀上街请愿的爱国学生的"三一八"惨案发生后，先生在《"死地"》(《华盖集续编》)中强烈抨击这一残暴行径，同时恳切希望"觉悟的青年"："'请愿'的事，从此可以停止了"。1935 年"一二·九"爱国学生运动爆发后，先生在《"题未定"草（六至九）》(《且介亭杂文二集》)中指出："石在，火种是不会绝的。但我要重申九年前的主张：不要再请愿！"前句体现坚定和自信，后句体现策略和智慧。先生一贯主张"壕堑战"，1934 年 6 月，他在给教师杨霁云的信中指出："至于费去了许多牺牲，那是无可免的，但自然愈少愈好，我的一向主张'壕堑战'，就为此。"绝对而言战斗中牺牲在所难免，相对而言许多牺牲则可避免，为何不选择后者呢？

谈及本人，1926 年先生在《坟·题记》中写道："君子之徒曰：你何以不骂杀人不眨眼的军阀呢？斯亦卑怯也已！但我是不想上这些诱杀手段的当的。"当时有人指责鲁迅不骂军阀，后来则指责他不骂蒋介石。其实，为了生存以担负起"立人"使命，必须讲究方法。身处白色恐怖下的都市上海，与强大的黑暗势力作斗争，随时可能遭遇不测，犹如乘坐载着洒漏了水的船在激流中搏击；采用类似"破帽遮颜"的低调策略，无疑是明智选择。为了对付文禁，使自己的文章能发表，先生大量使用笔名，一生使用的笔名 140 多个，仅 1932 年至 1936 年就有 80 多个。

"横眉冷对千夫指，俯首甘为孺子牛。"体现了先生憎爱分明。横眉冷对，冷静、凛然而蔑视地对待。"千夫指"，本于《汉书·王嘉传》，"千人"即"千夫"，指群众。古典诗词、文论专家周振甫认为，先生借此典故，给"千夫"以新义，不指群众而指敌人。从先生作品看，他所说的"敌人"不仅指反动的专制统治者和外国侵略者，而且指旧文化糟粕和各种错误思潮。"孺子牛"，见《左传·哀公六年》，说齐景公爱他的孩子，自己装作牛，口中衔着绳子，让孩子骑着。鲁迅有了儿子后，也以"孺子牛"自喻。古典新用，进而把孺子牛自喻为当人民大众的牛，符合先生本意。1933年和1934年，他曾七次用"孺牛"作笔名。内山完造在回忆录中说："先生那时在国内其实是处于四面八方围攻中，在孤军奋斗着。那时先生曾把一篇述怀拿给我看：'横眉冷对千夫指，俯首甘为孺子牛。'听了先生的说明，我哭了。当我抬起泪痕满面的头时，我看到先生也哭了。"①1942年，毛泽东在延安文艺座谈会上的讲话中指出："鲁迅的两句诗，'横眉冷对千夫指，俯首甘为孺子牛'，应该成为我们的座右铭。'千夫'在这里就是说敌人，对于无论什么凶恶的敌人我们决不屈服。'孺子'在这里就是说无产阶级和人民大众。一切共产党员，一切革命家，一切革命的文艺工作者，都应该学鲁迅的榜样，做无产阶级和人民大众的'牛'，鞠躬尽瘁，死而后已。"② 这是一代伟人的经典诠释。

"躲进小楼成一统，管它冬夏与春秋。"体现先生排除一切干扰，在险恶的环境中坚守初心的定力。"躲进小楼"，实写先生在上海的生活状态：深居简出，少受干扰，心无旁骛地作文、译文，并

---

① 转引自赵冰波：《鲁迅诗说》，河南人民出版社 2018 年版，第 183 页。
②《毛泽东选集》第三卷，人民出版社 1991 年版，第 877 页。

隐含防御明枪暗箭的"壕堑战"策略。1928 年 3 月，先生所写《在上海的鲁迅启事》(《三闲集》) 坦陈："我自到上海以来，虽有几种报上说我'要开书店'，或'游了杭州'。其实我是书店也没有开，杭州也没有去，不过仍旧躲在楼上译一点书。"到上海后，先生很快便步入创作和译作旺盛期。1936 年元旦，他在《〈且介亭杂文二集〉后记》中写道："我从在《新青年》上写《随感录》起，到写这集子里的最末一篇止，共历十八年，单是杂感，约有八十万字。后九年中的所写，比前九年多两倍；而这后九年中，近三年所写的数字，等于前六年"。这是在言论遭受严重压制的情况下完成的："凡是发表的，自然是含胡的居多。这是带着枷锁的跳舞，当然只足发笑的。""带着枷锁"比喻作者被捆住了手脚，"跳舞"比喻生命不息战斗不止的战士姿态。

"成一统"，"一统"语出《管子·五行》，是整体的意思。取此义，"成一统"或可理解为，先生自信自己的思想自成一家且已比较完整。"管它冬夏与春秋"，作为诗的末句，呼应诗之起首"运交华盖欲何求"，说不论风云如何变幻，都不为其所左右，坚定地走自己认准的路。这让我们想起先生的散文诗剧《过客》(《野草》) 中的那个"昂了头奋然前行"的过客形象："过客向野地里跄踉地闯进去，夜色跟在他后面。"闯进暗夜的野地里，开辟前面的光明。

1934 年 5 月鲁迅在给杨霁云的信中写道："平生所作事，决不能如来示之誉，但自问数十年来，于自己保存之外，也时时想到中国，想到将来，愿为大家出一点微力，却可以自白的。"先生认为杨对他的评价过誉了，便作了一个自我评价：在长期被明枪暗箭

"围剿"的险恶环境中，坚定不移地为"立人"——改善中国人的人生，为中国的光明而斗争。1935 年，读者周剑英因《伪自由书》被禁而给鲁迅写信，托买该书，并在信中请教"人生计划"。先生复信说："我的意见，都陆续写出，更无密册在胸，所以'人生计划'实无从开列。总而言之，我的意思甚浅显：随时为大家想想，谋点利益就好。"先生寄赠《伪自由书》和《准风月谈》各一本，并告诉他自己的"人生计划"体现在作品中，概括起来就是为中国人民谋利益。1936 年 3 月 18 日（逝世前七个月），先生在给作家欧阳山、草明的信中，对自己作了一个带有定论性的评价，"其实我在中国作家中，一直没有失败，要算是很幸福的，没有可说的了"，体现了先生的自信。

四、接受马克思主义和与共产党人及进步人士交往

鲁迅在上海，不折不挠奋斗并取得卓越成就，与他研读马克思主义经典著作、接受唯物史观及其文艺理论有关；与他同中共一些中高层领导干部和年轻的党员作家交往，直接感受共产党人的高尚品质和出众才华有关；还与上海聚集了一批进步文化人士和社会贤达，先生同他们一起进行反帝反封建的斗争有关。先生在上海，对旧社会旧文化入木三分的批判，在批判中丰富和发展他的"立人"思想，深刻地影响了上海文艺界、思想界，进而影响全中国，其光辉历久弥新。中国的现代文化，中国共产党的革命文化、红色文化，五四是源头，20 世纪二三十年代，以上海和延安（延续到 40 年代）为重镇，达到高峰，鲁迅是主要代表人物。

（一）"许多昧暧难解的问题"马克思主义"都可说明"

读鲁迅日记中的书帐，可以看到，1928年后先生买了不少关于马克思主义唯物史观和唯物辩证法书籍，计三四十本之多。先生还翻译了一些马克思主义艺术理论书籍。1928年7月，他在给韦素园的信中说："以史底惟物论（通译历史唯物论）批评文艺的书，我也曾看了一点，以为那是极直捷爽快的，有许多昧暧难解的问题，都可说明。"1932年，先生在《三闲集·序言》中说："我有一件事要感谢创造社的，是他们'挤'我看了几种科学底文艺论，明白了先前的文学史家们说了一大堆，还是纠缠不清的疑问。并且因此译了一本蒲力汗诺夫（通译普列汉诺夫）的《艺术论》，以救正我——还因我而及于别人——的只信进化论的偏颇。"马克思主义文艺理论对先生的影响是相当积极的，使他认识到"只信"进化论是一种偏颇。他并不否定进化论，而是说不能"只信"。

先生在1930年写的《习惯与改革》（《二心集》）中指出："真正的革命者，自有独到的见解，例如乌略诺夫（通译乌里扬诺夫，即列宁）先生，他是将'风俗'和'习惯'，都包括在'文化'之内的，并且以为改革这些，很为困难。"列宁在《共产主义运动中的'左派'幼稚病》中指出："无产阶级专政是对旧社会的势力和传统进行的顽强斗争，流血的和不流血的，暴力的和和平的，军事的和经济的，教育的和行政的斗争。千百万人的习惯势力是最可怕的势力。没有铁一般的在斗争中锻炼出来的党，没有为本阶级一切正直的人所信赖的党，没有善于考察群众情绪和影响群众情绪的党，要顺利地进行这种斗争是不可能的。"① 对列宁的观点，先生侧重从习惯与改革关系的角度作了阐发，并就如何移风易俗作了论述。他没有停留于诠释，而是重在联系中国实际的运用。

1931 年，先生在《上海文艺之一瞥》(《二心集》) 中，指出创造社的错误："那时的革命文学运动，据我的意见，是未经好好的计划，很有些错误之处的。"主要错在："他们对于中国社会，未曾加以细密的分析，便将在苏维埃政权之下才能运用的方法，来机械地运用了。"任何理论都是在一定历史条件下产生的，任何人运用它都须恰当地联系自身实际。党史上最深刻的教训之一，是 20 世纪 20 年代后半期至 30 年代前半期，照抄照搬苏联经验，走以城市为中心的武装斗争路线失败，采取与国民党硬拼的策略导致红军几陷绝境。毛泽东的伟大，在于从中国实际出发，提出走农村包围城市的道路，运用游击战策略，挽救了红军挽救了党。与这段历史相关，1930 年 5 月 7 日，鲁迅应约与中共中央政治局常委、宣传部部长李立三 (主持中央政治局工作) 会面，李立三希望先生发表一个宣言，支持他提出的 "新的革命高潮与一省或几省首先胜利" 的 "立三路线"，先生没有同意。

（二）"人生得一知己足矣，斯世当以同怀视之"

鲁迅原来不了解中国共产党，1927 年在广州通过与中共广东区委负责人陈延年等人的接触，才了解到共产党的一些基本情况。在上海，先生有了更多与共产党中高层干部接触的机会，使他对共产

---

① 《列宁专题文集·论无产阶级政党》，人民出版社 2009 年版，第 252 页。

党领导的革命斗争逐渐有了了解。关系最密切、相知最深的，莫过于瞿秋白。瞿秋白1931年受中央政治局委员王明（掌握了党的最高领导权）打击，被排斥于中央领导之外，在上海临时中央局宣传部工作。同年5月，经冯雪峰联系，开始与鲁迅交往。先生和瞿秋白志趣相投，以后经常秘密来往。1932年底上海临时中央局遭破坏后，瞿秋白曾四次到先生家避难，总计三个月左右，与先生有许多朝夕相处的聚谈。1933年2月间，瞿秋白写了12篇杂文①，都由先生寄到《申报·自由谈》等报刊发表。先生给这些文章署上自己常用的笔名，同自己的文章一样寄给熟识的编辑，发表后也像自己的文章一样编入《伪自由书》《准风月谈》和《南腔北调集》，使之得以流传。

1933年4月，瞿秋白编选了一部《鲁迅杂感选集》，选录了先生杂文74篇，并写了一万几千字的长序，指出："这里反映着五四以来中国的思想斗争的历史。杂感这种文体，将要因为鲁迅而变成文艺性的论文（阜利通—feuilleton）的代名词。""它的特点是更直接的更迅速的反映社会上的日常事变。"针对一些读者认为鲁迅编入《华盖集》的杂文"不过是攻击个人的文章"，瞿秋白指出："其实，不但陈西滢（现代评论派成员），就是章士钊（孤桐）②等类的姓名，在鲁迅的杂感里，简直可以当做普通名词读，就是认做社会上的某种典型。"瞿秋白进一步阐发道："鲁迅当时反对这些欧化绅士的战斗，虽然隐蔽在个别的甚至私人的问题之下，然而这种战斗

---

① 其中有的文章是根据先生的意见或与先生交换意见后写成的，先生作过字句改动。

② 章士钊，教育家、政治家，曾任北洋军阀段祺瑞执政府司法总长和教育总长。

的原则上的意义，越到后来就越发明显了。统治者不能够完全只靠大炮机关枪，一定需要某种'意识代表'。这些代表们的虚伪和戏法是无穷的。暴露这些'做戏的虚无主义者'，也就必须有持久的韧性的斗争。"① 瞿秋白对鲁迅有着深刻的理解，当时无人能企及。

对瞿秋白，先生引以为知己，书写集清人何瓦琴一副联语相赠："人生得一知己足矣，斯世当以同怀视之。"1934 年初，瞿秋白到江西瑞金革命根据地工作后，先生时常牵挂。瞿秋白被捕后，先生曾多方设法营救。1935 年 6 月 18 日瞿秋白英勇就义后，先生极为悲愤，6 月 27 日，他在给作家萧军的信中说："中国人先在自己把好人杀完，秋即其一。"1936 年 10 月，他在给杭州国立艺术专门学校木铃木刻社组织者曹白的信中说："译这类文章，能如史铁儿（瞿秋白笔名）之清楚者，中国尚无第二人，单是为此，就觉得他死得可惜。"先生在重病中募集资金，亲手编成瞿秋白的译文集《海上述林》，并撰写序言和广告，他在《绍介〈海上述林〉上卷》（《集外集拾遗》）中，称赞瞿秋白的译作"信而且达，并世无两"。

与鲁迅关系密切的另一位共产党人是冯雪峰。1926 年 8 月，经作家柔石介绍，冯雪峰第一次往访鲁迅。1928 年在"革命文学"论争中，冯雪峰批评一些"革命文学家"对先生的攻击，认为"在'五四''五卅'期间，智识阶级中，以个人说，做工做得最好的是鲁迅"。同年 11 月，冯雪峰到上海工作，开始与先生密切交往。曾与先生合编《科学的艺术论丛书》和《萌芽》月刊。1931 年冯雪

---

① 陈铁健编：《近代思想家文库·瞿秋白卷》，中国人民大学出版社 2014 年版，第 395、401、402 页。

峰任"左联"党团书记，与先生一起编辑"左联"刊物《前哨》和《十字街头》。在新月派攻击先生杂文时，他撰文进行反击。1932年，他分别安排瞿秋白和陈赓与先生会面。1933年冯雪峰离开上海往江西瑞金，后参加红军长征。1936年4月受命回沪，任中共上海办事处副主任。他向先生传达中共中央关于建立抗日民族统一战线政策，与先生和文艺理论家胡风等商议提出"民族革命战争的大众文学"的口号。同年7月，冯雪峰撰写了题为《鲁迅在中国文学上的地位》的评论文章，提出"鲁迅不但是杰出的文学家，而且是伟大的思想家"。

还有一位对鲁迅产生直接影响的共产党人是陈赓。当时，陈赓在鄂豫皖苏区任红四方面军第12师师长，1932年9月在新集西北扶山寨战斗中负伤，秘密来沪就医。有人听他谈起红军英勇奋战的故事，很受感动，希望鲁迅据以写一部反映红军战斗的文学作品，于是给先生送去一份相关的油印材料。当年深秋，由冯雪峰安排了一次他与陈赓的秘密面谈。陈赓手绘一幅鄂豫皖红色区域的草图，形象地介绍了红军反"围剿"情况及革命根据地群众生活和文化建设情况，先生凝神静听。1933年3月陈赓伤愈，因叛徒出卖而被捕，先生与宋庆龄等积极营救。

先生在上海，与青年作家保持了密切接触。他们中有的是共产党员，如著名的左联五烈士。先生在支持和帮助他们的同时，也从他们身上看到了共产党人的生机和活力，使他增添了必胜的信心。

（三）与"主张为人生的一群"在一起

鲁迅在上海还与一些进步的文化名人和社会贤达有交往，交往较多的文化名人有茅盾、陈望道、郁达夫、郑振铎以及作家林语堂、曹聚仁、巴金和丁玲等。与社会贤达的交往，最重要的是宋庆龄和蔡元培。上述人士的共同特点，可借用前述先生对文学研究会的肯定，他们是"主张为人生"的文艺和政治的一群。先生与他们在一起反抗黑暗统治，为改善中国人的人生而奋斗。

鲁迅与茅盾相识较早。1921年元旦，茅盾与郑振铎、叶圣陶（作家、教育家）等发起成立文学研究会，提倡为人生的现实主义文学。茅盾自主编《小说月报》后，因约稿开始与先生通信。他最早高度赞扬了先生作品深刻的思想性和艺术独创性。1922年4月，他在答复读者的信中说："《阿Q正传》虽只登到第四章，但以我看来，实是一部杰作。"1923年10月，他评先生的《呐喊》说："在中国的文坛上，鲁迅君常常是创造'新形式'的先锋。"1932年底茅盾的长篇小说《子夜》出版后，1933年2月，先生在给曹靖华的信中说："国内文坛除我们仍受压迫及反对者趁势活动外，亦无甚新局。但我们这面，亦颇有新作家出现；茅盾作一小说曰《子夜》，计三十余万字，是他们所不能及的。"1934年应美国记者伊罗生之邀，先生与茅盾共同选编中国左翼作家短篇小说集《草鞋脚》。共同发起成立译文社，编辑出版《译文》月刊。

鲁迅与陈望道的交往略早于茅盾。1920年陈望道翻译我国第一本《共产党宣言》全译本，出版后即寄赠先生一册，先生回赠《域外小说集》一本。陈望道任《新青年》编辑时向先生约稿，先生将小说《风波》通过陈独秀寄该刊。先生定居上海后，陈望道邀请他去复旦大学和复旦实验中学讲演。1930年陈望道创办《文艺研究》

季刊，请先生任主编，先生写了《文艺研究例言》(《集外集拾遗补编》)，作为发刊辞。1934 年陈望道筹办《太白》半月刊，请先生任主笔。《太白》从创刊到终刊的一年中，共刊登先生的杂文 25 篇，平均每个月两篇。

鲁迅与郁达夫的交往也较早。1921 年郁达夫与文学家、史学家郭沫若，文学评论家成仿吾和作家张资平等组织创造社。1922 年 11 月，针对一些"道学家"诋毁郁达夫的小说《沉沦》为"不道德的文学"，先生为其辩护，肯定了《沉沦》的社会意义。1928 年 6 月至 1929 年 12 月，两人合编《奔流》月刊。当先生与作家、翻译家、新月社主要成员梁实秋论战时，郁达夫连续发文批评梁的言论。先生与北新书局发生版权纠纷时，由郁达夫等调解解决。"左联"成立时，先生提名郁达夫为发起人之一。1932 年，增田涉请先生推荐中国幽默作品，先生推荐了郁达夫的《二诗人》。同年先生在《伪自由书·前记》中评价郁达夫说，"我和达夫先生见面得最早，脸上也看不出那么一种创造气"(指创造社的有些人"神气十足，好像连出汗打嚏，也全是'创造'似的")。1933 年郁达夫举家移居杭州，先生作《阻郁达夫移家杭州》(《集外集》)诗，予以婉劝。

鲁迅与郑振铎早有联系。1921 年郑振铎参与发起成立文学研究会时，曾提议聘请鲁迅参加，但受"文官法"约束，先生未能加入。1922 年，郑振铎陪同俄罗斯盲诗人、童话作家爱罗先珂来北京，首次见到先生。两人交往中虽有过不同见解，但总体上相互尊重，密切合作。1923 年郑振铎主编《小说月报》，又因研究中国小说，常写信求教于先生。1933 年，两人合编《北平笺谱》，接着又合作翻刻《十竹斋笺谱》。1935 年 6 月，先生在给增田涉的信中说："郑振铎君是中国教授中努力学习和工作的人。"1935 年，两人合作编印瞿秋白译文集《海上述林》。先生逝世后，郑振铎与胡愈之（作家、政论家）、周建人（鲁迅三弟，生物学家）、许广平等组织复社，筹措出版《鲁迅全集》。

鲁迅与林语堂曾是关系密切的朋友。1925 年，林语堂任北京大学、北京女子师范大学教授，与先生同事，在许多问题上看法和做法一致。1926 年，先生应其邀请到厦门大学任教。1928 年，林语堂为英文杂志《中国评论周报》撰写了《鲁迅》一文，对先生在中国思想界、文化界的重要地位和功绩，作了比较客观的评述。1933 年，先生和他一起到宋庆龄寓所会见英国文学家、世界反帝大同盟名誉主席萧伯纳。1934 年起林语堂逐渐由消沉、退缩而走向与左翼文艺运动对立，先后创办旨在提倡闲适、幽默的小品文刊物《论语》《人世间》《宇宙风》等，成为"论语派"代表人物。先生曾多次对林语堂批评和规劝，但他未能接受。

鲁迅与曹聚仁相识稍晚。1932 年，曹聚仁主编《涛声》半月刊，先生为该刊写稿。该刊创刊一周年时，先生作《祝〈涛声〉》（《南腔北调集》）说："我是爱看《涛声》的。"1933 年，曹聚仁为出版李大钊的文集《守常全集》事，开始与先生通信，请先生为该书写序，先生写了《〈守常全集〉题记》（《南腔北调集》）。在先生受文坛一些人攻击时，曹聚仁挺身回击。1934 年曹聚仁编辑《社会月报》期间，和陈望道等发起关于"大众语"问题的讨论，先生支持他们的意见，批评复兴文言的思潮。

鲁迅与巴金相识更晚些。1934 年，先生和茅盾选编《草鞋脚》时，将巴金的《将军》选入，并在作者介绍中说："他是青年学生——尤其是中学生爱读的作家。"1935 年，巴金与翻译家吴朗西等合办文化生活出版社，出版了先生著译的《故事新编》《死魂灵》。1936 年，先生倡议的《中国文艺工作者宣言》，由巴金、黎烈文（《申报·自由谈》主编）起草，先生定稿。同年 8 月，作家徐懋庸在给先生的信中，说巴金是破坏"联合战线"的"卑劣"的"安那其"（"安那其主义"，即无政府主义）。先生在《答徐懋庸并关于抗日统一战线问题》（《且介亭杂文末编》）中驳斥道："不能提出真凭实据，而任意诬我的朋友为'内奸'，为'卑劣'者，我是要加以辨正的"，"巴金是一个有热情的有进步思想的作家，在屈指可数的好作家之列的作家"。

鲁迅与丁玲本有一次早就相识的机会。20 年代初，丁为探索人生道路曾致函先生请教，先生误以为是作家沈从文化名投书而未复。1930 年，丁玲主编左联机关刊物《北斗》。1931 年 7 月，丁玲由冯雪峰陪同往访先生，索求《北斗》的插图并约稿。先生为纪念柔石遇害，将德国版画家珂勒惠支木刻《牺牲》及所撰说明交《北斗》刊载。此后丁玲又数次向先生约稿，先生先后撰写《答北斗杂志社问》（《二心集》）等十余篇杂文及翻译作品交予发表。1933 年 5 月，丁玲被当局逮捕，并盛传已遇害（为误传，丁玲后被营救），先生甚为悲愤，作诗《悼丁君》（《集外集》）："如磐夜气压重楼，剪柳春风导九秋。瑶瑟凝尘清怨绝，可怜无女耀高丘。"诗大意为：

白色恐怖像黑沉沉的夜幕笼罩着，令人窒息；本该和煦的春风，却似深秋般悲凉。丁玲走了，人们再也听不到她那正义的呐喊。

鲁迅与蔡元培相识很早，1912 年，蔡元培任南京临时政府教育总长，邀请先生到教育部工作，先生积极支持和配合蔡元培推行美育。1932 年，商务印书馆遭日寇轰炸后，包括周建人在内的部分职工被解雇，先生托蔡元培向商务印书馆经理王云五打招呼，周建人得以续聘。1932 年底，宋庆龄与蔡元培等发起组织中国民权保障同盟，先生为上海分会执行委员，他们曾共同营救被捕的共产党人和革命志士。同年 5 月，先生与宋庆龄等赴德国驻沪领事馆，递交《为德国法西斯压迫民权摧残文化的抗议书》。同年 6 月，同盟总干事杨杏佛（杨铨，字杏佛）被暗杀，先生与宋庆龄分别提出抗议，冒雨参加杨的葬礼，先生出门时不带钥匙，以示决绝。先生病危之际，宋庆龄在医院给他写信，敦促尽快就医并安排为其诊断。先生逝世后，宋庆龄即赶鲁寓所哀悼，捐款 3000 元为他买棺木；参加先生殓仪并向记者发表谈话；加入送葬行列，步行三十余里，在墓地发表演说，高度评价先生在中国和世界的地位。

五、搏击"本体自发"和"交通传来"的"二患交伐"

1907 年，鲁迅在《文化偏至论》(《坟》) 中，从文化角度指出当时的中国面对"二患交伐"："往者为本体自发之偏枯，今则获以交通传来之新疫，二患交伐，而中国之沉沦遂以益速矣。"中西文化在演进中都出现了偏执，以往的偏执是中国传统文化自身存在的糟粕，现在的偏执则是像瘟疫一样传入中国的西方文化糟粕。两种病患交相影响中国人，中国就危险了。以 1907 年和 1908 年发表五篇文言论文 ① 为起点，到 1936 年，先生的创作生涯整 30 年。30 年间中国发生剧变，"二患交伐"也出现了新情况。从"本体自发之偏枯"看，虽经历了辛亥革命和五四运动，但延续两千多年与封建专制统治密不可分的腐朽文化，凭借统治阶级的强权维护和巨大的历史惯性，依然在人们思想的基础层面发挥作用。从"交通传来之新疫"看，清末民初中国的现代化被迫起步，国门打开后，从沿海通商口岸开始，中国的现代化步伐逐渐加快，西方文化糟粕伴随精华也一起进来了。

上海，由于其特殊的地理方位和经济、政治、文化地位，在加快现代化步伐、渐成大都市的过程中，受"二患交伐"的影响特别明显。主奴文化在侵略者的铁蹄、殖民者的豪夺和国民党专制统治的白色恐怖中发酵；各国列强将打着"现代"印记的商品洪水般向中国倾销，物欲压倒精神追求的物奴文化影响日益严重。先生在深入批判传统文化糟粕的同时，不失时机地批判西方文化糟粕。他的双重批判，体现在对租界文化、海派文化的批判中；还体现在参与并指导左翼文化运动，并与极"左"倾向作斗争过程中。

1947 年，许寿裳对先生上海十年作了如下描述："鲁迅自 1927 年回上海，至 1936 年逝世，这十年间，国难的严重日甚一日，因之，生活愈见不安，遭遇更加惨痛，环境的恶劣实非通常人所能

① 指《文化偏至论》《人之历史》《科学史教篇》《摩罗诗力说》(编入《坟》)和《破恶声论》(编入《集外集拾遗补编》)。

堪，他的战斗精神却是再接再厉，对于帝国主义的不断侵略，国内政治的不上轨道，社会上封建余毒的弥漫，一切反动势力的猖獗，中国文坛上的浅薄虚伪，一点也不肯放松，于是身在围剿禁锢之中，为整个中华民族的解放和进步，苦战到底，决不屈服。"先生在上海的十年，是他为"立人"而继续聚焦批判国民性弊端的十年。上海大学教授王晓明这样评价晚年鲁迅："愈到晚年，他对民众的揭发还愈深刻。"在对国民性的认识上，"三十年过去了，他几乎没有多大的改变"。[1] 当然，上海十年，先生在批判国民性弊端的同时，肯定和发扬民族精神的文字，与前相比明显增多。

1931年和1932年，日本帝国主义侵占中国东北的九一八事变和进攻上海的一·二八事变先后爆发。哲学家、美学家李泽厚指出："五四运动有两个主题，一是启蒙，一是救亡。""启蒙是反封建，救亡是反对帝国主义。民族的危亡局势和越来越激烈的现实斗争，改变了启蒙与救亡平行的局面，政治救亡的主题全面压倒了思想启蒙的主题。"[2] 这种评价不无道理，但在鲁迅那里没有，正如学者林贤治指出："鲁迅的深刻性还在于，他不但指出抗战的障碍来自统治阶层，而且来自国民自身。他常常把权力者的专制手段同国民的愚昧表现，把权力者的政治心理同国民的文化心理结合起来加以描述和分析。一面是救亡，一面是启蒙，不是救亡压倒启蒙，而是在救亡中启蒙，以启蒙从事救亡。"[3] 南京大学教授王彬彬进一步

[1] 王晓明：《无法直面的人生：鲁迅传（修订本）》，生活·读书·新知三联书店2021年版，第187、188页。
[2] 李泽厚：《李泽厚对话集·八十年代》，中华书局1986年版，第68页。
[3] 林贤治：《反抗者鲁迅》，复旦大学出版社2011年版，第188页。

分析说:"在鲁迅那里,救亡从未压倒启蒙,因为在他的意识里,救亡离不开启蒙,启蒙是救亡的前提。""鲁迅的深刻之处,在于一开始便意识到,只有民众在思想上都觉醒了,都成了具有现代意识的人,民族才能真正在世界上占有一席之地,否则,民族迟早还要沦亡。"①先生清醒地认识到,救亡,最紧迫的固然是增强军力和实力,但根本还是在推进五四运动开始的思想革命,对民众进行启蒙。

先生在上海十年间之所以能够做到他在《自嘲》诗中所言"成一统",除了上述他对马克思主义的接受和与共产党人、进步人士的交往外,还与他此前创作完成散文诗《野草》有着莫大关系。1924 年 9 月至 1926 年 4 月,先生陆续写了 23 篇散文诗,先后在《语丝》上发表。1927 年 7 月,散文诗集《野草》由北新书局出版,出版前先生创作了《题辞》。《野草》体现了"立人"思想之精髓,先生在《〈野草〉题辞》中表明:"我自爱我的野草。"作家聂绀弩指出:"《野草》是鲁迅先生为自己写,写自己的书,是理解他的钥匙,是他的思想发展的全程中一个重要的枢纽。"②《过客》是《野草》的代表作之一,《过客》发表一个多月后,1925 年 4 月,先生在回答北京大学附属音乐传习所学生赵其文询问《过客》含义的信中说:"《过客》的意思不过如来信所说那样,即是虽然明知前路是坟而偏要走,就是反抗绝望,因为我以为绝望而反抗者难,比因希望而战斗者更勇猛,更悲壮。"反抗绝望不仅是《过客》的主

① 王彬彬:《鲁迅的晚年情怀》,中国书籍出版社 2015 年版,第 62—63 页。
②《聂绀弩全集》第三卷,武汉出版社 2004 年版,第 386 页。

题，也是整部《野草》的主题，并且涵盖鲁迅所有作品。清华大学教授汪晖指出："绝望的反抗这流溢着对生命的珍惜和紧迫感，这要求着人对自己的每一行动负责——历史正是人在时间中的抉择过程。"①先生在上海十年，正是他在国难深重的暗夜搏击"二患交伐"、反抗绝望的十年，持续创立以"立人"思想为核心的中国现代文化的十年。

鲁迅之所以能够做到"成一统"，还有一个不可忽视的个人生活因素，就是与许广平的结合。先生的第一次婚姻由母亲一手包办，原配夫人朱安家颇殷富，先生的母亲擅自决定儿子与朱安订婚。先生为不拂逆母意，勉强答应，但向女方提出两个条件，即放足和进学堂，却均被拒绝。1906 年 7 月，母亲称病骗儿子回家完婚，先生默默忍受。自结婚到 1919 年接眷北上，十多年间先生经年在外，与朱女士很少见面。1919 年起同住一地，但各住一屋，连话也极少。先生对许寿裳说："这是母亲给我的一件礼物，我只能好好地供养它，爱情是我所不知道的。"这桩无爱的婚姻折磨先生 20 年，他长期过着独身生活。遇到许广平后，先生的生活发生重大转折。1925 年 3 月 11 日，许广平以"一个小学生"的身份，跟教诲过她两年的老师鲁迅写了第一封信，先生当天就热情地回了信。之后，两人频繁通信，逐渐萌发了爱情。爱情的力量战胜了短暂踌躇，先生下决心和许广平结合了。苏州大学教授汪卫东指出："如果说鲁迅通过《野草》的写作，能独自走向自身生命的苏

---

① 汪晖：《反抗绝望：鲁迅及其文学世界》(增订版)，生活·读书·新知三联书店 2008 年版，第271 页。

醒，那么起码可以说，许广平年轻生命的中途切入，无疑加速甚至决定了这一生命苏醒的过程。实际上，鲁迅接受许广平的爱的过程，就是他的生命逐渐复苏的过程，鲁迅曾感慨于'身外的青春'落寞，现在，这青春终于到来，使他避免了在'虚空中的暗夜'中独自'肉薄'以'一掷我身中的迟暮'的可怕命运。在'我'的召唤下，'死火'毅然选择了复燃，以更纯净的燃烧，划出生的更耀眼的轨迹。在这个意义上，怎样强调许广平对鲁迅人生的意义都不为过。"① 中共上海市委党史研究室研究二处处长吴海勇这样评价道："这迟到的爱，对于鲁迅具有生命拯救的意义。"② 爱情和亲情激发了先生的生命活力，他生命后十载在上海的成就，与许广平紧密相连。

---

① 汪卫东：《探寻"诗心"：〈野草〉整体研究》，北京大学出版社 2014 年版，第 92 页。
② 吴海勇：《枭声或曰花开花落两由之》，花城出版社 2006 年版，第 140 页。

第一章

为『我们的份』而奋斗的
爱国主义精神

鲁迅在上海的十年，是日本帝国主义从酝酿和准备，到悍然发动侵华战争期间，中华民族最危险的时刻日益逼近，抗日战争的烽火逐渐在中华大地燃起。1933 年，先生在《黄祸》(《准风月谈》) 中，分析中国的现状和未来说："我们似乎依然是'睡狮'"，"但倘说，二十世纪的舞台上没有我们的份，是不合理的"。他深情呼唤东方"睡狮"般的祖国母亲在战火中觉醒，深信抗战必将胜利，并寄更大希望于中国未来。1918 年，先生在《随感录三十六》(《热风》) 中曾指出："现在许多人有大恐惧；我也有大恐惧。""许多人所怕的，是'中国人'这名目要消灭；我所怕的，是中国人要从'世界人'中挤出。"从担忧中国人从"'世界人'中挤出"，到期盼世界上有"我们的份"，充分体现了先生的爱国主义情怀。与众不同的是，他对救亡有着深层次思考，他是把救亡与启蒙、与"立人"紧紧联系在一起的。

一、"遇战事，终日在枪炮声中"

鲁迅在上海，中华大地时有战火纷飞。战火主要来自两方面，一是日本帝国主义发动的侵华战争，先生在上海直接遭受一·二八事变影响，他记述了亲历的有关情况，并引申开来作了评论，还用诗文表达了内心的愤怒和期望和平；二是国民党反动派持续不断地对共产党领导的中国工农红军进行"围剿"，先生虽离战火尚远，但十分关注报刊上的相关报道，对蒋介石"攘外必先安内"政策进行了抨击。

（一）"突陷火线中，血刃塞途，飞丸入室，命在旦夕"

1931 年九一八事变后，日军强占我国东北，并策划成立伪满洲国，引起国际社会极大关注。1932 年初，为了转移视线，并迫使中国政府屈服，日本侵略者在上海不断寻衅滋事。1 月 18 日，五个日本僧侣在上海三友实业社门外向正在操练的工人义勇军挑衅，致起冲突，日僧一死二伤，制造了所谓"日本和尚事件"。事后日本浪人放火焚烧三友实业社，并杀死和砍伤中国警察三人；日侨集会游行，砸毁华人商店多家。日本驻沪总领事向上海市政府发函抗议，提出道歉、惩凶、赔偿和取消抗日运动等四项无理要求。同时，日军出动大批舰艇驶抵上海。27 日，日总领事向上海市政府发出最后通牒，声称"24 小时不见满意答复，即采取自由行动"。虽然上海市政府答复日方"全部承认所提四项要求"，但日海军陆战队还是于 28 日深夜在闸北发动进攻，由此爆发一·二八事变。驻上海的中国十九路军在军长蔡廷锴、总指挥蒋光鼐指挥下，奋起英勇抵抗，这就是著名的淞沪抗战。在上海各界人士和民众的支援下，中国军队的抗战坚持了一个多月。此战中国军人伤亡和失踪 13160 人，日军伤亡 3091 人，上海百姓伤亡和失踪 21000 余人，全市人口比战前减少 81 万。战区内半数以上工厂、70% 商店受损，238 所大中小学校受灾，商务印书馆所属东方图书馆 46 万余册图书被烧毁。

鲁迅亲历一·二八事变。1932 年 1 月 28 日下午，先生在寓所窗下写作。忽然发现斜对面的日本海军陆战队司令部气氛紧张，如临大敌。是晚，许多军车开出，枪声大作。第二天，战斗更加激烈。先生当天日记写道："遇战事，终日在枪炮声中。"30 日天刚亮，先生还没起床，日本军人就强行进门搜查，没查到什么便悻悻而走。由于处境危险，先生即携家人去附近的内山书店避居。后迁至四川路福州路附近的内山书店中央支店，先生 2 月 6 日日记写道："十人一室，席地而卧。"包括先生和周建人两家及女工。后又移入福建路牛庄路口大江南饭店，直到 3 月 19 日迁返原寓。

1932 年 2 月 22 日，先生在给许寿裳的信中说："此次事变，殊出意料之外，以致突陷火线中，血刃塞途，飞丸入室，真有命在旦夕之概。于二月六日，始得由内山君设法，携妇孺走入英租界，书物虽一无取携，而大小幸无恙，可以告慰也。""殊出意料之外"，是因日寇突然袭击。"命在旦夕"，足见危急程度。2 月 29 日，他在给李秉中 ① 的信中说："中华连年战争，闻枪炮声多矣，但未有切近如此者，至二月六日，由许多友人之助，始脱身至英租界。"3 月 20 日，他在给母亲的信中说："十九日回寓，见寓中窗户，亦被炸弹碎片穿破四处，震碎之玻璃，有十一块之多""衣服什物，已有被窃去者，计害马（先生对许广平的戏称）衣服三件，海婴衣裤袜子手套等十件，皆系害马用毛线自编，厨房用具五六件，被一条，被单五六张，合共值洋七十元，损失尚不算多。两个用人，亦被窃去值洋二三十元之物件"。损坏不算太严重（房屋结构未破坏）。谈及周建人，损失可就大了："老三旧寓，则被炸毁小半，门窗多粉碎，但老三之物，则除木器颇被炸破之外，衣服尚无大损，不过房子已不能住，所以他搬到法租界去了。"

3 月 15 日，鲁迅在给许寿裳的信中，谈及上海的街市受事变影响的情况："一过四川路桥，诸店无一开张者，入北四川路，则

---

① 李秉中，原是北京大学学生，后入黄埔军校，与鲁迅通信较多。

市廛家屋，或为火焚，或为炮毁，颇荒漠，行人也复寥寥。"这是事变发生一个多月后的情景。5 月 13 日，先生在给增田涉的信中说："此次上海炮火，商务印书馆编辑人员的饭碗也打坏了约两千个，因此舍弟（周建人时在商务印书馆任编辑）明天要到外地找饭吃。"一·二八事变两年后，1934 年 1 月，先生在《〈引玉集〉后记》（《集外集拾遗》）中谈到，自己交商务印书馆的苏联艺术家的木刻版画，制了版，即将开印，"不料战事就开始了，我在楼上远远地眼看着这印刷所和我的锌板都烧成了灰烬"。战火不仅毁坏物质，而且伤及文化，祸及先生。左联成员冯余声，曾将鲁迅的散文诗集《野草》译成英文，请先生作序。1931 年 11 月，先生写了《〈野草〉英文译本序》（《二心集》）。译稿由译者交商务印书馆，后毁于一·二八事变战火，未能出版。

1932 年 12 月底，先生作了三首诗赠日本友人，都是抒发战乱后的悲愤之情的，其中为内山完造夫人作诗《所闻》（《集外集拾遗》）曰："华灯照宴敞豪门，娇女严妆侍玉樽。忽忆情亲焦土下，佯看罗袜掩啼痕。"诗写战后豪门宴会上的侍女，想起死于战乱被埋在战火焚烧过的土地里的亲人，热泪夺眶而出，但她哪敢失声痛哭？只能强忍哀伤，低头装着看自己脚上的袜子。

1932 年 6 月，先生给台静农的信，谈及事变中中国军队的情况："我住在闸北时候，打来的都是中国炮弹，近的相距不过一丈余，瞄准是不能说不高明的，但不爆裂的居多，听说后来换了厉害的炮火，但那时我已经逃到租界去了。"这是肯定当时中国军队的军事素质，以及武器由劣到优的改进。又谈及租界民众的情况：

"离炮火较远，但见逃难者之终日纷纷不断，不逃难者之依然兴高采烈，真好像一群无抵抗，无组织的羊。现在我寓的四近又已热闹起来，大约不久便要看不出痕迹。"大量民众正在经受战乱带来流离失所的苦难，未受战乱波及者却麻木不仁。

7月，鲁迅在给增田涉的信中说："内山书店的漫谈会少了，对手也不多，似乎连漫谈也不景气，被大炮轰散了。"漫谈会由中日人士参加，一·二八事变后参加者难免减少。同月，先生给山本初枝的诗《一·二八战后作》(《集外集拾遗》)曰："战云暂敛残春在，重炮清歌两寂然。我亦无诗送归棹，但从心底祝平安。"战事停息不久，受影响的上海闸北、虹口只剩"残春"了；入夏，热爱和平的日本歌人离开上海了，炮声和歌声都听不见了。只希望这位爱好和平的女士，在军国主义甚嚣尘上的日本，安然无恙。

先生把日本帝国主义与日本人民加以区分，还可见1933年他在为日本生物学家西村真琴博士写的《题三义塔》(《集外集》)诗："奔霆飞熛歼人子，败井颓垣剩饿鸠。偶值大心离火宅，终遗高塔念瀛洲。精禽梦觉仍衔石，斗士诚坚共抗流。度尽劫波兄弟在，相逢一笑泯恩仇。"一·二八事变中，疯狂的炮击使无辜的民众遭殃，一只失去主人的鸽子，孤零零地残剩于闸北三义里的废墟中。西村氏把它救出来带回日本，与家中的日本鸽配对饲养，希望孵出小鸽把它作为和平使者送往中国。可不久此鸽死去，即被埋于院子内，并立一碑上刻"三义冢"。鸽子如能死而复生，也会像精卫填海那样，携石填平中日间的鸿沟吧？两国的有识之士也会坚定地共同抗击反人类的逆行吧？一旦日本帝国主义被打倒，中日人民必将握手言好，弥合法西斯制造的仇隙。这是一首情深意切的和平之歌。

鲁迅记述的受一·二八事变影响的情况，远非事变全貌。他很想就这一事变写点什么，却终未动笔。1932 年 6 月，他在给台静农的信中说明道："'一·二八'的事，可写的也有些，但所见的还嫌太少，所以写不写还不一定；最可恨的是所闻的多不可靠，据我所调查，大半是说谎，连寻人广告，也有自己去登，藉此扬名的。"不仅"所见的还嫌太少"，且在"瞒和骗"的落后文化影响下，"所闻的多不可靠"，便打消了动笔念头。

1933 年，鲁迅写了一篇题为《"抄靶子"》(《准风月谈》)的杂文，批判道："时候是二十世纪，地方是上海，虽然骨子里永是'素重人道'，但表面上当然会有些不同的。对于中国的有一部分并不是'人'的生物，洋大人如何赐谥，我不得而知，我仅知道洋大人的下属们所给与的名目。"在侵略者及为其服务的华人眼中，是不把被侵略的一部分华人当人看待的："假如你常在租界的路上走，有时总会遇见几个穿制服的同胞和一位异胞（也往往没有这一位），用手枪指住你，搜查全身和所拿的物件。倘是白种，是不会指住的；黄种呢，如果被指的说是日本人，就放下手枪，请他走过去；独有文明最古的黄帝子孙，可就'则不得免焉'了。这在香港，叫作'搜身'，倒也还不算很失了体统，然而上海则竟谓之'抄靶子'。"何为"抄靶子"？先生从租界的性质，谈及日本侵华战争："抄者，搜也，靶子是该用枪打的东西，我从前年九月（指 1931 年九一八事变）以来，才知道这名目的的确。四万万靶子，都排在文明最古的地方，私心在侥幸的只是还没有被打着。洋大人的下属，实在给他的同胞们定好了绝好的名称了。"日本帝国主义的狼子野心不止于中国东三省，而且在全中国——全中国人民都是他们妄图奴役的人，这是对日寇将发动全面侵华战争的敏锐预测及由此引发的极端愤慨。先生告诫全国同胞，每一个中国人都不要对日寇亡我之心抱丝毫幻想！

还值得注意的是，鲁迅对法西斯主义的批判。1933 年 6 月，他在《又论"第三种人"》(《南腔北调集》) 中明确表示："我也正是憎恶法西斯蒂的一个。"同年 9 月初，纳粹德国元首希特勒，在国社党大会闭幕时散布法西斯理论，9 月 3 日先生即在《同意和解释》(《准风月谈》) 中指出："新进的世界闻人说：'原人时代就有威权，例如人对动物，一定强迫它们服从人的意志，而使它们抛弃自由生活，不必征求动物的同意。'这话说得透彻。不然，我们那里有牛肉吃，有马骑呢？人对人也是这样。"这里引用的就是希特勒的话，所谓"透彻"是赤裸裸，法西斯公然把被侵略者当作动物。谈及日本侵略中国，先生指出："日本的大人老爷在中国制造'国难'，也没有征求中国人民的同意。"法西斯理论提供"制造自己威权的宗教上，哲学上，科学上，世界潮流上的根据，使得奴隶和牛马恍然大悟这世界的公律，而抛弃一切翻案的梦想"。先生点出其本质："大家做动物，使上司不必征求什么同意，这正是世界的潮流。"这世界的"公律"和"潮流"，是说法西斯不可一世，这是历史的大倒退——退到了中世纪。马克思曾指出："中世纪是人类史上的动物时期，是人类动物学。"[1]

---

① 转引自林贤治：《鲁迅的最后十年》，东方出版中心 2006 年版，第 102 页。

（二）"一面是别人炸，一面是自己炸"

问题的严重性还在于，20世纪二三十年代的中国，战事不仅来自日本帝国主义，而且来自国民党实行"攘外必先安内"政策，对共产党人实行血腥的武力镇压。对此，鲁迅旗帜鲜明地进行了批判。1933年，他写了《中国人的生命圈》（《伪自由书》），文章开头说自己"时常留心比较安全的处所"，"想来想去，想到了一个'生命圈'。这就是说，既非'腹地'，也非'边疆'，是介乎两者之间，正如一个环子，一个圈子的所在，在这里倒或者也可以'苟延性命于×世'的"。"腹地"，指中国共产党领导的江西等地的革命根据地。1933年2月至4月，蒋介石在第四次反革命"围剿"后期，出动飞机，调集50万兵力进攻红军根据地。"边疆"，指当时热河一带。1933年3月日军占领承德后，向冷口、古北口、喜峰口等地进迫，飞机狂轰滥炸，民众死伤惨重。

先生指出："'边疆'上是飞机抛炸弹。据日本报，说是在剿灭'兵匪'；据中国报，说是屠戮了人民，村落市廛，一片瓦砾。'腹地'里也是飞机抛炸弹。据上海报，说是在剿灭'共匪'，他们被炸得一塌胡涂；'共匪'的报上怎么说呢，我们可不知道。但总而言之，边疆上是炸，炸，炸；腹地里也是炸，炸，炸。虽然一面是别人炸，一面是自己炸，炸手不同，而被炸则一。只有在这两者之间的，只要炸弹不要误行落下来，倒还有可免'血肉横飞'的希望，所以我名之曰'中国人的生命圈'。""别人炸，自己炸，炸手不同"，而被炸的都是中国人。然而，"生命圈"很可能发生变化："再从外面炸进来，这'生命圈'便收缩而为'生命线'；再炸进来，大家便都逃进那炸好了的'腹地'里面去，这'生命圈'便完结而为'生命〇'。"战火不断蔓延，尚无生命之忧的圈可能越缩越小，变成线，再变成〇，中国人已陷入严重的生存危机之中！

一个多月后，先生又写了《天上地下》(《伪自由书》)，也是谈"炸"："中国现在有两种炸，一种是炸进去，一种是炸进来。"1933年5月10日《申报》南昌专电："炸进去之一例曰：'日内除飞机往匪区轰炸外，无战事，三四两队，七日晨迄申，更番成队飞宜黄以西崇仁以南掷百二十磅弹两三百枚，凡匪足资屏蔽处炸毁几平，使匪无从休养。'"同日《大晚报》北平电："炸进来之一例曰：'今晨六时，敌机炸蓟县，死民十余，又密云今遭敌轰四次，每次二架，投弹盈百，损害正详查中。'"与以上情况相关的两例："应了这运会而生的，是上海小学生的买飞机，和北平小学生的挖地洞。"前者指1933年初，国民党政府举办航空救国飞机捐，上海预定征募200万元。至5月初仅得半数，遂发动全市童子军于12日起，劝募购买"童子军号飞机"捐款三天。后者指1933年5月，北平各小学校长因日机时临上空，曾于11日派代表赴社会局要求各校每日上午停课，挖防空洞。

先生进一步分析道："但又试闭目一想，想得久远一些，可就遇着难题目了。假如炸进去慢，炸进来快，两种飞机遇着了，又怎么办呢？停止了'安内'，回转头来'迎头痛击'呢，还是仍然只管自己炸进去，一任他跟着炸进来，一前一后，同炸'匪区'，待到炸清了，然后再'攘'他们出去呢？……"值得庆幸的是，几年后，爱国将领张学良、杨虎城策动震惊中外的西安事变，中国共产党不失时机地提出建立抗日民族统一战线方针，逼蒋介石改变反动政策，实现第二次国共合作，终于形成了先生所说的"停止了'安内'，回转头来'迎头痛击'"的抗日局面。

二、"友邦惊诧"和"中国式'堂·吉诃德'"

1936年8月，鲁迅在《答徐懋庸并关于抗日统一战线问题》（《且介亭杂文末编》）中指出："中国目前革命的政党向全国人民所提出的抗日统一战线的政策，我是看见的，我是拥护的，我无条件地加入这战线，那理由就因为我不但是一个作家，而且是一个中国人，所以这政策在我是认为非常正确的。"先生十分鲜明地亮出自己反对日本帝国主义侵略的爱国主义旗帜。有人说鲁迅是汉奸，纯属别有用心的恶毒诬陷。1934年5月，先生在给郑振铎的信中说："另有文氓，恶劣无极，近有一些人，联合谓我之《南腔北调集》乃受日人万金而作，意在卖国，称为汉奸。"同年6月，他在给曹聚仁的信中说："我之被指为汉奸，今年是第二次。记得十来年前，因爱罗先珂攻击中国缺点，上海报亦曾说是由我授意，而我之叛国，则因女人是日妇云。""然而变迁至速，不必一二年，则谁是汉奸，便可一目了然矣。"是的，历史早已证明。

（一）"怎样的党国，怎样的'友邦'"

九一八事变后，全国各地的爱国学生多次向国民政府请愿，强烈要求出兵抗日。1931年12月17日，当学生联合向国民党中央党部请愿时，却遭到军警逮捕和枪杀，当场被打死20余人，被打伤百余人。次日，政府电令各地军政当局紧急处置请愿事件，给学生安上"捣毁机关、阻断交通、社会秩序悉被破坏"的罪名，并说"友邦人士，莫名惊诧，长此以往，国将不国"。先生当即写下《"友邦惊诧"论》(《二心集》)怒斥："好个'友邦人士'！日本帝国主义的兵队强占了辽吉，炮轰机关，他们不惊诧；阻断铁路，追炸客车，捕禁官吏，枪毙人民，他们不惊诧。中国国民党治下的连年内战，空前水灾，卖儿救穷，砍头示众，秘密杀戮，电刑逼供，他们也不惊诧。在学生的请愿中有一点纷扰，他们就惊诧了！"先生严厉谴责庇护日本帝国主义侵华的外国列强——所谓的"友邦人士"："好个国民党政府的'友邦人士'！是些什么东西！"

同时，先生的批判锋芒直指国民党反革命反人民的内政，严厉批判国民党政府外交上的软弱无能："'友邦人士'一惊诧，我们的国府就怕了，'长此以往，国将不国'了，好像失了东三省，党国倒愈像一个国，失了东三省谁也不响，党国倒愈像一个国，失了东三省只有几个学生上几篇'呈文'，党国倒愈像一个国，可以博得'友邦人士'的夸奖，永远'国'下去一样。"国民党政府在国难当头时不许人民群众表达爱国热情，怕因此引起"友邦惊诧"。

先生归纳道："几句电文，说得明白极了：怎样的党国，怎样的'友邦'。'友邦'要我们人民身受宰割，寂然无声，略有'越轨'，便加屠戮；党国是要我们遵从这'友邦人士'的希望，否则，他就要'通电各地军政当局'，'即予紧急处置，不得于事后借口无法劝阻，敷衍塞责'了！"此文写成后，先生看到《申报》载南京专电，为盛传一政府官员被学生打伤和一政府官员失踪辟谣；看到报载上海一小部分学校赴京请愿学生死伤的确切人数。先生补充写道："可见学生并未如国府通电所说，将'社会秩序，破坏无余'，而国府则不但依然能够镇压，而且依然能够诬陷，杀戮。"回到"友邦惊诧"论，先生讽刺道："'友邦人士'从此可以不必'惊诧莫名'，只管放心来瓜分就是了。"国民党政府的错误立场，只会助长外国列强瓜分中国的嚣张气焰。

（二）"不认真的同认真的碰在一起，倒霉是必然的"

鲁迅不仅看到政府昏庸的一面，而且敏锐地观察到国民中存在儿戏般的"救国行为"。1931年，他在《中华民国的新"堂·吉诃德"们》（《二心集》）中，对上海的"青年援马团"（简称"青马团"）作了分析。九一八事变后，黑龙江省代理主席马占山率军奋起抵抗，得到全国各阶层爱国民众支持。上海一些爱国青年组织了一个"青年援马团"，要求参加东北抗日军队对日作战。由于缺少坚定的意志和切实的办法，加上国民党当局阻挠，不久即涣散。先生称之为"中国式的'堂·吉诃德'"，评论道："不是兵，他们偏要上战场；政府要诉诸国联（'国际联盟'的简称），他们偏要自己动手；政府不准去，他们偏要去；中国现在总算有一点铁路了，他们偏要一步一步的走过去；北方是冷的，他们偏只穿夹袄；打仗的时候，兵器是顶要紧的，他们偏只看重精神。这一切等等，确是十分'堂·吉诃德'的了。"欧洲文艺复兴时期西班牙作家塞万提斯笔下的堂·吉诃德，因沉迷于骑士小说，幻想自己是中世纪骑士，便拉着邻居桑丘·潘沙充当仆人，"行侠仗义"游走天下，做出了种种与实际相悖、令人啼笑皆非的行为，四处碰壁，最终从梦幻中苏醒。

堂·吉诃德本是一个虽富有理想和正义感，但完全脱离现实的人物。在这一点上，"青马团"和堂·吉诃德一样；但在不同的国家，人们对两者的态度很不相同。先生对堂·吉诃德（"他"）和"青马团"（"他们"）在各自国家的遭遇作了比较分析："究竟是中国的'堂·吉诃德'，所以他只一个，他们是一团；送他的是嘲笑，送他们的是欢呼；迎他的是诧异，而迎他们的也是欢呼；他驻扎在深山中，他们驻扎在镇茹镇；他在磨坊里打风磨，他们在常州玩梳篦，又见美女，何幸如之（见十二月《申报》《自由谈》）。其苦乐之不同，有如此者，呜呼！"都是不切实际，堂·吉诃德遭到善意的嘲笑，人们的诧异可帮助他看到自己的不足；"青马团"得到的却是人们的欢呼，这或许可鼓舞士气，却也容易遮蔽他们的眼睛，意识不到自己的盲目。堂·吉诃德身处环境恶劣的深山老林，有助于磨炼意志；"青马团"驻扎在条件相对好的市镇，不利于砥砺迎战敌寇所需的顽强品格。堂·吉诃德为了生存，在磨坊里修打风磨；"青马团"在常州玩梳篦。都是不切实际，堂·吉诃德是真干，"青马团"虽然组建时未必不是出于真心，但行动起来却有点做戏成分了。

文章结尾，先生又把"青马团"与外国军队和游击队作了比较："讲二十世纪战事的小说，旧一点的有雷马克的《西线无战事》，棱的《战争》，新一点的有绥拉菲摩维支的《铁流》，法捷耶夫的《毁灭》，里面都没有这样的'青年团'，所以他们都实在打了仗。"作这种富有中国人自我批判精神的比较，是告诫国人，抗日战争是实实在在打仗，决不该当儿戏！

　　国民中存在的不利于抗日的问题，不仅是儿戏般的"救国行为"，还有与此相关的不认真态度。1932 年 11 月，鲁迅在《今春的两种感想》(《集外集拾遗》) 中，谈到上海一些青年在抗日中的表现："东北事起（九一八事变），上海有许多抗日团体，有一种团体就有一种徽章。这种徽章，如被日军发现死是很难免的。然而中国青年的记性确是不好，如抗日十人团，一团十人，每人有一个徽章，可是并不一定抗日，不过把它放在袋里。但被捉去后这就是死的证据。还有学生军们，以前是天天练操，不久就无形中不练了，只有军装的照片存在，并且把操衣放在家中，自己也忘却了。然而一被日军查出时，是又必定送命的。"从"天天练操"到"不久就无形中不练"，说明对抗战这样的大事都不当真，没有持久性，且缺乏警惕，结果送了命。早在 1931 年 11 月，先生在给曹靖华的信中，就已谈及上海有的学生抗日活动有始无终的情况："此地学生们是正在大练义勇军之类，但不久自然就收场，这种情形，已见了好几次了。"多次发生这种情况，就和不认真的文化相关。

　　先生举这些例子要说明什么呢？请看他分析："日人太认真，而中国人却太不认真。中国的事情往往是招牌一挂就算成功了。日本则不然。他们不像中国这样只是做戏似的。日本人一看见有徽章，有操衣的，便以为他们一定是真在抗日的人，当然要认为是劲敌。这样不认真的同认真的碰在一起，倒霉是必然的。"批评中国人不认真，并非先生一家之言，五四运动的代表人物几乎都有过，胡适就写过题为《差不多先生传》的短篇小说，讽刺中国人做什么事都马马虎虎。

　　回到《今春的两种感想》，以上是感想之一，感想之二是："我们的眼光不可不放大，但不可放的太大。""我希望一般人不要只注意在近身的问题，或地球以外的问题，社会上实际问题是也要注意些才好。"这是强调面对现实。最后，先生归纳道，在繁杂无序的事情中，"可以记一个总纲。如'认真点'，'眼光不可不放大但不可放的太大'，就是。这本是两句平常话，但我的确知道了这两句话，是在死了许多性命之后。许多历史的教训，都是用极大的牺牲换来的"。这是 90 年前的那个春天，痛定思痛的两种感想，都与抗日战争密切相关。

　　抗日，必须提高国民素质，重要方法之一是学习别人的优点，包括敌人的优点。1931 年，先生在《"日本研究"之外》(《集外集拾遗补编》)中指出："在这排日声中，我敢坚决的向中国的青年进一个忠告，就是：日本人是很有值得我们效法之处的。譬如关于他的本国和东三省，他们平时就有很多的书"，"关于外国的，那自然更不消说。我们自己有什么？除了墨子为飞机鼻祖，中国是四千年的古国这些没出息的梦话而外，所有的是什么呢？"1934 年，先生在《从孩子的照相说起》(《且介亭杂文》)中重申了上述观点："即使并非中国所固有的罢，只要是优点，我们也应该学习。即使那老师是我们的仇敌罢，我们也应该向他学习。"北京鲁迅博物馆研究室主任姜异新指出："在一片反日的时代浪潮中大声疾呼要向日本学习，这样做，本身需要深层的智慧和极大的勇气，也会冒着被辱骂的危险的，但鲁迅能够穿越时代，看到救亡之根本，那就是国民的愚昧懦弱招致了外敌的入侵。作为一个不可能上前线冲锋陷阵的士兵，而是从事思想文化事业的作家鲁迅来说，这是我们最应该佩服的精神境界。"①救亡之根本在于提高国民素质，自觉地担当此任，是最可贵的爱国主义。

三、"国际财神爷扼住了中国的喉咙"

20世纪30年代的中国，不仅面对日本帝国主义的军事进攻，而且面对包括日本在内的各国列强的经济打压。1933年，上海工商界发起将该年定为"国货年"，宣传"国货救国"。对此，不少人也许会从反对外国资本入侵，尤其是日本帝国主义侵略，支持民族工商业发展角度给以支持。但鲁迅却不，他看到了表象背后的问题。我们或许不必完全否定当年倡导用国货者的爱国热情，但通过以下分析可以看到，先生（包括瞿秋白）那种立足于依靠自身努力来发展民族工业，凭实力在国际社会争得"我们的份"的主张，与简单地抵制洋货相比，才是更深沉、更切实的爱国主义。

（一）"鉴于前车，此后的第一要图在充足实力"

1933年，瞿秋白作、经鲁迅修改、以自己常用笔名"洛文"发表的《真假堂·吉诃德》（《南腔北调集》），对所谓的"国货救国"提倡者作分析道："他们何尝不知道'国货运动'振兴不了什么民族工业，国际的财神爷扼住了中国的喉咙，连气也透不出，甚么'国货'都跳不出这些财神的手掌心。"各国列强对中国的经济打压有多严重？严重到"扼住了中国的喉咙，连气也透不出"，且极难

---

① 姜异新：《一代文宗 刹那锦云——也是鲁迅，也是胡适》，福建教育出版社2016年版，第101页。

摆脱。旨在抵制洋货的"国货运动"能否真有助于抗日救国，振兴民族工业？否，从一时看可能有利于国货的制造和销售，但长久不了。抗日救国、振兴民族工业只能靠自立自强。

半年后，先生写了《黄祸》(《准风月谈》)，先解说何谓"黄祸"："现在的所谓'黄祸'，我们自己是指黄河决口了，但三十年之前，并不如此。""那时是解作黄色人种将要席卷欧洲的意思的"，那是"井底之蛙"盲目自大的年代。回到现实，"我们一面在做'黄祸'的梦，而有一个人在德国治下的青岛所见的现实，却是一个苦孩子弄脏了电柱，就被白色巡捕提着脚，像中国人的对付鸭子一样，倒提而去了。"对这种外国人不把中国人当人看待的行为，先生感叹道："我不知道我们自己觉得现在好像是什么了？"面对民族危亡，许多人仍在昏睡。呼唤中国人觉醒，就须回答如何救亡图存。

1925 年，鲁迅在《两地书　十二》中，分析了辛亥革命后的形势："当时和袁世凯妥协，种下病根，其实却还是党人实力没有充实之故。所以鉴于前车，则此后的第一要图，还在充足实力，此外各种言动，只能稍作辅佐而已。"吸取深刻教训，先生得出"第一要图在充足实力"的重要结论。同年，他在《忽然想到　十》(《华盖集》) 中，专门对"民气论"和"民力论"作了分析，他赞成《顺天时报》社论提出的以下意见："一国当衰弊之际，总有两种意见不同的人。一是民气论者，侧重国民的气概，一是民力论者，专重国民的实力。前者多则国家终亦渐弱，后者多则将强。"强国不靠放在嘴上大叫大喊的所谓"民气"，而是靠实力——"国民的实力"。先生指出："可惜中国历来就独多民气论者，到现在还如此。如果长此不改，'再而衰，三而竭'，将来会连辩诬的精力也没有了。所以在不得已而空手鼓舞民气时，尤必须同时设法增长国民的实力，还要永远这样的干下去。"民气须有底气支撑才有意义，底气就是实力。否则，民气很快就会泄气，甚至走向反面，变成自暴自弃。国家和民族安危，起决定作用的是实力。

（二）"科学者，神圣之光照世界也"

1933 年，鲁迅在《谈蝙蝠》（《准风月谈》）中，从蝙蝠在中国的"名誉还算好"、蝙蝠的飞，谈到中国人对飞的幻想："中国人本来愿意自己能飞的，也设想过别的东西都能飞。道士要羽化，皇帝想飞升，有情的愿作比翼鸟儿，受苦的恨不得插翅飞去。想到老虎添翼，便毛骨耸然，然而青蚨飞来，则眉眼莞尔。至于墨子的飞鸢，终于失传，飞机非募款到外国去购买不可，则是因为太重了精神文明的缘故，势所必至，理有固然，毫不足怪的。"自古以来中国人便有飞的梦想，曾有这方面的创新，可惜未能好好传承。先生以墨子的飞鸢失传，后人只得从外国进口飞机为例，说明忽视物质文明建设的严重后果。

先生接着谈外国人对蝙蝠的态度："西洋人可就没有这么高情雅量，他们不喜欢蝙蝠。推源祸始，我想，恐怕是应该归罪于伊索的。他的寓言里，说过鸟兽各开大会，蝙蝠到兽类里去，因为他有翅子，兽类不收，到鸟类里去，又因为他是四足，鸟类不纳，弄得他毫无立场，于是大家就讨厌这作为骑墙的象征的蝙蝠了。"中国人怎么看这个寓言呢？先生注意到："中国近来拾一点洋古典，有时也奚落起蝙蝠来。但这种寓言，出于伊索，是可喜的，因为他的时代，动物学还幼稚得很。现在可不同了，鲸鱼属于什么类，蝙蝠属于什么类，就是小学生也都知道得清清楚楚。倘若还拾一些希腊古典，来作正经话讲，那就只足表示他的知识，还和伊索时候，各开大会的两类绅士淑女们相同。"这证明当时科学知识贫乏，没随时代进步而增长。

先生对现代科学技术在中国的命运作了分析，1933 年他在《电的利弊》(《伪自由书》) 中作比较说："外国用火药制造子弹御敌，中国却用它做爆竹敬神；外国用罗盘针航海，中国却用它看风水；外国用雅片（鸦片）医病，中国却拿来当饭吃。"不同的态度，折射出不同的价值取向和文明水平。

1934 年，先生在《偶感》(《花边文学》) 中，批评上海出现的迷信扶乩"碟仙"。所谓"碟仙"是指"香港科学游艺社"制造发售的碟子"科学灵乩图"，图上印有"留德白同经多年研究所发明，纯用科学方法构成，丝毫不带迷信作用"等字眼。先生评论道："'科学救国'已经叫了近十年，谁都知道这是很对的，并非'跳舞救国''拜佛救国'之比。青年出国去学科学者有之，博士学了科学回国者有之。不料中国究竟自有文明，与日本是两样的，科学不但并不足以补中国文化之不足，却更加证明了中国文化之高深。"科学本应成为弥补中国传统文化之不足的利器，但到了中国，反而被一些人用以证明中国文化精粕之"正确"的工具，先生分析说："五四时代，陈大齐（北京大学教授）先生曾作论揭发过扶乩的骗人，隔了十六年，白同先生却用碟子证明了扶乩的合理，这真叫人从那里说起。"先生沉痛地揭示了如下现象："每一新制度，新学术，新名词，传入中国，便如落在黑色染缸，立刻乌黑一团，化为济私助焰之具，科学，亦不过其一而已。""此病不除，中国是无药可救的。""黑色染缸"比喻中国旧文化之顽固，揭示对外开放之坎坷、发展科学技术之艰难。

1934 年，先生写了《迎神和咬人》(《花边文学》)，批评农民中存在的不懂科学的愚昧现象。文章从一则报载消息谈起："报载余姚的某乡，农民们因为旱荒，迎神求雨，看客有戴帽的，便用刀棒乱打他一通。"先生评论道："迎神，农民们的本意是在救死的——但可惜是迷信，——但除此之外，他们也不知道别一样。"农民缺乏科学常识，导致事与愿违："想救死，想逃死，适所以自速其死，哀哉！"先生分析道："自从由帝国成为民国以来，上层的改变是不少了，无教育的农民，却还未得到一点什么新的有益的东西，依然是旧日的迷信，旧日的讹传，在拼命的救死和逃死中自速其死。"中华民国建立后，并未给构成国民主体的广大农民带来什么益处，他们仍没受教育的机会，无法摆脱愚昧。

鲁迅一踏上文坛，就十分强调科学的重要，1907 年，他写了《科学史教篇》(《坟》)，对世界变化之大的原因作分析说："虽不易犁然，而实则多缘科学之进步。盖科学者，以其知识，历探自然见象之深微，久而得效"，"洪流所向，则尚浩荡而未有止也"，"科学者，神圣之光照世界也，可以遍末流而生感动"。科学用知识全面探索自然现象的奥秘，在长期积累中不断取得效果。科学进步是时代潮流，浩浩荡荡向前发展永无止境。科学是神圣之光，它照耀全球，能够挽回颓势，使人们对前景充满激情和信心。

四、爱国·自立自强与上海城市品格

早在 1903 年留学日本期间，鲁迅就在《中国地质略论》(《集外集拾遗补编》)中深情告白："吾广漠美丽最可爱之中国兮！而实世界之天府，文明之鼻祖也。"他并郑重提出："中国者，中国人之中国。可容外族之研究，不容外族之探捡；可容外族之赞叹，不容外族之觊觎也。"两个"不容"不能寄希望于外敌发善心，而只能靠自立自强，爱国，最重要的就是为中华民族的自立自强而奋斗。同年，先生用《自题小像》(《集外集拾遗》)诗表达拳拳爱国心："灵台无计逃神矢，风雨如磐暗故园。寄意寒星荃不察，我以我血荐轩辕。"释诗意：世界新思潮那么强烈地激荡着我的心，我为风雨飘摇、灾难深重的祖国深感悲哀。让高冷天空中的流星带去我对祖国人民觉醒的期盼吧，但又担心他们不理解我的良苦用心。无论如何，我将把我的满腔热血献给中华民族伟大复兴的事业。20 多年后，先生定居上海，与上海结下不解之缘。先生的爱国，集中体现为他在上海完成了对中国现代文化的创立。翻开上海现代史，可以清晰地看到鲁迅与上海城市品格的密切关系。联系当下实际，可以清晰地看到先生创立的以"立人"思想为核心内容的中国现代文化，是中华民族自立自强、上海自立自强，无可替代的精神财富。

（一）"我们该自有力量，自有本领"

面对百年未有之大变局，我们有必要对 90 年前鲁迅提出的"倘说，二十世纪的舞台上没有我们的份，是不合理的"，作出新的

思考。"我们的份",即中国在世界上应有的位置。涉及三个基本问题:"我们的份"现状如何? 导致现状的原因是什么? 改变现状的路怎么走? 关于"我们的份"现状。先生提出这个问题时值清末,清政府早已被迫与外国列强各国签订了一系列丧权辱国的不平等条约,中国被列强瓜分,在世界上的地位——"我们的份"一落千丈。关于导致现状的原因。先生认为,根本在于为封建专制统治服务的旧文化,已经不能适应人类社会现代文明的发展。关于改变现状的出路。先生认为,路在自己脚下,走自立自强之路。要进行思想革命,借鉴西方先进文化,改造中国传统文化,创造中国现代文化。1907年,他在《文化偏至论》(《坟》) 中,提出了这种新文化的特点:"外之既不后于世界之思潮,内之仍弗失固有之血脉。"

1934年,鲁迅在《倒提》(《花边文学》) 中,提出了一个十分重要的观点:"我们该自有力量,自有本领。"这里的"倒提",是指当时上海公共租界工部局有不许倒提鸡鸭在路上走,违者即拘入捕房罚款的规定。"于是有几位华人便大鸣不平,以为西洋人优待动物,虐待华人。"先生则指出:"这其实是误解了西洋人。他们鄙视我们,是的确的,但并未放在动物之下。"笔锋一转,他谈到中国古代的相关情况:"我们的古人,人民的'倒悬'之苦是想到的了,而且也实在形容得切贴,不过还没有察出鸡鸭的倒提之灾来。""倒悬",语出《孟子公孙丑 (上)》:"当今之时,万乘之国施仁政,民之悦之,犹解倒悬也。"

从动物回到人,先生指出:"但对于人的心思,却似乎有些不同。人能组织,能反抗,能为奴,也能为主,不肯努力,固然可以

54

永沦为舆台（古代奴隶两个等级的名称），自由解放，便能够获得彼此的平等，那运命并不一定终于送进厨房，做成大菜的。愈下劣者，愈得主人的爱怜，所以西崽打叭儿，则西崽被斥，平人忤西崽，则平人获咎，租界上并无禁止苛待华人的规律，正因为我们该自有力量，自有本领，和鸡鸭绝不相同的缘故。"鸡鸭无论人如何待它，最后总是被送进厨房做成大菜。人则不然，处于奴隶地位者，不竭力挣脱就永远为奴，组织起来反抗才可能获得解放。租界内，西崽打叭儿狗要被狗主人训斥，但一般华人如果不顺从西崽，却要获罪，因为在租界苛待华人是习以为常的事。

中国人要改变为奴地位，不能把希望寄托在殖民者身上，全靠自己救自己，因为我们是人，不是鸡鸭狗等动物！先生认为，史书记载孟子的弟子公孙丑施仁政，把百姓从被"倒悬"中解救出来，并不可信。这种说法的危害性在于麻痹人，幻想着"救世主"来给自己加施恩典，有的甚至麻木到宁肯当牛做马，也不愿联合起来对不合理的现状进行改革。先生告诫道："这类的人物一多，倒是大家要被倒悬的，而且虽在送往厨房的时候，也无人暂时解救。这就因为我们究竟是人，然而是没出息的人的缘故。"如果不愿改革的人多了，劳苦大众就都要被"倒悬"了，甚至被杀戮也没人来解救你了。怪谁呢？只怪自己没出息，身为人却甘做牛马。

与90年前相比，世界和中国都发生了翻天覆地的变化。1945年反法西斯战争胜利后，中国人民普遍享受了长期和平。新中国成立以来，尤其是改革开放以来，我国经济社会迅速发展，经济总量已稳居全球第二，当今国际舞台上已有"我们的份"了。但同时要看到，世界仍不太平，局部战争连绵不断，新的战争危险依然存在。经济上我国大而不强，"国际的财神爷扼住了中国的喉咙"的状况在新的历史条件下再现，"卡脖子技术"难题突出，国际舞台上"我们的份"还没到位。面对百年未有之大变局，根本的应对之策是自立自强，关键是科技的自立自强。新科技革命和产业变革方兴未艾，抓住这一难得的历史性机遇，中国这样一个发展中大国就可实现跨越式发展，成为真正意义上的强国。

（二）跳出"历史周期率"的答案与五四精神辩证把握

中国怎么才能"自有力量，自有本领"？人们可从许多角度作出回答，无论从哪个角度分析，起决定作用的是中国共产党的领导。如何加强党的领导，使党始终做到"代表中国先进生产力的发展要求，代表中国先进文化的前进方向，代表中国最广大人民的根本利益"，就成为中国最大的政治课题。做好这份答卷，当年毛泽东和黄炎培的"窑洞对"，给我们留下宝贵的政治思想遗产。

1945年7月，毛泽东在窑洞会见从重庆飞抵延安的六位国民参政员。在同黄炎培的一次交谈中，毛泽东问他有什么感想，黄炎培答：我生六十多年，耳闻的不说，所亲眼看到的，真所谓"其兴也勃焉"，"其亡也忽焉"，一人、一家、一团体、一地方，乃至一国，不少单位都没有能跳出这周期率的支配力。大凡初时聚精会神，没有一事不用心，没有一人不卖力，也许那时艰难困苦，只有从万死中觅取一生。既而环境渐渐好转了，精神也就渐渐放下了。有的因为历时长久，自然地惰性发作，由少数演为多数，到风气养成；虽有大力，无法扭转，并且无法补救。也有为了区域一步步扩大了，它的扩大，有的出于自然发展，有的为功业欲所驱使强求发展，到干部人才渐见竭蹶、艰于应付的时候，环境倒越加复杂起来了，控制力不免趋于薄弱了。一部历史，"政怠宦成"的也有，"人亡政息"的也有，"求荣取辱"的也有，总之没有能跳出这周期率。没能跳出周期率的不是个别现象，而是"不少"。

黄炎培对毛泽东说："中共诸君从过去到现在，我略略了解的了。就是希望找出一条新路，来跳出这周期率的支配。"听了黄炎培的这番见解后，毛泽东对他说："我们已经找到新路，我们能跳出这周期率。这条新路，就是民主。只有让人民来监督政府，政府才不敢松懈。只有人人起来负责，才不会人亡政息。"① 对毛泽东提出的用走民主新路的方法"来打破这周期率"，黄炎培认为是会有效的。

黄炎培生于 1878 年，亲历了清王朝的覆灭、辛亥革命的胜利，尤其是辛亥革命后袁世凯窃取胜利果实、政权频繁更迭的过程。他的提问显然经过深思熟虑，毛泽东的回答也是如此。1945 年 4 月，中国共产党召开了第七次全国代表大会，毛泽东在会上提出要"建立独立、自由、民主、统一和富强的新中国"，"一个以全国绝对大多数人民为基础而在工人阶级领导之下的统一战线的民主联盟的国家制度，我们把这样的国家制度称之为新民主主义的国家制度"②。有了七大的基础，毛泽东提出跳出周期率走"民主新路"的答案，是顺理成章的。这个答案言简意赅，提出了人民民主的两条原则：

① 中共中央文献研究室编，金冲及主编：《毛泽东传（1893—1949）》，中央文献出版社 1996 年版，第 719—720 页。

②《毛泽东选集》第三卷，人民出版社 1991 年版，第 1055、1056 页。

民主监督和民主管理。

70 多年后，2021 年 11 月，习近平总书记在党的十九届六中全会上的讲话中指出："我们党历史这么长、规模这么大、执政这么久，如何跳出治乱兴衰的历史周期率？毛泽东同志在延安的窑洞里给出了第一个答案，这就是'只有让人民来监督政府，政府才不敢松懈'。经过百年奋斗特别是党的十八大以来新的实践，我们党又给出了第二个答案，这就是自我革命。"①怎么认识两个答案的关系？两者相辅相成，缺一不可。"民主新路"体现的是外在力量，"自我革命"体现的是内在力量，两种力量结合起来，才能跳出历史周期率。如果离开了来自人民群众的民主监督，自我革命就缺少足够动力，难以深入和持久。反之，如果离开了自我革命，民主监督由于缺少思想文化基础，相关制度在制定和实施中就会遇到重重阻力，影响效果甚至流于形式。习近平总书记提出第二个答案，显然具有强烈的针对性。

跳出历史周期率的两个答案，与五四精神密切相关。五四运动是伟大的爱国运动，又是伟大的新文化运动。五四精神既是爱国主义精神，又是民主和科学精神。爱国主义与民主和科学虽不等同，却不能分割。人类社会进入现代后，一个国家、一个民族只有信奉民主和科学，才能富裕和强大，人民才有幸福。在这个意义上可以说，离开了民主和科学，就没有真正的爱国主义。联系跳出历史周期率的两个答案，都是为了民主执政和科学执政，而归根结底都是

---

① 《习近平谈治国理政》第四卷，外文出版社 2022 年版，第 541 页。

为了国家和民族的自立自强。鲁迅精神是五四精神的集中体现，走民主新路和进行自我革命，都可以从鲁迅"立人"思想中获取珍贵的思想文化资源。从走民主新路角度看，先生批判国民性弊端的锋芒，直指为封建专制服务的主奴文化，1927 年，他在《老调子已经唱完》(《集外集拾遗》) 中指出："中国的文化，都是侍奉主子的文化，是用很多的人的痛苦换来的。""保存旧文化，是要中国人永远做侍奉主子的材料，苦下去，苦下去。"从进行自我革命角度看，先生一贯强调自我改造的重要性，1927 年，他在《答有恒先生》(《而已集》) 中指出："我知道我自己，我解剖自己并不比解剖别人留情面。"90 多年过去了，封建思想残余依然存在，其突出表现是以官本位为本质特征的官僚主义，阻碍着我们沿着民主新路前进，也阻碍着党的自我批评优良作风的传承。加强党的建设，须全面把握五四精神，坚定不移地走民主新路，切实有效地进行自我革命。

（三）"开放、创新、包容"是"人的现代化"的题中之意

国家和民族的自立自强，说到底是人的自立自强。正如习近平总书记所指出："现代化的本质是人的现代化。"[1] 我们谈现代化，谈的往往是"农业、工业、国防和科学技术现代化"。这当然是与全心全意为人民服务的宗旨联系在一起的，但毕竟没有直接谈"人"。鲜明地提出"人的现代化"，并强调这是"现代化的本质"，具有重大的理论和实践意义。这里涉及两个基本问题，第一，怎么才能实现四个现代化？靠人。靠什么样的人？靠高素质的现代化的

---

[1] 《习近平新时代中国特色社会主义思想学习纲要》，学习出版社、人民出版社 2019 年版，第 59 页。

人。当然，这样的人，又是在实现四个现代化过程中造就的。第二，实现四个现代化为了什么？为了人，让所有中国人过上现代化的物质生活，并且得到自由而全面的发展。人既是现代化的手段，更是现代化的目的。"现代化的本质是人的现代化"，这个命题所体现的是深层次的爱国主义，爱祖国不仅要爱大好河山，更要爱可爱的人民。人民不是抽象的，爱国主义是爱每个人，爱自己也爱他人。

人的现代化内涵极为丰富，习近平总书记归纳的上海城市品格"开放、创新、包容"，是人的现代化的三要素，既是实现人的现代化的必备条件，又是人的现代化的重要标志。在鲁迅作品里，人处于至高无上的地位。打开《鲁迅全集》，"人"是出现最多的一个词，共出现了 21362 次，每 140 个字中就有一个"人"字。先生眼中的人，不是抽象的人，而是具体的人；不是少数人，而是多数人、所有人。先生清醒地看到，中国近代以来的落伍说到底是人的落伍，古代中国人文明程度曾走在世界前列，近代以来却没能跟上人类现代化步伐。不痛下决心改变这种状况，就存在着被淘汰的危险。为了中国人的现代化，先生饱含爱的热泪毫不留情地批判国民性弊端，在批判中形成了"立人"思想。"开放、创新、包容"，是鲁迅"立人"思想、鲁迅精神的重要内容，先生形象地用"拿来主义"谈开放，深刻地把创新重点放在改革，尤其是改革国民性，提出"不求全责备"和"不走极端"则是从方法论角度谈包容。鲁迅"立人"思想是中国现代文化的标志，为上海如何提升"开放、创新、包容"的城市品格，为每个人如何实现自身现代化，提供了宝贵的思想文化资源。

"开放、创新、包容"的城市品格，其基础在经济，反过来又对经济产生重大影响。对此，马克思、恩格斯在《共产党宣言》中，作了清晰而精辟的论述。《共产党宣言》一开始便阐述了原先各自封闭的国家和民族是怎么被连接起来的："美洲的发现，绕过非洲的航行，给新兴的资产阶级开辟了新天地。东印度和中国的市场、美洲的殖民化、对殖民地的贸易、交换手段和一般商品的增加，使商业、航海业和工业空前高涨，因而使正在崩溃的封建社会内部的革命因素迅速发展。"随着市场不断扩大，需求不断增加，"蒸汽和机器引起了工业生产的革命。现代大工业代替了工场手工业"，"大工业建立了由美洲的发现所准备好的世界市场。世界市场使商业、航海业和陆路交通得到了巨大的发展。这种发展又反过来促进了工业的扩展"。

其结果是："资产阶级，由于开拓了世界市场，使一切国家的生产和消费都成为世界性的了。"古老的民族工业被消灭了，新的工业"所加工的，已经不是本地的原料，而是来自极其遥远的地区的原料；它们的产品不仅供本国消费，而且同时供世界各地消费。旧的、靠本国产品来满足的需要，被新的、要靠极其遥远的国家和地带的产品来满足的需要所代替了。过去那种地方的和民族的自给自足和闭关自守状态，被各民族的各方面的互相往来和各方面的互相依赖所代替了"。尤其值得关注的是："物质的生产是如此，精神的生产也是如此。各民族的精神产品成了公共的财产。民族的片面性和局限性日益成为不可能，于是由许多民族的和地方的文学形成了一种世界的文学。"①"文学"一词德文是"Literatur"，泛指科学、艺术、哲学、政治等。从近代世界史看，先有欧洲文艺复兴，后有工业革命，而后工业革命又促进了文化发展。物质的生产和精神的生产相得益彰。与上述两种现象并存的，是现代城市的兴起，不仅出现了一国范围内的城市，而且产生了世界范围内的国际大都市。

《共产党宣言》的以上论述，引发我们对"开放、创新、包容"的上海城市品格的深入思考。开放作为一种品格，以经济的开放为基础，或者说由经济的开放所决定。当"物质的生产和消费"成为世界性行为，整个世界成为一个大市场时，各国各民族原有的自给自足和闭关自守状态就延续不下去了，取而代之的必然是开放。"精神的生产和消费"也是如此。"物质的生产和消费"离不开"精神的生产和消费"。"精神的生产和消费"形成精神的产品，就是学术、文学和艺术作品。"开放、创新、包容"，三者关系是：把"开放"放在第一位，因为开放是创新的前提、基础和动力；创新是关键，是开放的目的，是城市活力的标志和城市的生命；包容是必然要求，没有包容就没有开放，也就没有创新。"开放、创新、包容"，你中有我，我中有你。如果没有文艺复兴和工业革命，就没有世界范围的生产和消费，而文艺复兴和工业革命本身是创新。开放和创新离不开包容，没有对创新活动的理解和支持，没有对世界各国各民族人民的接纳，也就没有文艺复兴和工业革命，以及世界范围的生产和消费；而对创新活动的理解和支持，对世界各国各民

①《马克思恩格斯文集》第二卷，人民出版社 2009 年版，第 32、35 页。

族人民的接纳，就是包容。

一个国家，"开放、创新、包容"的品格首先在大城市形成，具有必然性。城市是现代经济发展的产物，工业革命造就了产业工人大量集聚，他们及其家属在同一个区域生产和生活，催生许多服务业，就逐渐发展成为现代城市。人集聚越来越多，城市规模也就越来越大。现代城市是开放和创新的产物，城市吸纳五湖四海的人们走到一起，具有极大的包容性。没有"开放、创新、包容"，就不会有现代城市。

上海是中国开埠最早的城市之一，也是民族工业发展相对早、相对快和相对好的城市之一。鲁迅在上海的十年——20世纪20年代中后期至30年代前中期，又是上海对外开放和民族经济发展相对较好的时期。先生生活在上海，上海的"开放、创新、包容"，潜移默化地影响着他。当时的上海是半殖民地半封建社会，"开放、创新、包容"中难免鱼龙混杂、真善美与假恶丑并存。先生敏锐地看到"二患交伐"，并作出批判，为提升上海"开放、创新、包容"品格，作出了卓越贡献。

形成和提升"开放、创新、包容"品格需要动力，从根本上说，自立自强的爱国主义是原动力。

第二章

『俯首甘为孺子牛』的

大爱真爱情怀

1933 年，鲁迅在《英译本〈短篇小说选集〉自序》(《集外集拾遗》) 中，对中国劳苦大众在文学史上的形象作了如下分析："中国的诗歌中，有时也说些下层社会的苦痛。但绘画和小说却相反，大抵将他们写得十分幸福"，"平和得像花鸟一样"。劳苦大众在先生眼中的形象，则有一个变化过程："我生长于都市的大家庭里，从小就受着古书和师傅的教训，所以也看得劳苦大众和花鸟一样。有时感到所谓上流社会的虚伪和腐败时，我还羡慕他们的安乐。但我母亲的母家是农村，使我能够间或和许多农民相亲近，逐渐知道他们是毕生受着压迫，很多苦痛，和花鸟并不一样了。不过我还没法使大家知道。"早年的"和许多农民相亲近"，使先生的看法发生了变化，但还找不到用什么方式把这种变化告诉人们。留日期间大量接触外国文学，他眼睛一亮："后来我看到一些外国的小说，尤其是俄国，波兰和巴尔干诸小国的，才明白了世界上也有这许多和我们的劳苦大众同一运命的人，而有些作家正在为此而呼号，而战斗。而历来所见的农村之类的景况，也更加分明地再现于我的眼前。"于是产生了创作冲动："偶然得到一个可写文章的机会，我便将所谓上流社会的堕落和下层社会的不幸，陆续用短篇小说的形式发表出来了。"机缘是五四新文化运动提供的，"上流社会的堕落和下层社会的不幸"，成为先生创作的主题。进入 20 世纪二三十年代，在外患内乱中，民众困苦的表现形式发生变化，在上海尤为明显。先生在上海，密切关注着劳苦大众的处境。

一、"真教人觉得不像活在人间"

鲁迅接受了马克思主义历史唯物论后，开始运用阶级分析方法观察社会。正如 1934 年他在《〈草鞋脚〉(英译短篇小说集) 小引》(《且介亭杂文》) 中所说:"小说家的侵入文坛,仅是开始'文学革命'运动,即一九一七年以来的事。""大约十年之后,阶级意识觉醒了起来,前进的作家,就都成了革命文学者。"先生特别关注上海这个人口迅速膨胀的移民社会,各地的农民及底层知识分子,进上海后变为城市贫民后的遭遇,还特别关注上海女性和儿童的命运。革命文学与文学革命的区别,主要在于前者更注意把新文化与中国革命的实践结合起来。

(一)"我们的劳苦大众历来只被最剧烈的压迫和榨取"

1931 年,鲁迅在《中国无产阶级革命文学和先驱的血》(《二心集》) 中指出:"我们的劳苦大众历来只被最剧烈的压迫和榨取,连识字教育的布施也得不到,惟有默默地身受着宰割和灭亡。"被压迫和榨取不仅是经济上政治上的,而且包括文化方面的,他们的生存受到威胁且得不到同情,大多数人没有接受教育的机会,因而缺乏反抗意识。同年,先生在《"智识劳动者"万岁》(《二心集》) 中指出:"'劳动者'这句话成了'罪人'的代名词,已经足足四年了。压迫罢,谁也不响;杀戮罢,谁也不响;文学上一提起这句话,就有许多'文人学士'和'正人君子'来笑骂,接着又有许多他们的徒子徒孙来笑骂。劳动者呀劳动者,真要永世不得翻身了。"这是揭露 1927 年以来劳苦大众的处境,及社会舆论对他们的轻蔑。同时,先生批判帝国主义发动侵华战争的罪恶行径:"不料帝国主义老爷们还嫌党国屠杀得不赶快,竟来亲自动手了,炸的炸,轰的轰。"

1930 年，先生在《"硬译"与"文学的阶级性"》(《二心集》)中，针对梁实秋否定人的阶级性的论调，指出：在阶级社会里，人"断不能免掉所属的阶级性"。"自然，'喜怒哀乐，人之情也'，然而穷人决无开交易所折本的懊恼，煤油大王那会知道北京检煤渣的老婆子身受的酸辛，饥区的灾民，大约总不去种兰花，像阔人的老太爷一样，贾府上的焦大，也不爱林妹妹的。"不同阶级的人喜怒哀乐不同。1932 年，先生在《祝中俄文字之交》(《南腔北调集》)中说："世界上有两种人：压迫者和被压迫者！"两种人虽同在一个星球上，却又分明生活在截然不同的两个世界中。

1933 年秋，先生在《秋夜纪游》(《准风月谈》) 中，对上海租界里中等华人和高等华人或"无等洋人"的生活环境作了比较："秋已经来了，炎热也不比夏天小"，"租界也还有悠闲的处所，是住宅区。但中等华人的窟穴却是炎热的，吃食担，胡琴，麻将，留声机，垃圾桶，光着的身子和腿。相宜的是高等华人或无等洋人住处的门外，宽大的马路，碧绿的树，淡色的窗幔，凉风，月光，然而也有狗子叫"。这里还没谈到"下等华人"，他们的生活环境即使与"中等华人"比也差多了。1934 年 7 月，先生在《知了世界》(《花边文学》) 中，谈"中等华人"时说："(他们) 开了风扇，吃着冰淇淋，不但和'水位大涨''旱象已成'之处毫不相干，就是和窗外流着油汗，整天在挣扎过活的人们的地方，也完全是两个世界。""中等华人"不仅丝毫感觉不到灾区人民的痛苦，即使与同时生活在上海的"下等华人"相比，亦有天壤之别。

1935 年，先生在《两种"黄帝子孙"》(《集外集拾遗补编》)

中，针对林语堂所言"物质文明吃穿居住享用还是咱们黄帝子孙内行"，评论道："'物质文明'也至少有两种：一种是吃肥甘，穿轻暖，住洋房的；一种却是吃树皮，穿破布，住草棚，——吃其所不当吃，穿其所不当穿，住其所不当住。"林语堂的话经不起推敲，他没有注意到不同阶级的不同生活。1934 年，先生在《安贫乐道法》(《花边文学》) 中指出："且不说挖煤，挑粪那些事，就是上海工厂里做工至少每天十点的工人，到晚快边就一定精疲力倦，受伤的事情是大抵出在那时候的。"工人上班时间过长，疲惫不堪，工伤事故频发。1935 年 7 月，先生在《"靠天吃饭"》(《且介亭杂文二集》) 中指出："大约是西洋人说的罢，世界上有穷人份的，只有日光空气和水。这在现在的上海就不适用，卖心卖力的被一天关到夜，他就晒不着日光，吸不到好空气；装不起自来水的，也喝不到干净水。报上往往说：'近来天时不正，疾病盛行'，这岂只是'天时不正'之故，'天何言哉'，它默默地被冤枉了。"穷人的工作环境和生活环境恶劣不堪，"疾病盛行"绝非只是天灾，更是人祸。

（二）恶德与竞争交织下的人际关系："推、踏和踢""爬和撞"

鲁迅 1921 年写的小说《故乡》(《呐喊》)，主人公之一闰土，是一个典型的传统农民："多子，饥荒，苛税，兵，匪，官，绅，都苦得他像一个木偶人了。"先生 1919 年写的小说《孔乙己》(《呐喊》)，主人公孔乙己，则是一个典型的科举制度下屡试不中、穷困潦倒的底层知识分子，被打折了腿，只能用手爬着去咸亨酒店喝酒，喝完酒，"在旁人的说笑声中，坐着用这手慢慢走去了"。闰土和孔乙己们是生活在清末民初不算偏远的中国农村或乡镇中的人物，他们在急剧变化的社会环境中分化，不少人或先或后走向城市。20 世纪 30 年代，先生笔下的上海民众，相当一部分来自江浙等地。这些昔日的闰土和孔乙己们，进入都市后怎样？先生发现了"推、踏和踢""爬和撞"等令人触目惊心的现象。1933 年 6 月至 11 月半年间，他在几篇杂文中先后作了揭露和分析。

1933 年 6 月，先生写了《推》(《准风月谈》)，记述了报载一条新闻："有一个卖报的孩子，踏上电车的踏脚去取钱，误踹住了一个下来的客人的衣角，那人大怒，用力一推，孩子跌入车下，电车又刚刚走动，一时停不住，把孩子碾死了。"先生分析道："推倒孩子的人，却早已不知所往。但衣角会被踹住，可见穿的是长衫，即使不是'高等华人'，总该是属于上等的。"动手推的是"上等"以上的华人，被推倒并被电车碾死的是报童。先生由此引申分析道："我们在上海路上走，时常会遇见两种横冲直撞，对于对面或前面的行人，决不稍让的人物。一种是不用两手，却只将直直的长脚，如入无人之境似的踏过来，倘不让开，他就会踏在你的肚子或肩膀上。这是洋大人，都是'高等'的，没有华人那样的区别。一种就是弯上他两条臂膊，手掌向外，像蝎子的两个钳一样，一路推过去，不管被推的是跌在泥塘或火坑里。这就是我们的同胞，然而'上等'的。""推"的恶行，不仅是耀武扬威的"洋大人"所为，而且是"上等"华人对处于穷困潦倒的同胞所为，不同的是，在"洋大人"那里，"推"还发展为"踏"。"推""踏"者撕破了"文明"外衣，露出了狰狞。这里和下面几段文字，都在实写中体现出深刻意象。

先生进一步描述道:"上车,进门,买票,寄信,他推;出门,下车,避祸,逃难,他又推。推得女人孩子都踉踉跄跄,跌倒了,他就从活人上踏过,跌死了,他就从死尸上踏过,走出外面,用舌头舔舔自己的厚嘴唇,什么也不觉得。旧历端午,在一家戏场里,因为一句失火的谣言,就又是推,把十多个力量未足的少年踏死了。死尸摆在空地上,据说去看的又有万余人,人山人海,又是推。""推"随处可见,被"推"的多是妇女和儿童,推倒后就"踏","推""踏"者心安理得。没完没了的"推"和"踏",许多人还去围观被"推""踏"死的少年的死尸,围观时又是"推"。"推"者是何感觉?"推了的结果,是嘻开嘴巴,说道:'阿唷,好白相来希(上海话,好玩得很)呀!'"践踏年幼的生命还如此嬉笑,人性扭曲何其严重!

"推"和"踏"不仅普遍存在,而且还扩大开来:"住在上海,想不遇到推与踏,是不能的,而且这推与踏也还要廓大开去。要推倒一切下等华人中的幼弱者,要踏到一切下等华人。这时就只剩下了高等华人颂祝着——'阿唷,真好白相来希呀。为保全文化起见,是虽然牺牲任何物质,也不应该顾惜的——这些物质有什么重要性呢!'"先殃及"一切下等华人中的幼弱者",进而殃及"一切下等华人"。在"推""踏"者眼中,被"推""踏"的根本不是享有平等地位的人,而只是无足轻重的"物质"。"推""踏"者"保全"的,是先生1918年在《狂人日记》(《呐喊》)中就已深刻揭露的"吃人"文化。

1933年8月,鲁迅写了《踢》(《准风月谈》)。文章开头呼应

《推》："两月以前，曾经说过'推'，这回却又来了'踢'。"然后引用《申报》一则报道称：漆匠刘明山等在黄浦滩（今外滩）码头纳凉，另有数人在旁聚赌，白俄巡警上前驱逐，踢刘一脚，刘起身想避开，又被踢一脚，以致跌入浦中，刘的同事救他未及，刘溺水而亡。先生评论道："'推'还要抬一抬手，对付下等人是犯不着如此费事的，于是乎有'踢'。而上海也真有'踢'的专家，有印度巡捕，有安南巡捕，现在还添了白俄巡捕，他们将沙皇时代对犹太人的手段，到我们这里来施展了。"上海的租界，一些洋人横行霸道、仗势欺人，平民百姓命如草芥。可悲的是："我们也真是善于'忍辱负重'的人民，只要不'落浦'，就大抵用一句滑稽化的话道：'吃了一只外国火腿'，一笑了之。"似是幽默，实是无奈和怯弱。

1933 年，先生写了《爬和撞》(《准风月谈》)，也是针对梁实秋的。梁在《新月》月刊上发文说："一个无产者假如他是有出息的，只消辛辛苦苦诚诚实实的工作一生，多少必定可以得到相当的资产。"这是一种把偶然与必然、个别与普遍相混淆，以消解阶级论的观点，先生指出："从前梁实秋教授曾经说过：穷人总要爬，往上爬，爬到富翁地位。不但穷人，奴隶也是要爬的，有了爬得上的机会，连奴隶也会觉得自己是神仙，天下自然太平了。"梁的意思很清楚，既然有机会，那就甘心情愿当奴隶。先生分析道："虽然爬得上的人很少，然而个个以为这正是他自己。这样自然都安分的去耕田，种地，拣大粪或是坐冷板凳，克勤克俭，背着苦恼的命运，和自然奋斗着，拼命的爬，爬，爬。"给往上爬的人造成一种错觉：人人都有机会，那就安于难熬的现状吧。

　　先生深入分析道："可是爬的人那么多，而路只有一条，十分拥挤。"这种情况下出现了两种人，一种是安分的老实人，一种是不安分的所谓"聪明人"："老实的照着章程规规矩矩的爬，大都是爬不上去的。聪明人就会推，把别人推开，推倒，踏在脚底下，踹着他们的肩膀和头颈，爬上去了。"老实人一般是爬不上去的，"聪明人"通过"推""踏"，踹着别人的肩膀和头颈爬上去。这种老实人吃亏、损人利己者得势的现象，显然是社会毒瘤。问题在于："大多数人却还只是爬，认定自己的冤家并不在上面，而只在旁边——是那些一同在爬的人。他们大都忍耐着一切，两脚两手都着地，一步步的挨上去又挤下来，挤下来又挨上去，没有休止的。"大多数人没看到造成"推""踏"的社会原因，忍气吞声地在生死线上挣扎。

　　不过，这种状况也会发生变化："然而爬的人太多，爬得上的人太少，失望也会渐渐的侵蚀善良的人心，至少，也会发生跪着的革命。于是爬之外，又发明了撞。""跪着的革命"，是指一方面想要除旧布新，另一方面又拥护旧制度。有些"聪明人"即使"推""踏"，还是爬不上去，于是发明了"撞"。"这是明知道你太辛苦了，想从地上站起来，所以在你的背后猛然的叫一声：撞罢。一个个发麻的腿还在抖着，就撞过去。这比爬要轻松得多，手也不必用力，膝盖也不必移动，只要横着身子，晃一晃，就撞过去。""撞"比"推""踏"更省力，而且可能"撞大运"："撞得好就是五十万元大洋，妻，财，子，禄都有了。"撞不到"大运"也无所谓："撞不好，至多不过跌一跤，倒在地下。那又算得什么呢，——他原本是伏在地上的，他仍旧可以爬。何况有些人不过撞着玩罢了，根本就不怕跌跤的。"对"聪明人"而言，"撞"似乎没什么副作用，所以就喜欢"撞"。

先生从历史角度对"爬"和"撞"作了分析："爬是自古有之。例如从童生到状元，从小瘪三到康白度（英语 Comprador 的音译，即买办）。"孔乙己就是一个老童生，爬了一辈子也没能爬上去。回到现实："撞却似乎是近代的发明。""爬得上的机会越少，愿意撞的人越多，那些早已爬在上面的人们，就天天替你们创造撞的机会，叫你们化些小本钱，而预约着你们名利双收的神仙生活。所以撞得好的机会，虽然比爬得上的还要少得多，而大家都愿意来试试的。这样，爬了来撞，撞不着再爬……鞠躬尽瘁，死而后已。"中国古代以科举制度为载体的"爬"，多少还有点公平竞争的样子，现代"聪明人"发明的那种"爬"，加上"撞"，就完全偏离公平竞争轨道了，比古代更残酷。容忍"撞"，是一种社会病——社会没有建立相对合理的竞争规则。

"推、踏和踢"，"爬和撞"，是在恶德和竞争交织中产生的。恶德主要是指阶级分化条件下人压迫人、人剥削人的现象，也包括种种损人利己行为。竞争则是市场经济条件下产生的现象，包括相对公平的竞争和恶意竞争，恶意竞争是恶德的表现之一。对于"推、踏和踢"，"爬和撞"，先生主要从恶德角度作了批判。

（三）形形色色的女性悲剧：秦理斋夫人、阮玲玉、阿金

鲁迅作品中，有几篇反映不同阶层女性不幸遭遇的文章，这就是携子女自杀的秦理斋夫人、在"人言可畏"下自杀的电影明星阮

玲玉、堕落的女佣阿金。另外，先生还特别关注上海少女的处境。同时，先生对女性的觉醒也作了反映。

秦夫人姓龚名尹霞，《申报》馆英文译员秦理斋之妻。1934年2月秦理斋在上海病逝后，住在无锡的秦父要秦夫人回乡。她为子女在沪读书等原因不能回，在受秦父多次严厉催迫后，5月5日和女儿希苏、儿子瑞和珏四人一同服毒自杀。当月24日，先生写下《论秦理斋夫人事》(《花边文学》)，文章开头说：秦理斋夫人因全家自杀引起不少反响，"一切回声中，对于这自杀的主谋者——秦夫人，虽然也加以恕辞；但归结却无非是诛伐。因为——评论家说——社会虽然黑暗，但人生的第一责任是生存，倘自杀，便是失职，第二责任是受苦，倘自杀，便是偷安。进步的评论家则说人生是战场，自杀者就是逃兵，虽死也不足以蔽其罪"。先生不赞成这么简单地看问题："诚然，既然自杀了，这就证明了她是一个弱者。但是，怎么会弱的呢？要紧的是我们须看看她的尊翁的信札。"秦父等在信札中用严苛的封建礼教威逼她，甚至写了"妻殉夫，子殉母"的挽联。

先生指出："以生长及陶冶在这样的家庭中的人，又怎么能不成为弱者？我们固然未始不可责以奋斗，但黑暗的吞噬之力，往往胜于孤军。"先生责问道：那些批判她的人，在她最需要帮助时伸出援手了吗？文章结尾指出："责别人的自杀者，一面责人，一面正也应该向驱人于自杀之途的环境挑战，进攻。倘使对于黑暗的主力，不置一辞，不发一矢，而但向'弱者'唠叨不已，则纵使他如何义形于色，我也不能不说——我真也忍不住了——他其实乃是杀人者的帮凶而已。"秦夫人携子女自杀应受责备，但人们更应深思这种悲剧产生的社会根源。如只是责备自杀者，而不去批判腐朽的旧文化，那就失去了社会公正。

阮玲玉是著名电影演员，因婚姻问题遭受一些报纸和流言的诽谤，于1935年3月8日自杀，年仅25岁。先生于当年5月写了《论"人言可畏"》(《且介亭杂文二集》)，文章开头说："'人言可畏'是电影明星阮玲玉自杀之后，发见于她的遗书中的话。"对此，新闻界议论纷纷。有的说，她之所以自杀是由于报纸对她的诉讼事件的张扬。有的则反驳道，现在舆论的威信可怜极了，哪有主宰谁命运的力量，况且那些报道采自官方认定的事实，绝非谣言。先生指出："这都可以算是真实话。然而——也不尽然。"他分析道："现在的报章之不能像个报章，是真的；评论的不能逞心而谈，失了威力，也是真的，明眼人决不会过分的责备新闻记者。但是，新闻的威力其实是并未全盘坠地的，它对甲无损，对乙却会有伤；对强者它是弱者，但对更弱者它却还是强者，所以有时虽然吞声忍气，有时仍可以耀武扬威。于是阮玲玉之流，就成了发扬余威的好材料了，因为她颇有名，却无力。"新闻记者对强者而言是弱者，但对更弱者而言却又是强者，相对于记者，阮玲玉是一个"更弱者"，作为电影明星的她，"颇有名，却无力"，有些记者就以强欺弱了。

怎么看那些报道采自官方认定的事实？先生分析道："上海的有些介乎大报和小报之间的报章，那社会新闻，几乎大半是官司已经吃到公安局或工部局去了的案件。但有一点坏习气，是偏要加上些描写，对于女性，尤其喜欢加上些描写。"有的记者恣意发挥，譬如"一个女孩儿跑掉了，自奔或被诱还不可知，才子就断定道，'小姑独宿，不惯无郎'"。先生分析道："这些轻薄句子，加之村姑，大约是并无什么影响的，她不识字，她的关系人也未必看报。但对于一个智识者，尤其是对于一个出到社会上了的女性，却足够使她受伤，更不必说故意张扬，特别渲染的文字了。"如果设身处地想一想，就可断定阮玲玉"以为'人言可畏'，是真的"，"她的自杀，和新闻记事有关，也是真的"。记者理应维护社会正义，抱着关爱女性、同情和帮助弱者的态度来作报道，而不该猎艳取奇，添油加醋，甚至伤害女性。

1934 年，先生写了《阿金》(《且介亭杂文》)。文章开头说："近几时我最讨厌阿金。"阿金何许人？"她是一个女仆，上海叫娘姨，外国人叫阿妈，她的主人也正是外国人。""她有许多女朋友，天一晚，就陆续到她窗下来，'阿金，阿金!'的大声的叫，这样的一直到半夜。她又好像颇有几个姘头；她曾在后门口宣布她的主张：弗轧姘头，到上海来做啥呢？"这是先生"最讨厌阿金"的原因吗？不全是。先生写道，因为住宅靠得近，她的许多女朋友吵吵闹闹，影响了"我"做文章。从她家的晒台下走过，如不小心会被她扔下的东西打着，偶尔还会撞见她和也许是姘头的男人会面。先生的感觉是："自有阿金以来，四围的空气也变得扰动了，她就有这么大的力量。这种扰动，我的警告是毫无效验的，她们连看也不对我看一看。"使先生讨厌的，主要是她对社会风气的"扰动"，且若无其事。

　　文章的后几段是先生的思考和评论："阿金的相貌是极其平凡的。所谓平凡，就是很普通，很难记住，不到一个月，我就说不出她究竟是怎么一副模样来了。但是我还讨厌她，想到'阿金'这两个字就讨厌；在邻里闹嚷一下当然不会成这么深仇重怨，我的讨厌她是因为不消几日，她就动摇了我三十年来的信念和主张。"一个再平常不过的来上海打工的女佣，居然动摇了先生"三十年来的信念和主张"，因为她"扰动"了、败坏了社会风气。阿金所以来上海，是为了得到较好的生活条件。如果靠自己劳动，值得尊重。问题是她同时又选择了"轧姘头"，这是堕落。所以先生说："愿阿金也不能算是中国女性的标本。"平心而论，社会上出现阿金这类人，不能全怪罪于她那样的女性，有深层次的社会原因，但女性本身也要自尊自爱。

　　1933 年，先生写了《上海的少女》(《南腔北调集》)，揭露了都市一些贫困少女的遭遇："我们在日报上，确也常常看见诱拐女孩，甚而至于凌辱少女的新闻。"由此谈及神话作品和现实中的相关情况："不但是《西游记》里的魔王，吃人的时候必须童男和童女而已，在人类中的富户豪家，也一向以童女为侍奉，纵欲，鸣高，寻仙，采补的材料，恰如食品的餍足了普通的肥甘，就想乳猪芽茶一样。"中国的少女历来被凌辱，"现在这现象并且已经见于商人和工人里面了，但这乃是人们的生活不能顺遂的结果，应该以饥民的掘食草根树皮为比例，和富户豪家的纵姿的变态是不可同日而语的"。先生对不同人的嫖娼行为作了区分，但这并不改变少女的命运："要而言之，中国是连少女也进了险境了。""这险境，更使她们早熟起来，精神已是成人，肢体却还是孩子。"这是中国少女的现代悲剧。

1933 年 7 月，鲁迅以《赠人》(《集外集》) 为题写了两首诗赠日本住友生命保险公司上海分公司主任森本清八。其一曰："明眸越女罢晨装，荇水荷风是旧乡。唱尽新词欢不见，旱云如火扑晴江。"其二曰："秦女端容理玉筝，梁尘踊跃夜风轻。须臾响急冰弦绝，但见奔星劲有声。"1934 年 12 月，先生在给杨霁云的信中注明，秦女"与越女……那一首是一起的"。越女是一个来自江南水乡的歌女，清早起来梳妆好后去沿街卖唱，不由得思念起荇草浮动、荷叶飘香的家园。她唱完一曲新词，却丝毫高兴不起来，家乡旱情如火啊! 秦女是一个来自西部地区的琴女，在微风轻柔的夜晚，郁郁寡欢、神色肃然地弹奏起玉筝。突然间音调变得急促、高昂起来，乃至琴弦崩断，发出如流星坠地般的轰鸣声。从这两首诗里，不难看出从外地来到上海谋生的青年女性，开始觉醒。

二、"人民被治得好像厚皮的，没感觉的癞象一样了"

1933 年，鲁迅在《沙》(《南腔北调集》) 中分析道："近来的读书人，常常叹中国人好像一盘散沙，无法可想，将倒楣的责任，归之于大家。其实这是冤枉了大部分中国人的。小民虽然不学，见事也许不明，但知道关于本身利害时，何尝不会团结。……他们的像沙，是被统治者'治'成功的，用文言文来说，就是'治绩'。"团结的基础是共同或相似的切身利益关系，如果没有来自统治者的高压逼迫，大多数中国人为什么不团结呢? 同年，先生在《偶成》

（《南腔北调集》）中痛心地指出："人民真被治得好像厚皮的，没有感觉的癞象一样了。"国民麻木之严重并非天生的，如 1934 年先生在《上海所感》（《集外集拾遗》）中明确指出："愚民的发生，是愚民政策的结果。"先生矢志唤起"愚民"觉醒，1933 年，他在《我怎么做起小说来》（《南腔北调集》）中坦陈："自然，做起小说来，总不免自己有些主见的。例如，说到'为什么'做小说罢，我仍抱着十多年前的'启蒙主义'，以为必须是'为人生'，而且要改良这人生。"当然不只写小说，先生的全部创作和译作都是。

（一）"这普遍的做戏比真的做戏还要坏"

据许寿裳回忆，鲁迅留日期间与他讨论最多的是国民性问题，认为："我们民族最缺乏的东西是诚和爱，——换句话说：便是深中了诈伪无耻和猜疑相贼的毛病。口号只管很好听，标语和宣言只管很好看，书本上只管说得冠冕堂皇，天花乱坠，但是按之实际，却完全不是这回事。"先生在上海，一如既往地批判"诈伪无耻和猜疑相贼"，弘扬以诚为本。九一八事变发生后不久，1931 年四季度，他接连写了几篇杂文，批评有人不能如实反映真情，宣传报道不能表里如一，有人甚至把抗日活动也当作儿戏。

在《以脚报国》（《二心集》）中，先生引用了《申报》载《杨缦华女士旅欧杂感》中的内容，杨女士说自己访比利时，比国许多女人因听闻中国女人都是小脚，就争着来看她的脚，她伸起脚来给她们看，才解除了她们的好奇，并表示"请原谅我们的错念"。先生指出："我们的杨女士虽然用她的尊脚征服了比利时女人，为国争光，但也有两点'错念'。"其一，中国女人确是缠过小脚的，其二，杨女士的脚不能代表一切中国女人的脚。"小国比利时的女人们究竟是单纯的，终于请求了原谅，假使她们真'知道立国数千年的大中华民国'的国民，往往有自欺欺人的不治之症，那可真是没有面子了。""为国争光"是嘲讽，"自欺欺人"才是真相。

同时，先生专门写了《宣传与做戏》(《二心集》)，谈及日本人论中国的国民性，往往把"善于宣传"解释为"对外说谎"，先生指出："说是'说谎'，是不对的"，这是"做戏"，把"有一点影子"的事无限夸大。先生评论道："这普遍的做戏，却比真的做戏还要坏。真的做戏，是只有一时；戏子做完戏，也就恢复为平常状态的。""不幸因为是'天地大戏场'，可以普遍的做戏者，就很难有下台的时候"。把正经事当儿戏，即使不能说"诈伪无耻"，离真诚也已远。文章接着呼应《以脚报国》中对杨女士的评论："杨缦华女士用自己的天足，踢破小国比利时女人的'中国女人缠足说'，为面子起见，用权术来解围，这还可以说是很该原谅的。"但应到此为止，回国后写成文章在报纸上发表，就不该了。"难道作者真已忘记了中国女人曾经缠脚，至今也还有正在缠脚的么？还是以为中国人都已经自己催眠，觉得全国女人都已穿上了高跟皮鞋了呢？"先生指出："这不过是一个例子罢了，相像的还多得很，但恐怕不久天也就要亮了。""不久天也就要亮了"，预示随着抗日战争的推进，这种视正事为儿戏的做法就无立足之地了。

1933 年，鲁迅写了《推背图》(《伪自由书》)，"推背"就是"从反面来推测未来的情形"。先生指出："我们日日所见的文章，却不能这么简单。有明说要做，其实不做的；有明说不做，其实要做的；有明说做这样，其实做那样的；有其实自己要这么做，倒说别人要这么做的；有一声不响，而其实倒做了的。然而也有说这样，竟这样的。难就在这地方。"五种情况，前三种都是心口不一、言行不一，这就不是夸大事实的那种做戏了，而是假戏真做或真戏假做。第四种情况是只做不说，第五种情况是言行一致，如果把说和做都理解为有意义和有价值，第四、第五种情况才是应该肯定的。但要分辨上述五种情况，却不容易。

（二）"豪语的折扣"与"被骂杀的少，被捧杀的却多"

1933 年和 1934 年，鲁迅陆续创作了多篇以反对浮夸和言行不一为主要内容的杂文。1933 年，他写了《文学上的折扣》（《伪自由书》），一开始说："凡我所遇见的研究中国文学的外国人中，往往不满于中国文章之夸大。这真是虽然研究中国文学，恐怕到死也还不会懂得中国文学的外国人。"中国人自己对文章夸大其词却已"惯熟了"。历史上，《颂诗》早已拍马，《春秋》已经隐瞒，战国时谈士蜂起，不是以危言耸听，就是以美词动听，于是夸大，装腔，撒谎，层出不穷。"危言耸听"和"美词动听"是夸大其词的两个极端。"现在的文人虽然改著了洋服，而骨髓里却还埋着老祖宗，所以必须取消或折扣，这才显出几分真实。"多少年过去了，掩盖真实的不良文风依旧。同年，先生写了《豪语的折扣》（《准风月谈》），指出："豪语的折扣其实也就是文学的折扣，凡作者的自述，往往须打一个扣头"，"其实，这故作豪语的脾气，正不独文人为然，常人或市侩，也非常发达"。缺乏事实底气的过分雄壮的语言，使文学作品的价值，及其作者在读者心目中的形象打折扣。可悲的是这已成风，从文人到常人。

同年，先生又写了《文人无文》(《伪自由书》)，揭露文人中存在的名不副实现象："拾些琐事，做本随笔的是有的；改首古文，算是自作的是有的。讲一通昏话，称为评论；编几张期刊，暗捧自己的是有的。收罗猥谈，写成下作；聚集旧文，印作评传的是有的。甚至于翻些外国文坛消息，就成为世界文学史家；凑一本文学家辞典，连自己也塞在里面，就成为世界的文人的也有。"沽名钓誉，最终只能自毁名声。从文人谈到武人："文人不免无文，武人也一样不武。说是'枕戈待旦'的，到夜还没有动身，说是'誓死抵抗'的，看见一百多个敌兵就逃走了。"文人无文，武人不武，关键时刻就露馅了。军人中的言行不一现象，让人担心他们怎能肩负保家卫国的重任。

1934 年，先生在《骂杀与捧杀》(《花边文学》) 中指出："现在有些不满于文学批评的，总说近几年的所谓批评，不外乎捧与骂。"先生分析道："其实所谓捧与骂者，不过是将称赞与攻击，换了两个不好看的字眼。指英雄为英雄，说娼妇是娼妇，表面上虽像捧与骂，实则说得刚刚合适，不能责备批评家的。批评家的错处，是在乱骂与乱捧，例如说英雄是娼妇，举娼妇为英雄。"问题出在"乱"："批评的失了威力，由于'乱'，甚而至于'乱'到和事实相反，这底细一被大家看出，那效果有时也就相反了。所以现在被骂杀的少，被捧杀的却多。"先生以一些文人捧明代文学家袁宏道（字中郎）和印度诗人泰戈尔为例，来说明捧的不良后果，指出："以学者或诗人的招牌，来批评或介绍一个作者，开初是很能够蒙混旁人的，但待到旁人看清了这作者的真相的时候，却只剩下了他自己的不诚恳，或学识的不够了。然而如果没有旁人来指明真相呢，这作家就从此被捧杀，不知道要多少年后才翻身。"借有名学者或诗人的招牌来评价一个作者，让他沾点名人的光，其结果则是这个作者很可能被"捧杀"。

（三）"只要看'头'和'女尸'"的庸众

鲁迅在批判中国人缺乏诚的同时，还批判中国人缺乏爱，他着重批判了"看客"（旁观者）现象。对此，前文已有涉及，这里再作展开。1928年，先生在《铲共大观》(《三闲集》) 中，引用《长沙通信》："叙湘省破获共产党省委会，'处死刑者三十余人，黄花节斩决八名'。"是日执行后，因其中三人为年轻女性，"全城男女往观者，终日人山人海，拥挤不通。加以共魁郭亮（湖南工人运动领袖）之首级，又悬之司门口示众，往观者更众。"先生首先严正指出："革命被头挂退的事是很少有的，革命的完结，大概只由于投机者的潜入。"然后评论道："我们中国现在（现在！不是超时代的）的民众，其实还不很管什么党，只要看'头'和'女尸'。只要有，无论谁的都有人看，拳匪之乱，清末党狱[1]，民二[2]，去年和今年，在这短短的二十年中，我已目睹或耳闻了好几次了。"人类进入20世纪20多年后，中国民众仍愚昧麻木至此，真叫人寒心。看客不仅看首级和女尸，凡有"热闹"都看。

1924年，先生就在《娜拉走后怎样》(《坟》) 中指出："群

---

[1] 指清政府对革命党人的迫害。
[2] 指民国二年（1913）孙中山领导的讨伐袁世凯的"二次革命"前后，许多革命者被杀。

众，——尤其是中国的，——永远是戏剧的看客。""对于这样的群众没有法，只好使他们无戏可看倒是疗效。"1931 年，先生在《〈野草〉英文译本序》(《二心集》)中，对散文诗《复仇》作解释说："因为憎恶社会上旁观者之多，作《复仇》第一篇。"看客现象，凸显人际关系冷漠得可怕，偏离"爱"有多远！ 1934 年，先生在给郑振铎的信中，具体解释道："我在《野草》中，曾记一男一女，持刀对立旷野中，无聊人竟随而往，以为必有事件，慰其无聊，而二人从此毫无动作，以致无聊人仍然无聊，至于老死，题曰《复仇》，亦是此意。"此意就是使看客无戏可看——不再杀戮革命者！

看客现象由来已久，众所周知，1906 年夏季，青年周树人在日本的仙台医专，因一群中国人围观一个中国人被杀，深受刺激，转而弃医从文，从此以启蒙、"立人"为毕生事业追求。二三十年后，当先生步入晚年时，类似的看客现象居然一再重现。令他再受刺激，与二三十年前相比，会多一份沉重和悲哀，同时更多一份责任和坚定。

（四）不做"异族的奴隶"和"自己人的奴隶"

鲁迅批判中国旧文化，聚焦于主奴文化。1931 年，他在《上海文艺之一瞥》(《二心集》)中指出："至今为止的统治阶级的革命，不过是争夺一把旧椅子。去推的时候，好像这椅子很可恨，一旦到手，就又觉得是宝贝了，而同时也自觉了自己正和这'旧的'一气。""争夺一把旧椅子"就是争着自己当主子，把别人打下去当奴隶。联系当时的上海，先生指出："奴才做了主人，是决不肯废去

'老爷'的称呼的，他的摆架子，恐怕比他的主人还足，还可笑。这正如上海的工人赚了几文钱，开起小小的工厂来，对付工人反而凶到绝顶一样。"个别工人在特殊情况下发达起来，开了个小工厂，好不容易从奴才变为主子，就急着耍老板威风了。这种情况在历史上不断重演。

怎么对待主奴文化，是中国进入现代后必须解决的带有根本性的大问题。1933 年，先生在《漫与》(《南腔北调集》) 中指出："一个活人，当然是总想活下去的，就是真正老牌的奴隶，也还在打熬着要活下去。然而自己明知道是奴隶，打熬着，并且不平着，挣扎着，一面'意图'挣脱的，即使暂时失败，还是套上了镣铐罢，他却不过是单单的奴隶。如果从奴隶生活中寻出'美'来，赞叹，抚摩，陶醉，那可简直是万劫不复的奴才了，他使自己和别人永远安住于这生活。就因为奴群中有这一点差别，所以使社会有平安和不安的差别，而在文学上，就分明的显示了麻醉的和战斗的不同。"奴群中有两种不同的人，一种在"非人"困境中求生存，鸣不平，进行反抗。一种不仅自己逆来顺受，而且希望其他奴隶也安于现状。赞赏后者的是麻醉奴隶的主奴文化，反映前者的则是唤起奴隶觉醒的民主和革命文化。

在半殖民地半封建的中国，出现了"异族的奴隶"和"自己人的奴隶"两个概念。在争取民族独立的斗争中，很容易发生前者掩盖后者的情况。1928 年，先生在《〈"行路难"〉按语》(《集外集拾遗补编》) 中，回应一封香港来信时指出："要别人承认是人，总须在自己本国里先挣得人格。否则此后是洋人和军阀联合的吸吮，各处将都和香港一样，或更甚的。"中国人要警惕自己成为外国人和本国反动统治者的双重奴隶。1936 年，先生在《半夏小集》(《且介亭杂文末编》) 中指出："用笔和舌，将沦为异族的奴隶之苦告诉大家，自然是不错的，但要十分小心，不可使大家得着这样的结论：'那么，到底还不如我们似的做自己人的奴隶好。'"中国人民既要反帝又要反封建，才能彻底摆脱奴隶地位。

提醒国人不要成为双重奴隶，使我们联想到发生在 1935 年末至 1936 年的两个口号之争。以文艺理论家、曾任左联党团书记周扬为代表的部分文艺工作者，提出"国防文学"作为文艺界抗日统一战线的口号。鲁迅和冯雪峰、胡风等则认为，这个口号及其内涵有缺陷，他们提出"民族革命战争的大众文学"的口号，先生特别认为加上"大众"二字很有必要。双方进行了激烈的论争，前者对后者严词责难，先生在重病中作了回击。"国防文学"对应的是不做"异族的奴隶"，而"民族革命战争的大众文学"则内含不做双重奴隶，先生在《答徐懋庸并关于抗日统一战线问题》(《且介亭杂文末编》) 中指出："'民族革命战争的大众文学'这名词，在本身上，比'国防文学'这名词，意义更明确，更深刻，更有内容。"没有完全否定"国防文学"，只是认为"民族革命战争的大众文学"比它更完整。

三、"中国的脊梁""现在也何尝少呢?"

鲁迅在上海期间，与过去相比对大众给予更多肯定。这主要是由大众不断觉醒的事实决定的，先生耳闻目睹越来越多的处于奴隶地位的中国人，尤其是共产党人，奋起反抗半殖民地半封建社会的黑暗统治，从中看到了中国走向光明的希望。他坚持不懈地为中国大众工作，以甘为人梯的精神扶助青年作家。他把目光投向历史，创作了历史小说《理水》和《非攻》，以"故事新编"的方式歌颂我国古代的治水英雄、夏朝的建立者大禹和墨子，用历史昭示现在和未来。同时，先生反对"迎合和媚悦"大众，毫不放松对国民性弊端的批判。他早就看清，中国和中国人要在世界舞台上有"我们的份"，归根结底靠"立人"。

（一）"多数的力量是伟大的，要紧的"

1934 年，鲁迅在《中国人失掉自信力了吗》（《且介亭杂文》）中，作了这样一段经典论述："我们自古以来，就有埋头苦干的人，有拼命硬干的人，有为民请命的人，有舍身求法的人，……虽是等于为帝王将相作家谱的所谓'正史'，也往往掩不住他们的光耀，这就是中国的脊梁。"被称为历史上"中国的脊梁"者，先生列举了四种人，即埋头苦干、拼命硬干、为民请命和舍身求法的人。从历史谈到现实："这一类的人们，就是现在也何尝少呢？他们有确信，不自欺；他们在前赴后继的战斗，不过一面总在被摧残，被抹杀，消灭于黑暗中，不能为大家所知道罢了。"现实中"中国的脊梁"也不少，先生对他们的基本品质，从两个角度作了概括，一是具有理想信念的坚定性，且言行一致；二是具有不折不挠的坚韧性，砥砺前行。可悲的是，这些人却"被摧残，被抹杀"，甚至被暗暗灭戮。同年，先生写下《戌年初夏偶作》（《集外集拾遗》）诗一首："万家墨面没蒿莱，敢有歌吟动地哀。心事浩茫连广宇，于无声处听惊雷。"风雨如磐，暴政如虎，中国人民生活在水深火热中，心中的哀怨却无处申诉。作者的心连接着全中国人民，相信人民终将觉醒——在原本沉默的地方，已经听到惊雷般奋起的吼声。

1930年，先生在《习惯与改革》(《二心集》)中指出："梁实秋先生们虽然很讨厌多数，但多数的力量是伟大的，要紧的，有志于改革者倘不深知民众的心，设法利导，改进，则无论怎样的高文宏议，浪漫古典，都和他们无干，仅止于几个人在书房中互相叹赏，得些自己满足。"历史归根结底是由人民群众创造的，改革者必须"深知民众的心"，为此，就要深入广大群众中："倘不深入民众的大层中，于他们的风俗习惯，加以研究，解剖，分别好坏，立存废的标准，而于存于废，都慎选施行的方法，则无论怎样的改革，都将为习惯的岩石所压碎，或者只在表面上浮游一些时。"习惯的改革，方法上须把握三点，一是"加以研究，解剖"；二是"分别好坏，立存废的标准"，三是"于存于废，都慎选施行的方法"。先生强调，如果旧习惯不改，"则这革命即等于无成，如沙上建塔，顷刻倒坏"。改革的命运，最终由大众决定。

1934年，先生在《门外文谈》(《且介亭杂文》)中指出："不识字的作家虽然不及文人的细腻，但他却刚健，清新。"这是大众中善于口头表达者的底色。先生又指出："即使'目不识丁'的文盲，由我看来，其实也并不如所推想的那么愚蠢。他们是要智识，要新的智识，要学习，能摄取的。当然，如果满口新语法，新名词，他们是什么也不懂；但逐渐的检必要的灌输进去，他们却会接受；那消化的力量，也许还赛过成见更多的读书人。"大众普遍具有学习的愿望和能力，应采取合适方法来对他们进行教育。1935 年，先生在《"题未定"草（六至九）》(《且介亭杂文二集》)中指出："诚然，老百姓虽然不读诗书，不明史法，不解在瑜中求瑕，屎里觅道，但能从大概上看，明黑白，辨是非，往往有决非清高通达的士大夫所可几及之处的。"平民百姓最接近事实真相，所以对许多事具备常识性判断能力。相反，许多自以为博学多识者，因为脱离实际，就远离真相，连常识都不顾了。

鲁迅对人民群众的爱是大爱，1936 年，他在《"这也是生活……"》(《且介亭杂文末编》)中留下名句："无穷的远方，无数的人们，都和我有关。"胸怀全民族和全人类。1936 年 8 月，先生在给曹白的信中说："凡是为中国大众工作的，倘我力所及，我总希望（并非为了个人）能够略有帮助。"这是情不自禁的真心流露。1935 年，先生在《在现代中国的孔夫子》(《且介亭杂文二集》)中，对儒家文化批评道："不错，孔夫子曾经计划过出色的治国的方法，但那都是为了治民众者，即权势者设想的方法，为民众本身的，却一点也没有。这就是'礼不下庶人'。"先生为大众的文化，是不同于旧文化的现代新文化。

先生晚年热忱推动现代木刻艺术发展，是"为中国大众工作"的范列之一。他花心血自费编印了中国现代木刻作品选集《木刻纪程》，收 1933 年至 1934 年间八位青年木刻家的 24 幅作品。1934 年 10 月，他在给郑振铎的信中说："近选了青年作者之木刻二十四页，印成一本，名《木刻纪程》，用力不少，而印订殊不惬意。"虽印刷装订不尽理想，但在中国木刻史上具有开创性价值。先生还在内山完造帮助下，专门请日本美术家对中国的青年木刻家进行培训。1935 年，先生在《〈全国木刻联合展览会专辑〉序》(《且介亭杂文二集》) 中说："木刻的图画，原是中国早先就有的东西。""它本来就是大众的，也就是'俗'的。""近五年来骤然兴起的木刻，虽然不能说和古文化无关，但决不是葬中枯骨，换了新装，它乃是作者和社会大众的内心的一致的要求，所以仅有若干青年们的一副铁笔和几块木板，便能发展得如此蓬蓬勃勃。""这就是所以为新兴木刻的缘故，也是为大众所支持原因。血脉相通，当然不会被漠视的。"先生对于现代木刻情有独钟，抽出不少精力推动，使之骤然兴起。

鲁迅虽然因限于自己的经历，没有创作以反抗和战斗的民众为主人公的小说，但对这种题材的小说给予充分肯定。1935 年，他为编印几个青年作家的小说，使用了"奴隶社"的名称，出版了"奴隶丛书"，包括叶紫的《丰收》、田军（萧军）的《八月的乡村》和萧红的《生死场》，先生分别写了序。中国艺术研究院副研究员郝庆军指出："这三部作品中主角不是才子佳人，也不是富豪巨商，更不是王侯将相，而是生活在底层的民众。同五四时期的文学作品中的民众不同，这里写下的民众不再是穷愁缠身的愚夫愚妇们，而是正在挣扎，学会反抗，懂得摆脱穷苦命运的一伙。对这种人物形态的肯定，显示了鲁迅在国民性命题上新的体认，超越和推进。"①

---

① 郝庆军：《鲁迅的抵抗空间》，山东文艺出版社 2010 年版，第 31 页。

（二）《理水》中的大禹和《非攻》中的墨子

1922 年至 1935 年间，鲁迅创作了八篇神话小说和历史小说，1936 年 1 月由上海文化生活出版社结集出版，定名为《故事新编》。其中的五篇是在上海创作的，1935 年创作的《理水》和 1934 年创作的《非攻》，是歌颂我国古代英雄人物和贤哲，并追寻与表现古今之间的深刻联系的作品（在《故事新编》中，《理水》排在《非攻》之前），《理水》歌颂大禹，《非攻》歌颂墨子。大禹和墨子，都是"埋头苦干"和"拼命硬干"的人，是古代"中国的脊梁"。文学史家王瑶指出："《非攻》和《理水》中所塑造的墨子和大禹的形象的最重要的特点，是不仅他们的'阻楚伐宋'或'理水'的业绩体现了人民的利益和愿望，而且他们本身就体现了劳动人民的气质和风格。"① 在外患内乱之际，先生用新编故事的方式写大禹和墨子，古为今用，反对侵略战争、呼唤和平，激励不愿做奴隶的人们起来，以务实精神不懈奋斗。

《理水》一开始描写严重的水灾情形："这时候是'汤汤洪水方割，浩浩怀山襄陵'。"相传父系氏族社会后期部落联盟领袖尧帝时洪水泛滥，舜继位后命大禹治水。对于大禹有没有能力治水，一些学者议论纷纷。两位考察专员在前呼后拥下，乘着独木大舟登场了，用小半天时间听学者们掩饰真情的汇报，休息了两天，旅游了一天，才敷衍了事地听取"下民代表"的意见。大禹出场了，与这些官僚主义者完全不同，只见他"不穿袜子，满脚底都

---

① 王瑶：《鲁迅作品论集》，人民文学出版社 1984 年版，第 214 页。

是栗子一般的老茧"，大禹提出："我经过查考，知道先前的方法：'湮'，确是错误了。以后应该用'导'！"这一改革思路引起保守的官员们一片反对和攻击声，大禹坚持道："我要说的是我查了山泽的情形，征了百姓的意见，已经看透实情，打定主意，无论如何，非'导'不可！这些同事，也都和我同意的。""这些同事"是跟着大禹考察的，他们是"一排黑瘦的乞丐似的东西，不动，不言，不笑，像铁铸的一样"，认真严肃，坚毅刚强。大禹治水成功，班师回朝。舜帝请他讲治水情况，大禹简截地回答："我就是想，每天孳孳！"大禹治水公而忘私，娶妻四天就离别，儿子出生后也不照料。舜要百姓向他学习。

《非攻》顾名思义是反对侵略战争的故事，具体而言是写墨子"阻楚伐宋"。小说第一、二节写墨子对孔子弟子子夏的徒弟公孙高（作者虚拟的人名）和自己的学生、"民气论"者曹公子的蔑视，并明确提出了自己要去楚国说服楚王放弃伐宋的念头。同时，他在宋国支持该国备战，理由是楚王"他听不听我，还是料不定的。你们仍然准备着，不要只望着口舌的成功"。备战是预防战争最好的办法。小说第三、四节写墨子到了楚国后如何劝楚放弃伐宋。先找到同乡、巧匠公输般，见他正在做攻城的云梯。墨子劝他："我在北方，听说你造了云梯，要去攻宋。宋有什么罪过呢？"接着分析楚伐宋不智又不仁，既不能说忠和强，也不能说义。公输般认为墨子说得很在理。见了楚王，墨子从多方面把楚宋两国作了比较，说明伐宋之不义。同时告诉楚王，伐宋"成败也还是说不定的"。墨子和公输般用木片作演示，先由公输般攻，然后由墨子攻，公输般

"攻守两面，全都失败了"。看完演示，楚王终于接受了墨子的"非攻"建议。

小说第五节写墨子与公输般关于战争与和平的讨论。公输般高兴地谈感触："我没有见你的时候，想取宋；一见你，即使白送我宋国，如果不义，我也不要了。"他问：我准备战争有武器，你的义也有法宝吗？墨子答：我的法宝是爱和恭："互相爱，互相恭，就等于互相利。"鲁迅在日本帝国主义发动全面侵华战争之前，介绍墨子的"兼爱"和"非攻"思想，具有重大现实意义。通过墨子和公输般演示楚伐宋，最后以楚之失败而告终，体现中国人民抗战必胜的信念。文艺评论家李希凡指出："《非攻》，则是鲁迅通过墨翟阻止强盛的楚国进攻屡遭战祸、民生凋敝的宋国，描绘了他的'兼爱—非攻'学说的一次斗争实践。小说的取材既适应当时抗日的形势，突出了反对非正义战争，以及要坚决抵抗侵略就必须'明战术，重实力'的思想，又塑造了一个反映广大人民和平愿望，抑强扶弱、死不还踵的墨翟的形象。"[1]

（三）"迎合和媚悦是不会于大众有益的"

1930 年，先生在《文艺的大众化》(《集外集拾遗》) 中，首先指出："文艺本应该并非只有少数的优秀者才能够鉴赏，而是只有少数的先天的低能者所不能鉴赏的东西。"这是一个角度，还有另一个角度："但读者也应该有相当的程度。首先是识字，其次是有普通的大体的知识，而思想和情感，也须大抵达到相当的水平

---

[1] 李希凡:《一个伟大寻求者的心声》，上海文艺出版社 1982 年版，第 231 页。

线。否则，和文艺即不能发生关系。"接着，先生提出了一个十分重要的观点："若文艺设法俯就，就很容易流为迎合大众，媚悦大众。迎合和媚悦，是不会于大众有益的。"迎合和媚悦，就是不分真善美和假恶丑，把自己降低到庸众的水平，这怎么可能对大众有益呢？当然，不迎合但要适合，不媚悦但要喜闻乐见，先生提出："应该多有为大众设想的作家，竭力来作浅显易解的作品，使大家能懂、爱看"，"但那文字的程度，恐怕也只能到唱本那样"，"因为现在是使大众能鉴赏文艺的时代的准备，所以我想，只能如此。倘若此刻就要全部大众化，只是空谈"。培养大众的鉴赏能力，需要相当长一段时期。以阅读为例，大多数人都说重要，但如果缺乏引导，即使在文盲率很低的条件下，也很难形成全民阅读氛围。

　　1934 年，先生在《门外文谈》中提出"将文字交给一切人"，他在批评看不起大众的错误倾向的同时，指出了另一种错误倾向："不过也不能听大众的自然，因为有些见识，他们毕竟还在觉悟的读书人之下，如果不给他们随时拣选，也许会误拿了无益的，甚而至于有害的东西。所以，'迎合大众'的新帮闲，是绝对的要不得的。"不能听之任之，而要积极引导。先生批评道："主张什么都要配大众的胃口，甚至于说要'迎合大众'，故意多骂几句，以博大众的欢心。""这当然自有他的苦心孤诣，但这样下去，可要成为大众的新帮闲的。"先生指出："由历史所指示，凡有改革，最初，总是觉悟的智识者的任务。"对于大众，"他利导，却并非迎合。他不看轻自己，以为是大家的戏子，也不看轻别人，当作自己的喽罗。他只是大众中的一个人，我想，这才可以做大众的事业"。不迎合不媚悦大众，关键是以平等的态度对待大众，真情实意地为大众办事。

许寿裳指出："鲁迅对我们民族有伟大的爱，所以对于我们民族，由历史上，社会上各方面研究得极深。他在青年留学时期，就已经致力于民族性的检讨过去和追求将来这种艰巨的工作了，从此抉发病根毫无顾忌，所呼吁异常迫切，要皆出于至诚，即使遭了一部分讳疾忌医者的反感也在所不计。正惟其爱民族越加深至，故其观察越加精密，而暴露症结也越加详尽，毫不留情。他的舍弃医学，改习文艺，不做成一位诊治肉体诸病的医师，却做成了一位针砭民族性的国手。他的创作和翻译约共六百万字，便是他针砭民族性所开的药方。"同时指出："鲁迅描写我们民族性的伟大，可以代表我们民族文化的结晶。"先生的伟大的爱，体现为在充分肯定国民性优良基因的前提下，深刻批判国民性弊端的大爱和真爱。

四、上海"凝聚力工程"博物馆告诉我们什么？

如何弘扬鲁迅"俯首甘为孺子牛"的大爱真爱精神？1925年先生在《忽然想到 六》和《北京通信》(《坟》)中所提出的"立人"目标，对我们颇有启示："我们目下的当务之急，是：一要生存，二要温饱，三要发展。""我之所谓生存，并不是苟活；所谓温饱，并不是奢侈；所谓发展，也不是放纵。"上述目标不仅是近百年前的"当务之急"，而且具有永恒性、内涵不断更新。直到今天，对人民群众的大爱真爱，不就是要实现这样的目标吗？这要有合适的工作载体，20世纪90年代上海基层党组织创造的"凝聚力工程"，展现出持久的生命力。

（一）"一要生存，二要温饱，三要发展"与"八个人"机制

"凝聚力工程"起始时的基本思路为"了解人、关心人、凝聚人"，在实践中细化为"八个人"，并形成工作机制。"八个人"机制的基本内容为：以尊重人为出发点，了解人为切入点，建立健全关心人、提高人、规范人、激励人和依靠人的工作制度，实现凝聚人、促进中心任务出色完成，在此过程中实现人自身的发展。人的发展的基础是生存和温饱。"八个人"，前提是尊重人和了解人，解决对人民群众的态度问题。关心人，着力于满足人的生存需求和温饱需求。提高人、规范人和激励人，着力于人的发展。人的生存、温饱和发展，要依靠每个人的共同努力来实现，如同鲁迅 1919 年在《随感录六十一 不满》(《热风》) 中所指出："人道是要各人竭力挣来，培植，保养的，不是别人布施，捐助的。"凝聚人，是"八个人"的落脚点，最后又回到人和各项事业的发展。

尊重人，是对每个人人格、人权的尊重，以平等态度对待每个人。这是现代文明的基本标志，是对封建专制下形成的主奴文化的颠覆。尊重人就要讲诚信，以诚待人；又须做到自我尊重，自尊的人更能得到别人尊重。尊重人要渗透于、贯穿于了解人、关心人、提高人、规范人、激励人和依靠人，也只有尊重人方能做到后面的"六个人"。尊重人尤其要强调干部尊重群众、上级尊重下级、富人尊重穷人和强者尊重弱者。尊重人的态度要化为行动，满足群众日益增长的物质和精神需求。满足需求要从实际出发，不要落后于时代，也不能超越阶段。

了解人，就要与群众保持密切联系。毛泽东指出："群众生产，群众利益，群众经验，群众情绪，这些都是领导干部们应时刻注意的。"①"应时刻注意"的前两点是物质的，后两点是精神的。正是靠着与群众息息相通的密切关系，党的群众路线才得以贯彻，才取得了革命战争和社会主义建设事业的伟大胜利。值得深思的是，党执政后尽管反复强调要保持和发扬密切联系群众的优良作风，但脱离群众仍很快就变成一个突出问题，且很难解决。党的十八大以来，开展以"为民务实清廉"为主要内容的党的群众路线教育实践活动，很多党组织研究：怎么建立健全密切联系群众的长效机制？普遍认同的答案：一是有针对性地加强教育，二是通过深化改革完善相关制度并落到实处。

各级党组织务必把了解人作为第一职责，建立健全相关制度。制度的实施应以充分沟通和有效沟通为目标。充分是指主动、及时、准确、全面和动态地了解群众需求，包括共性需求和个性需求。有效是指对群众需求信息进行快速传递、正确分析和妥善处理，实行闭环管理。当今社会，人们的思想观念和生活习惯发生了和正在发生深刻变化，了解人的方法须与之相适应。信息网络在了解人中的作用越来越重要，要切实用好。我在宝钢工作时，依靠党群工作部门，探索建立了员工需求和关注点信息管理制度。制度的基础是信息收集，在集团公司党委层面运用"三位一体"方法，即传统的面对面联系群众，专业化的定期（每年一次）开展问卷调查（通过工

---

① 中共中央文献研究室编：《毛泽东著作专题摘编（上）》，中央文献出版社2003年版，第273页。

会），信息化的打造面向全体员工的网络平台（通过团委）。关键是信息处理，把了解人的工作成果转化为关心人、提高人、规范人、激励人和依靠人的具体行动。制度从上到下，落实到每一个党支部。

关心人，应当根据群众需求，立足现有条件并积极创造条件，满腔热忱、千方百计地从物质和精神两方面进行全方位关心。广义地说，尊重人、了解人、提高人、规范人、激励人和依靠人都是关心人，但过于宽泛的界定没有实际意义，可侧重从关心群众基本需求——生存和温饱的角度来把握。可把关心人解释为帮助群众排忧解难，依法保护群众的基本权益，满足群众的基本物质生活需求、健康需求和安全需求。改革开放以来，广大群众的生活状况有了显著改善，但总仍有一些突出问题亟待解决。应着眼于大多数群众，解决他们迫切需要解决的共性问题，对困难群众尤其要"雪中送炭"。可定期（如每年一次）滚动制定和实施各个层面的为群众办实事计划。同时，应针对不同类型群众的特点，深入细致地解决好每个人的个性问题，包括可预测和难预测两类。前者是指每个人一般都会遇到的问题，如日常生活中的具体困难，伤病就医，恋爱、婚姻、生育和子女培养教育问题。后者是指一个人或许会遇到的问题，如心理负担过重，同事不和，家庭矛盾，邻里纠纷，突发意外事件等。解决个性问题，要把组织救助、群众互助和当事人自强结合起来。要讲究细节，细节体现真情、针对性和高水平。关心人，有的需要较大投入，有的只要有心，用基层单位可能承受的成本，就可为群众解决不少问题。

提高人，是尊重人的发展权的体现。完整意义上人的发展包括德智体美劳全面发展，侧重从人的精神角度把握，要克服假恶丑，弘扬真善美，抵制市场经济条件下很容易产生的物奴文化，践行 1907 年鲁迅在《科学史教篇》(《坟》) 中提出的"致人性于全，不使之偏倚"。建立健全提高人的制度，要着眼于每个人的自由发展和人的思想道德素质、身心素质、科学文化素质和能力素质的全面提高，而以提高思想道德素质为根本。要与各单位中心工作紧密结合，引导人们在实现本单位发展目标的过程中实现个人发展目标。提高人，将为各项事业的发展提供最重要的保证。要从每个单位事业发展的需求出发，滚动制定人力资源开发规划并分解到年度计划。确保人力资源开发所必需的人力、财力和物力投入。根据群众的不同需求，合理配置教学资源，强化教育培训。随着知识经济时代的到来，个人素质的提高越来越离不开团队作用，要倡导团队精神，创建学习型组织和经济技术创新团队。

规范人，是处理好个人与他人、个体与集体和社会关系的必然要求，是人的发展的题中之意。规范人，是通过引导和管理，使群众认识到履行义务和行使权利的一致性，在享有权利的同时，按照法律、纪律和道德来约束自己，承担必需的社会责任，养成良好的行为习惯。规范人的基本思路是推进依法治理，实行严格管理。建立健全规范人的工作制度，要改革不合理的管理制度，注重管理体系的系统性和有效性，绝非用简单粗暴的态度对待群众，更不是把群众管死。要遵循公开、公平、公正的原则，优化用人环境，为人们提供平等的竞争机会、成才机会和发展机会。要形成一种自由与纪律相统一、民主与集中相结合，群众心情舒畅地为社会发展，也为实现自己的人生价值而努力奋斗的局面。

激励人，是调动人的主动性、积极性和创造性，开发人的发展潜能的关键。无论是"性本善"论还是"性本恶"论，有一点相同，那就是人人需要激励。怎么激励呢？1908年，鲁迅在《破恶声论》(《集外集拾遗补编》)中提出："烛幽暗以天光，发国人之内曜，人各有己，不随风波，而中国亦以立。"焕发每个人内心蕴藏着的真善美的光辉，是激励人的最好方法。一般地说，每个人都可能在某种条件下表现出某种真善美的闪光点，如无人问津，稍纵即逝。如有人发现它，加以肯定和褒奖，很可能使这生命正能量的"微光"得以激情燃烧。

依靠人，是把每个人放在主体的位置，充分发挥每个人的能动性去实现人的生存、温饱和发展的目标。依靠人的本质是发扬民主，要落实宪法和法律赋予公民的民主权利，鼓励群众依法自治，尽可能做到群众的事由群众自己依法去办，直接行使民主权利，做到自我教育，自我管理，自我服务，自我发展。新中国成立以来，制定和修订了许多与依靠人相关的法律法规和制度，问题是在有法必依的基础上，如何提高执行质量。以选举法为例，如果选举人往往是在对被选举人的情况了解很不充分，甚至根本不了解的条件下投票，差额选举往往是在"被差额者"让选举人心知肚明的情况下进行，那就在很大程度上背离选举的民主本质了。依靠人，要着力扩大基层民主。民主的前提和基础是所有涉及公众的事务办事公开，需要保密的事项是特例。要支持和鼓励群团组织去行政化，充分发挥基层群众性自治组织的作用。居民委员会和村民委员会建设，是国家治理体系和治理能力现代化的基础性建设，大有文章可做。党的二十大报告第六部分专门论述了"发展全过程人民民主，保障人民当家作主"，指出："基层民主是全过程人民民主的重要体现。"①我们理应按照这一要求，把依靠人的工作提高到一个新水平。

（二）"马克思主义世界观、人生观的行动化、具体化"

人心聚散衡量党群关系，决定我们事业的前途命运。党的优良传统最宝贵、最不可须臾离弃的是密切联系群众，最可怕、最危险的是脱离群众。受群众拥护则党兴党强，脱离群众则党衰党亡。中国共产党执政后，党群关系一次次面临严峻考验。1990年3月党的十三届六中全会通过的《中共中央关于加强党同人民群众联系的决定》，是一个针对性很强的文件。文件对党同人民群众的关系作了判断，认为"总的说是好的"，但存在着各种脱离群众的弊病，"有的发展到相当严重的地步"。②1990年至1993年，我通过调查研究，对基层的党群关系作了具体分析，写了《增强基层党组织凝聚力》一文，在报刊上发表后引起了一定反响。

正在此时，我奉命到中共上海市委组织部工作，担任分管组织工作的副部长。当年末，时任市委常委、组织部长罗世谦，要求我提出1994年基层党建工作设想。我建议：以进一步贯彻党的群众路线为重点来推进基层党建，考虑效果，可用一个鲜明易记的代

---

① 本书引用党的二十大报告的内容，均见《党的二十大文件汇编》，党建读物出版社2022年版。
② 中共中央文献研究室编：《十三大以来重要文献选编（中）》，人民出版社1991年版，第929页。

称——"凝聚力工程"。1994 年起，我们选了 20 个基层党组织开展"凝聚力工程"建设试点，试点中发现了长宁区华阳路街道党工委的典型经验。市委组织部会同长宁区委，到该街道进行了为期一个月左右的蹲点调查，我们看到了一个把工作聚焦到为居民群众服务，"串百家门、知百家情、解百家难、暖百家心"，全方位加强党群关系、干群关系，取得显著效果的基层党组织。华阳经验告诉我们：思想政治工作必须从关心群众入手，理想信念教育必须用践行理想信念的具体行动来体现。人民群众并不在乎你说什么，而在乎你做什么。市委组织部在全市推广"华阳经验"。之后，也通过蹲点调查，总结推广了正广和汽水厂党委、华东政法学院国际法系党总支和松江县新桥镇春申村党支部建设"凝聚力工程"的经验。1994 年底和 1995 年初，中共上海市委对广泛深入地开展"凝聚力工程"建设作了部署。1995 年和 1996 年，中共中央组织部两次发简报在全国推广"凝聚力工程"经验。1996 年召开的全国先进基层党组织和优秀党务工作者表彰大会上，胡锦涛在讲话中指出："凝聚力工程"把我们党服务人民、团结群众、凝聚人心的工作落实到基层，具体化到每个党组织和党员的日常工作中去，这是一个好办法，应大力提倡。①

一般情况下，若干年后，随着党内其他主题活动一个接一个开展，"凝聚力工程"也就销声匿迹了。出乎我意料的是，在上海中山公园内建了一个"'凝聚力工程'博物馆"，时有基层党组织组织党

---

① 《胡锦涛文选》第一卷，人民出版社 2016 年版，第 206—207 页。

员前去参观，还有不少人自发地入馆参观。这个博物馆给我们什么启示呢？"凝聚力工程"的价值，在于基层党组织建设对政治本原的坚守——工作聚焦于凝聚人心、民心；在于基层党组织对理想信念宗旨本原的坚守——一切为了群众，使理想信念宗旨成为群众能直接感受到的东西，使群众有获得感。中共中央党校教授叶笃初在与我作专题对话时指出："'凝聚力工程'是马克思主义世界观、人生观的行动化、具体化。在新的历史条件下，我们不但需要找到与之相适应的一种教育形式，而且需要找到与之相适应的实现形式或行动方式。我们开始找到了，这就是'凝聚力工程'。从这个角度讲，我们怎么能不为'凝聚力工程'实施的成果而雀跃欢呼呢？"[1]

2018 年 5 月，在"凝聚力工程"开展 25 年之际，时任长宁区委组织部副部长白燕请我作专题演讲。我说："'凝聚力工程'给我们的启示集中到一点：落实党章规定的基层党组织基本任务，说到底，基层党组织应该成为群众的主心骨。""'群众'是具体的、包括每个人在内。基层党组织正确、有效的工作方法是：一切从时刻关注、密切联系自身工作范围内的每一个人做起，满腔热忱地帮助他们解决自身难以解决、解决不了问题。要让群众感受到：党在我身边，在我心中。"

上述"八个人"服务群众的工作机制，是我到宝钢工作后，对"凝聚力工程"的思考和实践总结，也是我对弘扬鲁迅"俯首甘为孺子牛"的大爱真爱精神的思考和实践总结。

---

① 参阅刘国胜：《"凝聚力工程"在 1994 和 1995》，见中共上海市委党史研究室、上海市现代上海研究中心编著：《改革创新（1992—2002）（上）》，上海教育出版社 2015 年版，第 25—41 页。

第三章

『放开度量无畏地
吸收新文化』的豁达闳大

　　鲁迅谈开放，人们耳熟能详的是"拿来主义"。这是先生 1934 年写的一篇杂文的标题。《拿来主义》(《且介亭杂文》) 不过 1000 多字，却相当集中且深刻地体现了先生的开放观。我们从先生的创作轨迹中不难发现，他留日期间，1907 年和 1908 年一踏上文坛，在用文言文写的五篇论文中，就明确提出了关于对外开放的基本思想。之后近 30 年的作品，关于对外开放的内容始终占有重要分量，并不断完善和发展。"拿来主义"是鲁迅"立人"思想的重要组成部分，是"立人"的基本途径之一 (我把"立人"的基本途径概括为"改革之路"和"开放之道"，而开放又是改革最重要的基本条件之一)。

一、"国民精神之发扬，与世界识见之广博有所属"

　　鲁迅成年之际，就赶上了中国被迫对外开放的时代。1922 年，他在《呐喊·自序》中，谈及自己 1898 年离开家乡去南京，进了江南水师学堂："仿佛是想走异路，逃异地，去寻找别样的人们。"次年改入江南陆师学堂附设矿务铁路学堂。先生到南京的这一年，正值清末维新运动高潮，新办的报刊和新出版的译著不少，读新书报，听新学，使他大开眼界。1902 年他毕业后，由清政府官派赴日本留学。先生在日本留学的七年，又正是日本明治维新取得巨大成功、加速推进现代化的时期，使他有机会接触到大量西方各国最新的文化思潮。不仅阅读，而且翻译，在自己吸收的同时，开始向国民传播。在他看来，译介外国现代优秀作品，是直接关系到中国人视野宽窄，进而关系到能否跟上人类现代化步伐的大事。

（一）从"闭关主义"到"送去主义","送来"和"拿来"

1925 年，鲁迅在《看镜有感》(《坟》) 中说："遥想汉人多少闳放"，"汉唐虽然也有边患，但魄力究竟雄大"，之后，逐步逐步，"豁达闳大之风消歇净尽了"。到了发表《拿来主义》的 1934 年，情况如何呢？先生写道："中国一向是所谓'闭关主义'，自己不去，别人也不许来。自从给枪炮打破了大门之后，又碰了一串钉子，到现在，成了什么都是'送去主义'了。"关于"送去主义"，先生举了"学艺"方面的三个例子，一例为："送一批古董到巴黎去展览，但终'不知后事如何'。"一例为："有几位'大师'们捧着几张古画和新画，在欧洲各国一路的挂过去，叫作'发扬国光'。"这是指 1932 年至 1934 年间，美术家徐悲鸿、刘海粟曾分别去欧洲一些国家举办中国美术展览和个人美术作品展览。一例为："听说不远还要送梅兰芳博士到苏联去，以催进'象征主义'，此后是顺便到欧洲传道。"

对徐悲鸿、刘海粟去欧洲办画展，梅兰芳将访苏联和欧洲，先生是肯定的："活人代替了古董，我敢说，也可以算得显出一点进步了。"中国艺术家出国表演被称为国剧的京剧，画家出国展示包括本人的中国作品，与送古董去国外展出相比，显然体现了时代进步。但先生指出，说京剧可以"催进'象征主义'"(《大晚报》报道中的说法)，是一个错误，京剧和"象征主义"风马牛不相及，他在 1934 年写的《谁在没落》(《花边文学》) 中指出："脸谱和手势，是代数，何尝是象征。它除了白鼻梁表丑角，花脸表强人，执鞭表骑马，推手表开门外，那里还有什么说不出，做不出的深意义?"

回到《拿来主义》，先生认为只有"送去"不够："我们没有人根据了'礼尚往来'的仪节，说道：拿来!""送去主义"自有它的积极意义，先生说："当然，能够只是送出去，也不算坏事情，一者见得丰富，二者见得大度。"他以德国哲学家尼采为例说："尼采就自诩过他是太阳，光热无穷，只是给与，不想取得。"事实呢?"然而尼采究竟不是太阳，他发了疯。"先生认为中国人不应成为尼采说的那种"太阳"："虽然有人说，掘起地下的煤来，就足够全世界几百年之用。但是，几百年之后呢? 几百年之后，我们当然是化为魂灵"，"但我们的子孙是存在的，所以还应该给他们留下一点礼品"。先生没有完全否定"送去主义"，只是隐含着对中国少有现代文化方面的东西输出，或许还包括少有农产品，尤其是工业品出口的悲哀。同时，他还颇有远见地关注到中国长远的能源安全。

先生小结道："我在这里也并不想对于'送去'再说什么，否则太不'摩登'了。我只想鼓吹我们再吝啬一点，'送去'之外，还得'拿来'，是为'拿来主义'。"但他并没有就谈"拿来主义"，而是再从一个新的角度谈"送来"："我们被'送来'的东西吓怕了。先有英国的鸦片，德国的废枪炮，后有法国的香粉，美国的电影，日本的印着'完全国货'的各种小东西。于是连清醒的青年们，也对于洋货发生了恐怖。"这说明了什么?"其实，这正是因为那是'送来'的，而不是'拿来'的缘故。""送来"，主动权和主导权掌握在外国人手里，英帝国主义的鸦片倾销中国，带走源源不断的巨额利润，却毒害了无数中国人的身心。德国的废枪炮卖给中国，助长了军阀混战的嚣张气焰，殃及的是无辜百姓。"送来"的法国香粉，美国电影和日本的"各种小东西"，种类庞杂，不排除有它传播西方现代文明、丰富中国民众文化和休闲生活的积极因素，但它的奴役性影响也不可忽视。先生认为，能看到"送来"的洋货危害性的青年，有着难得的清醒。"闭关主义"逆历史潮流，将把国家引向末路。当时出现的那种"送去主义"，对开放和中国的改革发展也不会起多大作用。至于当时的"送来"，则弊超过利。怎么办？办法是"拿来"，把开放的主动权和主导权掌握在中国人自己手中。由此，先生提出了"拿来主义"。

（二）"比较是最好的事情"，"只要一比较许多事便明白"

"拿来主义"的首要目的，是要解决改革的动力问题。1930年，鲁迅在《习惯与改革》(《二心集》)中指出："体质和精神都已硬化了的人民，对于极小的一点改革，也无不加以阻挠。""硬化"即僵化、麻木和脆弱，失去了进步的内生动力。这之前，先生就反复提醒人们注意中国"改革难"。1923年，他在《娜拉走后怎样》(《坟》)中指出："中国太难改变了，即使搬动一张桌子，改装一个火炉，几乎也要血；而且即使有了血，也未必一定能搬动，能改装。不是很大的鞭子打在背上，中国自己是不肯动弹的。"鞭子从何而来？一种是强敌入侵，国门被迫洞开，鞭子狠抽中国人，执政者不得不作一些改革。一种是有识之士走出国门，主动了解强国发展情况，自我鞭策，自觉改革。相比之下，当然是鞭子的后一种打法要好得多，这就是"拿来主义"的可贵价值。

1907年，先生就在《文化偏至论》(《坟》)中对"闭关主义"

进行了批判："中国既以自尊大昭闻天下"，"屹然出中央而无校雠，则其益自尊大，宝自有而傲睨万物"，"无校雠故，则宴安日久，苓落以胎"。妄自尊大，自以为屹立于世界中心，没有可以较量的对手而傲视一切。因为没有比较，安逸的日子过得太久，就种下了走向没落的祸胎。怎么办？同年，先生在《摩罗诗力说》(《坟》) 中给出答案："欲扬宗邦之真大，首在审己，亦必知人，比较既周，爰生自觉。自觉之声发，每响必中于人心，清晰昭明，不同凡响。非然者，口舌一结，众语具沦，沉默之来，倍于前此。""故曰国民精神之发扬，与世界识见之广博有所属。"弘扬民族的伟大精神，首先要认识自己，但也须了解别人。只有把自己与别人作全面周密的比较，才能产生改善的自觉。如果没有这种自觉，大家都缄口结舌，哑然无声，这样的民族必会越来越沉默，乃至死寂。弘扬民族精神和扩大国民的世界见识密切相关。

　　鲁迅到上海定居后，继续从不同角度阐述比较的重要性，强调要比较就得开放。1929 年，他在《致〈近代美术史潮论〉的读者诸君》(《集外集拾遗补编》) 中，就自己为什么翻译日本艺术评论家板垣鹰穗《近代美术史潮论》，说明道："力能历览欧陆画廊的幸福者，不必说了，倘只能在中国而偏要留心国外艺术的人，我以为必须看看外国印刷的图画，那么，所领会者，必较拘泥于'国货'的时候更多。"文章的结论是："只要一比较，许多事便明白；看书和画，亦复同然。"通过与发达国家作比较，可以看清自己的差距在哪里，到了什么程度。1934 年，先生写了谈读书方法的《随便翻翻》(《且介亭杂文》)，主张读书要有一定的广度，可以"杂"一点，多"翻翻"："翻来翻去，就有比较，比较是医治受骗的好方子。"但是，比较的这种功效，"在中国现有的书里，却不容易得到"，所以先生主张多读一点外国的好书，为此就要重视翻译。同年，先生在《关于新文字》(《且介亭杂文》) 中指出："比较，是最好的事情。""比较"为什么是"最好的事情"? 因为"只要一比较，许多事便明白"，"比较是医治受骗的好方子"。

（三）"合群的爱国的自大"导致"不能振拔改进"

对外开放为比较创造了基本条件，但不是说只要开放，就能有准确的比较。首先遇到的问题是，有的极端守旧分子压根儿不愿作比较。1925 年，先生在《看镜有感》中，举了杨光先的例子。清顺治年间，德国传教士汤若望任钦天监监正（观察天象，推算节气历法的主要官员），变更历法，新编历书。杨光先上书礼部，说历书封面上不该用"依西洋新法"字，无果。四年后杨光先再次上书，指责历书推算该年十二月初一日蚀之错，汤若望因此被判罪，由杨光先接任其职，复用旧历。康熙年间，杨光先推闰失实，被夺官下狱，汤若望获平反。杨光先的"名言"是"宁可使中夏无好历法，不可使中夏有西洋人"，言下之意：中国再落后，外国再先进，中国人也不能向外国人学习。先生对此评论道："要进步或不退步，总须时时自出新裁，至少也必取材异域，倘若各种顾忌，各种小心，各种唠叨，这么做即违了祖宗，那么做又像了夷狄，终生惴惴如在薄冰上，发抖尚且来不及，怎么会做出好东西来。"先生强调："放开度量，大胆地，无畏地，将新文化尽量地吸收。"当时的中国因落后正被挨打，挽救衰败的国势，唯有改革，而改革就须解放思想，解放思想则要有吸收外国新文化的宽广胸怀和无畏胆略。

比较有一个怎么比的问题，鲁迅批评以盲目自大的态度来作比较，1918 年，他在《随感录 三十八》(《热风》) 中就指出："中国人向来有点自大。——只可惜没有'个人的自大'，都是'合群的爱国的自大'。这便是文化竞争失败之后，不能再见振拔改进的原因。"先生解释说："'个人的自大'，就是独异，是对庸众宣战。""独异"是指确有开阔的视野和出众的独立见解，是一种能帮助受封建专制文化弊害的人们摆脱愚昧的自信。"'合群的自大''爱国的自大'，是党同伐异，是对少数的天才宣战"，"多有这'合群的爱国的自大'的国民，真是可哀。真是不幸!"这种"自大"的国民，是打着"爱国"旗号的怯弱的保守者，合伙抱残守缺，抵制新文化，他们的主张是："古人所作所说的事，没一件不好，遵循还怕不及，怎敢说到改革? 这种爱国的自大家的意见，虽各派略有不同，根柢总是一致。"

具体表现有五种：第一种认为无论从客观看还是从主观看，中国都比外国好，客观上"中国地大物博"，主观上中国"开化最早"；第二种认为中国虽然物质文明落后于外国，但精神文明却优于外国，道德全球领先；第三种认为外国的好东西并没有什么了不起，中国"都已有过"；第四种认为中国存在的坏现象不足为奇，外国也有；第五种认为即使中国"野蛮""昏乱"，又有什么关系，外国又能把中国怎样? 这五种打着"爱国"旗号的比较法，都无视客观事实，妄自尊大，这样作比较当然不可能"振拔改进"，也决不是真正的爱国。一个国家，"多有这'合群的爱国的自大'的国民",多可哀多危险!

二、"别求新声于异邦,而其因即动于怀古"

鲁迅主要从文化角度谈开放,通过开放与外国的先进文化作比较,看到中国传统文化落后的一面,以他山之石攻玉,剔除其糟粕,传承其精华。1907年,先生在《摩罗诗力说》中,就把这一层意思说得很清楚:"别求新声于异邦,而其因即动于怀古。"吸收外国的新文化,是为了改造、保存和发扬中华民族源远流长的古文化。先生到上海定居后,对此又有不少论述。有人说他全盘否定中国传统文化,那是没有认真读过他的作品,或读后并没有理解,听信一些戴着有色眼镜者的偏见而造成的误解。

(一)"古文化禅助着后来,也束缚着后来"

怎么看待中国古文化对现代中国的影响?先生认为要看到它的两面性,在《摩罗诗力说》中,他就作了如下分析:观察一下我国所处的地理位置,考察一下我们的遭遇,会发现我们中国文化的优点和缺点都很突出。从优点看,中国文化闪耀着独特光辉,虽然近代以来衰落了,但在世界上仍是少有的。从缺点看,自以为是,不同别人作比较,终于堕落到一味追求实利;年深日久,精神沦亡,一旦有新的力量猛然一击,就会招架不住,像冰块一样迸裂。我们受旧文化影响很深,老是用旧眼光来看待一切。维新运动虽已叫喊了20年,但新文化还是没能在我国形成。

五四运动后,新文化终于产生,并在曲折中发展。1927年12月,先生到上海定居后不久写的《当陶元庆君绘画展览时》(《而已集》）指出："陶元庆君绘画的展览，我在北京所见的是第一回。记得那时曾经说过这样意思的话：他以新的形，尤其是新的色来写出他自己的世界，而其中仍有中国向来的魂灵——要字面免得流于玄虚，则就是：民族性。我觉得我的话在上海也没有改正的必要。"陶元庆用绘画来表达自己的内心世界，运用的形式和色调是新的、借鉴了西方的，但仍保持了中华民族的民族性。先生指出，文艺界存在着"两重桎梏"，一种是"要再回到旧日的桎梏里"——全盘复古，一种是走向另一个极端的"新艺术家们勇猛的反叛"的"新桎梏"——全盘西化。先生说："陶元庆的绘画，是没有这两重桎梏的。就因为内外两面，都和世界的时代思潮合流，而又并未梏亡中国的民族性。"陶元庆对外能与"世界的时代思潮"合拍，跟上人类文明发展的步伐；对内能延续中华民族固有之血脉，体现中国特色，他的作品是一种贯通古今中外的新艺术、新文化。

1930 年，先生在《〈全国木刻联合展览会专辑〉序》（《且介亭杂文二集》）中指出：中国出现木刻，从唐末算起已有超过一千年历史，到 20 世纪 30 年代初，木刻的发展情况如何呢？"曾被看作高尚的风景和静物画，在新的木刻上是减少了，然而看起出品来，这二者反显着较优的成绩。"这是何因？"因为中国旧画，两者最多，耳濡目染，不觉见其久经摄取的所长了"，相反的是，"而现在最需要的，也是作者最着力的人物和故事画，却仍然不免有些逊色，平常的器具和形态，也间有不合实际的"。因为这不是中国旧画的特长，后人所能得到的传承少，先生由此得出以下结论："由这事实，一面固足见古文化裨助着后来，也束缚着后来，但一面也可见人'俗'之不易了。"这一论断，可说是先生关于整个中国古文化对现代文化影响的基本观点。

先生还作了一些直接从总体上谈新旧文化关系的重要论述。1933年，他在《"感旧"以后（上）》(《准风月谈》)中指出："'新文学'和'旧文学'这中间不能有截然的分界，然而有蜕变，有比较的偏向。""不能有"，一层意思是说不可能有，现实的和未来的文化都是历史的延续，历史文化你想割断也割不断。还有一层意思是说不该有，历史文化博大精深，其精华是民族得以繁衍的基因，决不可把它丢弃。同时，历史文化不能一成不变，要剔除其糟粕而"蜕变"，随着人类社会的发展与时俱进。1934年4月，先生在给作家、画家魏猛克的信中指出："新的艺术，没有一种是无根无蒂，突然发生的，总承受着先前的遗产，有几位青年以为采用便是投降，那是他们将'采用'与'模仿'并为一谈了。中国及日本画入欧洲，被人采取，便发生了'印象派'，有谁说印象派是中国画的俘虏呢?专学欧洲已有定评的新艺术，那倒不过是模仿。"新艺术、新文化的"新"具有相对性，都是在传承历史文化精华基础上的创新。

1934年，先生在《〈引玉集〉后记》(《集外集拾遗》)中，一方面揭露了白色恐怖阻碍了中国文化的健康发展："目前的中国，真是荆天棘地，所见的只是狐假虎威的跋扈和雉兔的偷生，在文艺上，仅存的是冷淡和破坏。而且，丑角也在荒凉中趁势登场。"一方面坚定地宣称黑暗毕竟遮不住光明："历史的巨轮，是决不因帮闲们的不满而停运的；我已经确切的相信：将来的光明，必将证明我们不但是文艺上遗产的保存者，而且也是开拓者和建设者。"已

118

过去的近 90 年历史证实了先生的预言，那些说鲁迅只有对旧世界的批判，没有对民族文化的继承和对新文化的建设，是缺乏对历史的尊重。

（二）"中国人无感染性，他国思潮，甚难移植"

鲁迅谈外国新文化在中国的命运，最著名的莫过于"黑色染缸"论了，这是他在五四时期就提出的。1919 年，他在《随感录 四十三》(《热风》) 中，以美术为例指出："可怜外国事物，一到中国，便如落在黑色染缸里似的，无不失了颜色。美术也是其一：学了体格还未匀称的裸体画，便画猥亵画；学了明暗还未分明的静物画，只能画招牌。皮毛改新，心思仍旧，结果便是如此。至于讽刺画之变为人身攻击的器具，更是无足深怪了。"披上了外国新文化的外衣，旧文化的实质未变。到上海定居后，先生仍反复论及"黑色染缸"。1934 年，他在《偶感》(《花边文学》) 中指出："每一新制度，新学术，新名词，传入中国，便如落在黑色染缸，立刻乌黑一团，化为济私助焰之工具"，"此病不去，中国是无药可救的"。与十多年前相比，把从国外传入中国的新制度、新学术、新名词"化为济私助焰之工具"，黑色染缸发酵出可怕的、可置人于死地的毒化作用。一个国家、一个城市开放到一定程度，对于代表时代潮流的新文化，人们已很难直接阻挡它，于是有些人就变换方式，把与新文化相关的名词作为玩弄的对象，使它变得和旧文化糟粕一样丑陋不堪。

外国新文化难以在中国传播，是由于中西文化差异太大，联系到国民性，1919 年，先生在《随感录 五十九 "圣武"》(《热风》)中分析道:"若再留心看别国的国民性格,国民文学,再翻一本文人的评传,便更能明白别国著作里写出的性情,作者的思想,几乎全不是中国所有。所以不会了解,不会同情,不会感应;甚至彼我间的是非爱憎,也免不了得到一个相反的结果。"经过文艺复兴和工业革命,欧美人的思想包括思维方式和道德观念已进入现代;而绝大多数中国人的思想却还停留在古代,很难与现代人的性格接轨。先生进一步分析说:"新主义宣传者是放火人么,也须别人有精神的燃料,才会着火;是弹琴人么,别人的心上也须有弦索,才会出声;是发声器么,别人也必须是发声器,才会共鸣。中国人都有些不很像,所以不会相干。"深层次的问题,是一个被根深蒂固的旧文化所笼罩的古老国家的人们,接受外来新文化的条件问题。旧文化具有巨大的历史惯性,新文化的形成,需要通过思想革命来击碎"黑色染缸",这就需要"拿来主义"作动力。

1920 年 5 月,先生在给学生宋崇义的信中说:"近来所谓新思潮者,在外国已是普遍之理,一入中国,便大吓人;提倡者思想不彻底,言行不一致,故每每发生流弊,而新思潮之本身,固不任其咎也。"外国新文化难以进入中国,还有一个重要原因是提倡者造成的,他们存在的主要问题,一是对外国新文化没有真正搞清楚,一是言行不一导致失去可信度。先生分析了当时俄国思潮对中国的影响:"今之论者,又惧俄国思潮传染中国,足以肇乱,此亦似是而非之谈,乱则有之,传染思潮则未必。中国人无感染性,他国思潮,甚难移植;将来之乱,亦仍是中国式之乱,非俄国式之乱也。而中国式之乱,能否较善于他式,则非浅见所能测矣。"俄国"十月革命"对中国产生很大影响，有些人害怕中国人仿效，认为这"足以肇乱"。先生则认为中国将来可能发生的"乱"，是不同于俄国的"中国式之乱"。

以后的历史证明了先生的预测。中国共产党领导的无产阶级革命，确是在"十月革命"影响下发生的，但俄国式的城市暴动失败了，走中国式的农村包围城市的道路才取得胜利。

（三）"趁碎影还在，我要追回他，完成他，留下他"

鲁迅提出"拿来主义"，吸收外国新文化，目的是改造、保存和发扬中华民族源远流长的古典文化。这在他1925年创作的散文诗《好的故事》(《野草》) 中得到充分体现。《好的故事》以写景为特色，但不为写景而写景，深情美文中蕴含着先生对理想与现实，对中国文化传承与创新的深层次思考。诗篇一开始，从"我"秉烛夜读写到做梦。"我"读《初学记》累了，打起瞌睡做起梦来：

"我在蒙胧中，看见一个好的故事。这故事很美丽，幽雅，有趣。许多美的人和美的事，错综起来像一天云锦，而且万颗奔星似的飞动着，同时又展开去，以至于无穷。"梦中"展开去，以至于无穷"的美丽图景，似乎是"我"在故乡亲眼所见："我仿佛记得曾坐小船经过山阴道，两岸边的乌桕，新禾，野花，鸡，狗，丛树和枯树，茅屋，塔，珈蓝，农夫和村妇，村女，晒着的衣裳，和尚，蓑笠，天，云，竹，……都倒影在澄碧的小河中，随着每一打桨，各各夹带了闪烁的日光，并水里的萍藻游鱼，一同荡漾。诸影诸物，无不解散，而且摇动，扩大，互相融和；刚一融和，却又退缩，复近于原形。边缘都参差如夏云头，镶着日光，发出水银色焰。凡是我所经过的河，都是如此。"如此美景，令人陶醉和惊叹。人仿佛在画中。接下来是梦中梦：

"现在我所见的故事也如此。水中的青天的底子，一切事物统在上面交错，织成一片，永是生动，永是展开，我看不见这一篇的结束。"故乡故事的无限延伸，"永是生动，永是展开"，寄托了"我"对中华民族发展前景的深情期望。接着请看那更令人神往的故事："河边枯柳树下的几株瘦削的一丈红，该是村女种的罢。大红花和斑红花，都在水里面浮动，忽而碎散，拉长了，如缕缕的胭脂水，然而没有晕。茅屋，狗，塔，村女，云，……也都浮动着。大红花一朵朵全被拉长了，这时是泼刺奔进的红锦带。带织入狗中，狗织入白云中，白云织入村女中……。在一瞬间，他们又将退缩了。但斑红花影也已碎散，伸长，就要织进塔，村女，狗，茅屋，云里去。"水的清澈，灵动，柔美，成就了故事别样美。红花映照水面，水的浮动让水变成了"胭脂水"，花变成了"红锦带"，多美的画面！茅屋、狗、塔、村女、云，通通都因了水的特性而变幻着，交织着，多生动的意境！

故事发展到极致："现在我所见的故事清楚起来了，美丽，幽雅，有趣，而且分明。青天上面，有无数美的人和美的事，我一一看见，一一知道。"与前相比，多了"清楚"和"分明"，美的人和事从"许多"发展到"无数"。明明在梦中，却强调这是"我一一看见，一一知道"。或可理解为，一则表达"我"希望美梦成真的强烈愿望，二则表明"我"相信中国确有"好的故事"。"我"禁不住想再看仔细："我就要凝视他们……。"然而峰回路转："我正要凝视他们时，骤然一惊，睁开眼，云锦也已皱蹙，凌乱，仿佛有谁掷一块大石下河水中，水波陡然起立，将整篇的影子撕成片片了。我无意识地赶忙捏住几乎坠地的《初学记》，眼前还剩着几点虹霓色的碎影。"突然醒来，才清楚这"好的故事"只是好梦一场，但"我"的心依然久久不能平静："我真爱这一篇好的故事，趁碎影还在，我要追回他，完成他，留下他。我抛了书，欠身伸手去取笔，——何尝有一丝碎影，只见昏暗的灯光，我不在小船里了。"

"好的故事"或可说是先生心中的中国梦——尤其是中国新文化的梦，虽遭受严酷的现实打击，但梦想并未破灭——"碎影还在"。"我要追回他，完成他，留下他"，体现了先生在长夜里反抗绝望和敢于担当的精神。故事的结尾是这样一句话："但我总记得见过这一篇好的故事，在昏沉的夜……。""昏沉的夜"与"好的故事"形成强烈对比，这是现实与理想的反差。"在昏沉的夜"总记得一篇"好的故事"，凸显理想之坚定，要追回昔日的辉煌，完成先驱者的遗愿，把新的理想变为现实。

在我读到的解读《好的故事》的各种文本中，都从现实与理想相矛盾的角度来分析它的内涵。固然对，但总觉得还不够。先生笔下"无数美的人和美的事"，虽可理解为将来式，但也是过去式，"见过"的当然是历史的。这"一篇好的故事"，还体现了先生欣赏的古代中国人的纯朴可爱和中国人原本具有的优良文化基因。"一块大石"，或隐喻几千年封建专制统治对优良文化的摧残。先生对中国文化发展并未失去信心，中国文化精华的"碎影还在"，他要做恢复、完善和弘扬的工作——"追回他，完成他，留下他"。这源于"我真爱这一篇好的故事"。

"追回，完成，留下"，首先是"追回"。1934年，先生在《从孩子的照相说起》(《且介亭杂文》)中，提出一个重要观点："其实，由我看来，所谓'洋气'之中，有不少是优点，也是中国人性质中所本有的，但因了历朝的压抑，已经萎缩了下去，现在就连自己也莫名其妙，统统送给洋人了。这是必须拿它回来——恢复过来的——自然还得加一番慎重的选择。"其次是"完成"，不是去实现一个终极目标，而是创造和发展。再次是"留下"，不是对传统文化不分青红皂白全部继承，而是取其精华，去其糟粕，进行转换性创造，以适应中国人实现现代化的需要。

三、"运用脑髓，放出眼光，自己来拿"

回到《拿来主义》，针对"闭关主义""送去主义"和"送来"，鲁迅提出了"拿来主义"，他说："我们要运用脑髓，放出眼光，自己来拿!""自己来拿"，强调以我为主体。做到这一点很不容易，拿来主义者要有清醒的头脑、辨别的智慧和借鉴的气魄，这是"拿来主义"的核心观点。

（一）"我们要或使用，或存放，或毁灭"

"拿来主义"，关键在于怎么拿，对此，先生举例说明："譬如罢，我们之中的一个穷青年，因为祖上的阴功（姑且让我这么说说罢），得了一所大宅子，且不问他是骗来的，抢来的，或合法继承的，或是做了女婿换来的。那么，怎么办呢? 我想，首先是不管三七二十一，'拿来'! 但是，如果反对这宅子的旧主人，怕给他的

124

东西污染了，徘徊不敢进门，是孱头；勃然大怒，放一把火烧光，算是保存自己的清白，则是昏蛋。不过因为原是羡慕这宅子的旧主人的，而这回接受一切，欣欣然的蹩进卧室，大吸剩下的鸦片，那当然更是废物。'拿来主义'者是全不这样的。"先生批评了三种态度，一是根本不敢拿，对外国的东西连看也不想看，这是胆小怕事的"孱头"。二是不论青红皂白一概排斥，这是愚昧无知的"昏蛋"；三是全盘接收，这是不辨是非，甚至自甘堕落的"废物"。

"拿来主义"者是什么样的呢？先生说："他占用，挑选。看见鱼翅，并不就抛在路上以显其'平民化'，只要有养料，也和朋友们像萝卜白菜一样的吃掉，只不用它来宴大宾；看见鸦片，也不当众摔在毛厕里，以见其彻底革命，只送到药房里去，以供治病之用，却不弄'出售存膏，售完即止'的玄虚。只有烟枪和烟灯，虽然形式和印度，波斯，阿剌伯（即今阿拉伯）的烟具都不同，确可以算是一种国粹，倘使背着周游世界，一定会有人看，但我想，除了送一点进博物馆之外，其余的是大可以毁掉的了。还有一群姨太太，也大以请她们各自走散为是，要不然，'拿来主义'怕未免有些危机。""拿来主义"者采取的方法是在"占有"之后"挑选"，按照不同情况进行处理。

结论是："总之，我们要拿来。我们要或使用，或存放，或毁灭。那么，主人是新主人，宅子也就会成为新宅子。然而首先要这人沉着，勇猛，有辨别，不自私。没有拿来的，人不能自成为新人，没有拿来的，文艺不能自成为新文艺。"经过挑选，对"拿来"的外国文化采取三种不同的态度，真善美的好东西为我所用，好坏难辨就放一放，假恶丑的糟粕则果断丢弃。这样的"拿来"，中国文化才能成为现代新文化，中国人才能成为现代化的新人。这对"拿来主义"者要求很高，要沉着冷静，有胆略，有辨别能力，要出以公心、不谋私利。这样的"拿来"为中国所必需，舍此，国民性弊端就得不到克服，中国新文化也无以生成。

先生提出对拿来的东西一分为三，原则是清晰的。然而，真要分辨，有时却并不容易。有些东西，在原则层面认识它真善美，"拿来主义"者是一致的，但在展开理解上往往会产生分歧，甚至是重大分歧。当年创造社、太阳社的革命文学青年，自以为掌握了马克思主义，把鲁迅作为革命对立面进行攻击。先生研读马克思主义著作后发现，这些人其实并不懂马克思主义。1928年，先生在《文学的阶级性》(《三闲集》) 中，提出准确理解唯物史观的方法："我只希望有切实的人，肯译几部世界上已有定评的关于唯物史观的书——至少，是一部简单浅显的，两部精密的——还要一两本反对的著作。""简单浅显的"便于入门，"精密的"才可能深入，加上"反对的著作"，就能比较全面、准确地了解唯物史观了。1933年，先生在给徐懋庸的信中指出："中国的书，乱骂唯物论的固然看不得，自己不懂而乱赞的也看不得，所以我以为最好先看一点基本书，庶不致为不负责任的论客所误。""先看一点基本书"，以区别于"乱骂"或"乱赞"的书，后两种书之所以看不得，是因为它们会把读者引向不同的极端。

（二）"竭力运输些切实的精神的粮食"

"拿来主义"的重要举措是翻译外国进步文学和学术作品。

1933 年，先生写了《由聋而哑》(《准风月谈》)，首先引用了丹麦文学批评家勃兰兑斯"叹丹麦文学的衰微"的话，其中有："我们看不见强烈的独创的创作。加以对于获得外国的精神生活的事，现在几乎绝对的不加顾及。于是精神上的'聋'，那结果，就也招致了'哑'来。"先生认为："这几句话，也可以移来批评中国的文艺界，这现象，并不能全归罪于压迫者的压迫，五四运动时代的启蒙运动者和以后的反对者，都应该分负责任的。前者急于事功，竟没有译出什么有价值的书籍来，后者则故意迁怒，至骂翻译者为媒婆，有些青年更推波助澜，还至于连人地名下注一原文，以便读者参考时，也就诋之曰'衒学'。""骂翻译者为媒婆"，指 1921 年郭沫若发表文章称："我觉得国内人士只注重媒婆，而不注重处子；只注重翻译，而不注重产生。"

先生画龙点睛指出："用秕谷来养青年，是决不会壮大的，将来的成就，且要更渺小，那模样，可看尼采所描写的'末人'。""末人"，见尼采《查拉图斯特拉如是说》的《序言》，指无希望、无创造、平庸畏葸、浅陋渺小的人。先生曾把这篇《序言》译成中文。在先生看来，解决这个问题，须从创作和译作两方面同时作出努力。相对而言，创作水平的提高是一个相当长的过程，翻译就有所不同，虽也不易，但与创作相比毕竟要快些。

可惜，当时译作的情况并不理想，先生指出："绍介国外思潮，翻译世界名作，凡是运输精神的粮食的航路，现在几乎都被聋哑的制造者们堵塞了"，"他们要掩住青年的耳朵，使之由聋而哑，枯涸渺小，成为'末人'，非弄到大家只能看富家儿和小瘪三所卖的春官，不肯罢手"。说得尖锐，因为问题实在严重，先生呼吁："甘为泥土的作者和译者的奋斗，是已经到了万不可缓的时候了，这就是竭力运输些切实的精神的粮食，放在青年们的周围，一面将那些聋哑的制造者送回黑洞和朱门里面去。"禁止国外进步书籍进入，是一切守旧国家统治者的惯技，他们生怕这些书籍影响本国人民尤其是青年投入改变旧世界的斗争。问题在于，落后国家的人民如果不接触代表时代潮流的外国先进文化，人的现代化就无从谈起，最后终将被淘汰。

先生踏上文坛，在创作之前就身体力行从事外国文学作品翻译，且终身不辍。许寿裳评价说："鲁迅实在是中国介绍和翻译欧洲新文艺的第一人"，"尤其是弱小民族，被压迫民族的革命文学"。从 1903 年至 1936 年，先生一生译介工作超过 32 年，共有译作 30 余部，零散短篇译作 70 余篇，计 320 余万字。一个具有罕见原创性思想力的作家，竟把这么多精力投入翻译，除了本身从中吸取养料外，还很能说明他对引导青年成长的一番苦心。翻译是苦活，1935 年 6 月，先生在给胡风的信中说："译果戈里（通译果戈理），颇以为苦，每译两章，好像生一场病。"1935 年夏天，他在给增田涉的信中说："上海大热，昨天室内已达九十五度，流着汗译《死魂灵》，痱子发痒，脑子发胀。"我生于上海并长期在上海生活和工作，20 世纪 90 年代前一直住在没有空调的房子里，对先生所述在上海夏天闷热环境中写作之苦有切身体会。

鲁迅译作的鲜明特色，是借此来批判中国国民性弊端。1930 年，他在《"硬译"与"文学的阶级性"》（《二心集》）中坦陈：

"我从别国窃得火来，本意却在煮自己的肉的，以为倘能味道较好，庶几在咬嚼者那一面也得到较多的好处，我也不枉费了身躯。"先生批判中国国民性弊端，是从自我解剖开始的，进而为他人送去苦口良药。1921 年，他在《〈一个青年的梦〉译者序二》(《译文序跋集》)中说："我以为这剧本（日本作家武者小路的剧本《一个青年的梦》)也很可以医许多中国旧思想的痼疾，因此也很有翻成中文的意义。"1924 年，他在《〈观照享乐的生活〉译者附记》(《译文序跋集》)中说："作者（日本作家厨川白村）对于他的本国的缺点的猛烈的攻击法，真是一个霹雳手。但大约因为同是立国于亚东，情形大抵相像之故罢，他所狙击的要害，我觉得往往也就是中国的病痛的要害；这是我们大可以借此深思，反省的。"

（三）"梯子之论"："我们急于造出大群新的战士"

1930 年，鲁迅在《对于左翼作家联盟的意见》(《二心集》)中，就"我们今后应注意的几点"，谈了三点意见，其中之一是："我们应当造出大群的新的战士。"这首先是现实的迫切需要："因为现在人手实在太少了，譬如我们有好几种杂志，单行本的书也出版得不少，但做文章的总同是这几个人，所以内容就不能不单薄。"先生由此谈了专业化问题："一个人做事不专，这样弄一点，那样弄一点，既要翻译，又要做小说，还要做批评，并且也要做诗，这怎么弄得好呢？"专业化是现代社会培养人才的必然要求，1907 年先生就在《科学史教篇》(《坟》)中指出："社会之事繁，分业之要起，人自不得不有所专，相互为援，于以两进。"《两地书　五十八、九十五》中，先生再三提醒许广平做事要专，如果不专，"这样地玩'杂耍'一两年，就只剩下些油滑学问，失了专长，而也逐渐被社会所弃"。

先生十分重视"造出大群的新的战士"，在详细阐述了这个问题后再强调"我们急于要造出大群的新的战士"，加了"急于"二字以体现紧迫性。接着，先生联系自己说："在我倒是一向就注意新的青年战士底养成的，曾经弄过好几个文学团体，不过效果也很小。但我们今后却必须注意这点。"1934 年 6 月，先生在给杨霁云的信中，谈及怎么对待社会存在的黑暗现象时指出："这除却与之战斗以外，更无别法。这样的战斗，是要继续得很久的。所以当务之急之一，是在养成勇敢而明白的斗士。"不断培养"新的战士"才能适应持久战，勇敢和明白，是"新的战士"须具备的两个基本条件。

鲁迅除了花极大精力于翻译，还为青年作家做了其他方面的大量工作。1932 年，他在《三闲集·序言》中，把自己这方面的工作说成是"为初初上阵的青年们呐喊几声"。中国自由大同盟成立时，有人认为先生自身尚无自由，却列名该同盟的发起人，难免被人当作踏脚的"梯子"。1930 年 3 月，作家章廷谦写信把这种议论转告鲁迅，先生复函说："梯子之论，是极确的，对于此一节，我也曾熟虑，倘使后起诸公，真能由此爬得较高，则我之被踏，又何足惜。中国之可作梯子者，其实除我之外，也无几了。所以我十年以来，帮未名社，帮狂飙社，帮朝花社，而无不或失败，或受欺，但愿有英俊出于中国之心，终于未死，所以此次又应青年之请，除自由同盟外，又加入左翼作家连盟"。甘为人梯，出于"但愿有英俊出于中国之心"。

与先生晚年关系最密切的青年要数萧军（田军）和萧红了。1934 年 10 月至 1936 年 2 月不到一年半时间里，先生写给他们的信多达 53 封。1934 年 10 月，旅居青岛的萧军写信给鲁迅，希望先生审读他的长篇小说《八月的乡村》，先生即复答应。萧军接信后，把萧红的中篇小说《生死场》也寄给先生。不久，二萧来到上海，在生活和创作上得到了先生无微不至的帮助和支持。先生为他们审改书稿，还写了序给予肯定和勉励。当时二萧的作品大都经先生审阅修改后，介绍到《文学》《新小说》和《太白》等刊物发表。萧红与先生来往密切，常到先生家请教创作上的问题，倾诉思想苦闷。先生总是热情接待，使她感受到慈父般的关怀和爱护。

除了二萧外，先生还对其他不少青年作家给予资助，如艾芜、沙汀、叶紫、陈企霞、白莽（又名殷夫）、许钦文、欧阳山、草明、崔真吾、董秋芳、董秋斯和蔡咏裳等。受鲁迅资助的青年向先生致谢，他总劝他们不必介意。1934 年 12 月，他在给萧军、萧红的信中说："来信上说到用我这里拿去的钱时，觉得刺痛，这是不必要的。我固然不收一个俄国的卢布，日本的金圆，但因出版界上的资格关系，稿费总比青年作家来得容易，里面并没有青年作家的稿费那样的汗水的——用用毫不要紧。而且这些小事，万不可放在心上，否则，人就容易神经衰弱，陷入忧郁了。"一句"毫不要紧"的劝说，平淡中可见真情。

先生热忱鼓励青年作家。1931 年，他在《一八艺社习作展览会小引》(《二心集》) 中说："时代是在不息地进行，现在新的，年青的，没有名的作家的作品站在这里了，以清醒的意识和坚强的努力，在榛莽中露出了日见生长的健壮的新芽。""自然，这，是很幼小的。但是，惟其幼小，所以希望就正在这一面。"幼小，却充满希望。1924 年，先生在《未有天才之前》(《坟》) 中，就文艺界对一些"幼稚"作品"恶意的批评"，作了这样的比喻："其实即使天才，在生下来的时候的第一声啼哭，也和平常的儿童的一样，决不会就是一首好诗。因为幼稚，当头加以戕贼，也可以萎死的。"人的成长都是从幼稚开始的，不该怕青年超过自己，就以幼稚为名打击他们。理解幼稚并不是赞成停留于幼稚，先生在《鲁迅译著书目》(《三闲集》) 中，"以诚恳的心"对文学青年提出"苦口的忠告"："不断的（！）努力一些，切勿想以一年半载，几篇文字和几本期刊，便立了空前绝后的大勋业。还有一点，是：不要只用力于抹杀别个，使他和自己一样空虚，而必须跨过站着的前人，比前人更加高大。"先生希望青年作家不断努力，在"努力"前面用了一个感叹号以加重语气。

（四）"人生不在拼凑而在创造，几千百万人的创造"

"拿来主义"的拿来，取其精华是为了使用，但如果只是使用，并不能实现在国际舞台上要有"我们的份"的目标。因为拿来的毕竟是别人的东西，你得花钱买，真金白银流进别人的腰包。更严重的是，人家出于压制甚至打击你之目的，搞技术封锁，不卖给你最需要的东西，你就受制于人。所以归根结底，还是要靠自力更生，自己制造。

自己制造，一般都从"拿来"后的仿造开始。对后发展国家而言，仿造相当重要。1933 年，鲁迅写了《禁用和自造》(《准风月谈》)，就中日两国对仿造的不同态度作了比较，文章是从禁用铅笔和墨水笔谈起的："据报上说，因为铅笔和墨水笔进口之多，有些地方已在禁用，改用毛笔了。"先生评论道："我们且不说飞机大炮，美棉美麦，都非国货之类的迂谈，单来说纸笔。""我们也不说写大字，画国画的名人，单来说真实的办事者。在这类人，毛笔却是很不便当的。"先生根据自己的经验详述了用毛笔如何不便，然后对"便当"作了解释："所谓'便当'，并不是偷懒，是说在同一时间内，可以由此做成较多的事情。这就是节省时间，也就是使一个人的有限的生命，更加有效，而也即等于延长了人的生命。"生命的本质是时间，用铅笔和墨水笔代替毛笔作为一般书写工具，大大提高了效率，对人的生命具有重要意义。先生指出："优良而非国货的时候，中国禁用，日本仿造，这是两国截然不同的地方。"这种不同，成为日本制造业发展长期领先于中国的原因之一。

1934 年，先生在《从孩子的照相说起》(《且介亭杂文》) 中，进一步分析道："我在这里要提出现在大家所不高兴的日本来，他的会摹仿，少创造，是为中国的许多论者所鄙薄的，但是，只要看看他们的出版物和工业品，早非中国所及，就知道'会摹仿'决不是劣点，我们正应该学习这'会摹仿'的。'会摹仿'又加以有创造，不是更好么？"仿造固然不错，要达到原品一样的水平也不易；但停留于仿造不够，还要创造。日本人就是如此，他们不仅"会摹仿"，而且在此基础上锐意创造；中国人由于鄙视"摹仿"，制造业发展缓慢，创造就更落后了。

  1934 年，鲁迅写了《玩具》(《花边文学》)，对"我们该自有力量，自有本领"，作了进一步阐发。顾名思义，文章从玩具谈起："今年是儿童年 ①。我记得的，所以时常看看造给儿童的玩具。"先生发现了放在不同场所销售的玩具的不同品质："马路旁边的洋货店里挂着零星小物件，纸上标明，是从法国运来的，但我在日本的玩具店看见一样的货色，只是价钱更便宜。在担子上，在小摊上，都卖着渐吹渐大的橡皮泡，上面打着一个印子道：'完全国货'，可见是中国自己制造的了。"这里区分的是洋货店、日本玩具店和穿巷走街的货郎担、小摊上的不同玩具，显然，前者高于后者。"大公司里则有武器的玩具：指挥刀，机关枪，坦克车……。"是比洋货店出售的更高级的东西，且在炫耀武力。

  令人欣慰的是，先生惊喜地看到了另一幕："但是，江北人却是制造玩具的天才。他们用两个长短不同的竹筒，染成红绿，连着一排，筒内藏一个弹簧，旁边有一个把手，摇起来就格格的响。这就是机关枪！也是我所见的惟一的创作。"当时在上海的江北人大都是生活在底层的劳苦大众，社会地位很低，先生却称他们中的佼佼者为"制造玩具的天才"，因为他们在创造，虽然产品还粗陋，先生却不无自豪地写道："在租界边上买了一个，和孩子摇着在路上走，文明的西洋人和胜利的日本人看见了，大抵投给我们一个鄙夷或悲悯的苦笑。然而我们摇着在路上走，毫不愧恧，因为这是创作。"西洋人和日本人中的高傲者露出看不起的表情，友好者则给

---

① 1933 年 10 月，中华慈幼协会曾根据上海市儿童幸福委员会的提议，呈请国民党政府定 1934 年为儿童年。后来国民党政府于 1934 年 3 月发出"训令"，改定 1935 年为儿童年，但上海市儿童幸福委员会经上海市政府批准，仍单独定 1934 年为儿童年。

以带有可怜的同情一瞥。然而，先生却带着孩子颇感自豪地边走边
玩着这机关枪玩具，因为这是中国人自己的创造！他借题发挥道：
"前年以来，很有些人骂着江北人，好像非此不足以自显其高洁，
现在沉默了，那高洁也就渺渺然，茫茫然。而江北人却创造了粗笨
的机枪玩具，以坚强的自信和质朴的才能与文明的玩具争。他们，
我以为是比从国外买了极新式的武器回来的人物，更值得赞颂的，
虽然也许又有人会给我一个鄙夷或悲悯的冷笑。"在创造者面前，
那些骂江北人粗野者的高洁何在？真正高洁的品格属于江北人，因
为他们是高于"拿来主义"者的创造者！先生歌颂创造，歌颂创造
所需要的"坚强的自信和质朴的才能"。

尤其值得注意的是，先生认为创造不是少数人的事，而是要有
很多人共同创造。1933 年，他在《难得糊涂》(《准风月谈》) 中，
批评一些文人"固执着、坚持着"道德和文学的"正统和正宗"，
包括复活古文字："有人以为'汉以后的词，秦以前的字，西方文
化所带来的字和词，可以拼成功我们的光芒的新文学'。这光芒要
是只在字和词，那大概像古墓里的贵妇人似的，满身都是珠光宝气
了。"拼凑，是把性状不同的东西没有内在联系地杂陈一起，不伦
不类。从字和词谈及人生，先生提出了一个十分重要的观点："人
生却不在拼凑，而在创造，几千百万的活人在创造。"真正美好的
人生只能靠创造，不是少数人创造，而是很多人共同创造，因为
每个人或多或少都具有创造潜能。正如李克强 2014 年 9 月 10 日在
夏季达沃斯论坛上的讲话中提出，要在 960 万平方公里土地上掀起
"大众创业""草根创业"的新浪潮，形成"万众创新""人人创新"

的新势态。①

　　1907 年，鲁迅在《摩罗诗力说》中指出："中国之治理想在不撄。"不撄就是不动，不动何谈创造？ 1925 年，先生在《北京通信》(《华盖集》)中进一步发挥道："古训所教的就是这样的生活法，教人不要动。不动，失措当然就较少了，但不活的岩石泥沙，失措不是更少么？ 我以为人类为向上，即发展起见，应该活动，活动而有若干失措，也不要紧。"从不动到动，是革除保守文化，倡导创造文化。中华民族的祖先本是有创造精神的，1922 年，先生就在《补天》(《故事新编》)中，歌颂了女娲伟大的创造精神。女娲"抟土造人"的故事，体现伟大的原创精神；"炼石补天"的故事，体现伟大的革除旧弊的创新精神。先生本人堪称创造中国现代文化的典范，他的小说、散文、散文诗和杂文，都开创了时代，影响着一代代中国人，举世无双。

四、开放："拿来主义"对"五个中心"建设的启示

　　高质量建设国际经济、金融、贸易、航运、科技创新"五个中心"，是上海扩大开放、提高开放水平的宏伟目标，是一个牵一发动全身的目标。重温鲁迅的"拿来主义"，联系当下实际和多年观察，深切感到，要实现上述目标，做好三方面的工作特别重要，一是通过全面、具体、深入的国际对标，看清楚上海在国际大都市中的位置，为制定和不断完善正确的发展战略和策略，创造基础性条

---

① 新华社 2014 年 9 月 10 日电。

件；二是紧紧抓住列宁提出的"善于吸取人类的全部知识"这个关键，加快国际化人才队伍建设；三是中国从仿造走向更多的创造——真正意义上的中国制造，上海理应率先。

（一）全面、具体、深入地开展国际对标

回顾当代中国改革开放史，可以清晰地看到，改革是在开放促进下开始的。对外开放使国人从原来封闭造成的茫然无知中走出来，终于看到了与外国存在着巨大差距的事实真相。1991 年，邓小平在《总结经验，使用人才》中，坦率地谈开放后的清醒认识："现在世界发生大转折，就是个机遇。人们都在说'亚洲太平洋世纪'，我们站的是什么位置？过去我们比上不足、比下有余，现在比下也有问题了。东南亚一些国家兴致很高，有可能走到我们前面。"1992 年，邓小平《在武昌、深圳、珠海、上海等地的谈话要点》又指出："抓住时机，发展自己，关键是发展经济。现在，周边一些国家和地区经济发展比我们快，如果我们不发展或发展得太慢，老百姓一比较就有问题了。"①40 多年来，中国对外开放的力度、广度和深度前所未有。上海从浦东开发到国际经济、金融、贸易、航运、科技创新中心"五个中心"建设，从 2010 年举办世界贸易博览会到 2018 年起每年举办中国国际进口博览会，从 2013 年起建设上海自由贸易试验区到推进长江三角洲一体化发展，再次成为中国开放程度最高的区域之一。当下，如何提高开放水平，成为上海面临的重大课题。此时解读鲁迅的"拿来主义"，能够得到哪

---

① 《邓小平文选》第三卷，人民出版社 1993 年版，第 369、375 页。

些启示呢？

首先是对开放意义的认识。当下，先生 100 多年前批评的"合群的爱国的自大"，一些极端的想法似已不见，但从思维方式看，不正确的比较法，以及在此基础上盲目作出的一些判断，却让我们看到"合群的爱国的自大"在某些人身上依然在起作用。譬如，一些企业和学校，提出了办世界一流企业和学校的目标，但有意或无意间，并未与世界一流水平的同行作正确比较。有的企业明明在技术上、公司治理和企业经营管理上，与世界一流企业还存在明显差距，国际化程度还很低，就提出要成为某个产业的全球引领者。更有甚者，有的企业想进入我国相对落后的某个产业领域，才起步，就提出要成为这个产业的全球引领者，真让人捏一把汗。

与 20 世纪 30 年代相比，今天中国向外国的"送去"已大踏步前进，2021 年中国货物贸易进出口总值已超过 6 万亿美元，稳居世界第一，其中出口 3.36 万亿美元。中国货物畅销全球，出国旅游的中国人购物，选中的物品看看制造地，往往都是"MADE IN CHINA"。但同时也要看到，我们的"送去"仍以中低端产品为主，标有"MADE IN CHINA"的大都是外国品牌，确切地说只是"中国加工"。这里还需要辩证地看待我们取得的骄人成绩与付出的代价。资深历史学家许倬云在他 2022 年出版的《许倬云十日谈》中指出："我个人也盼望，中国在急剧上升的阶段要理解到：最近二十年来，中国急剧、大规模的上升是付出了本钱的，付出了一去不复返的资源。这笔账不能以'自豪'跟'骄傲'来抵充，中国光辉灿烂上升的背后，是资源环境消耗预付的代价。"①这与鲁迅80多年前就提醒的要考虑给几百年后我们的子孙留下一点"礼品"——能源，高度吻合。相比之下，文化的"送去"更单薄，具有国际影响力的文化产品尚不多见。

有些人以为多说中国成绩才是爱国和自信，喊的口号越响越证明自己有雄心壮志；而指出中国落后一面则怕被人责为"长别人的志气，灭自己的威风"。其实，历史早已反复证明，深层的爱国和自信，是那些敢于谈自己不足和别人优点的人。1919年，鲁迅在《随感录　六十一　不满》(《热风》) 中，谈到有几位评论家引用外国论者"自己责备自己"，"来证明所谓文明人者，比野蛮尤其野蛮"。对此，先生评论道："看罢，他们是战胜军国主义的，他们的评论家还是自己责备自己，有许多不满。不满是向上的车轮，能够载着不自满的人类，向人道前进。多有不自满的人的种族，永远前进，永远有希望。多有只知责人不知反省的人的种族，祸哉祸哉！"改革开放以来，中国取得了足以让人自豪的成就，但我国仍是发展中国家，仍处于社会主义初级阶段，这是我们在全球格局的比较中作出的正确的基本判断。

（二）"必须善于吸取人类的全部知识"

"拿来主义"能否见效，归根结底取决于"拿来主义"者的素质。1918年，鲁迅在《随感录　三十六》(《热风》) 中指出："想在现今的世界上，协同生长，挣一地位，即须有相当的进步的智

---

① 许倬云讲授，冯俊文整理：《许倬云十日谈：当今世界的格局与人类未来》，广东人民出版社2022年版，第39页。

识，道德，品格，思想，才能够站得住脚：这事极须劳力费心。"针对有些人所说"我们要特别生长；不然，何以为中国人"，先生提出警告："于是乎要从'世界人'中挤出。于是乎中国人失了世界，却暂时仍要在这世界上住！——这便是我的大恐惧。""从'世界人'中挤出"就是被淘汰，就是中国人在世界上没有了做人的平等地位。先生提出"世界人"的概念，是对人类文明具有共通性的认同。

1920 年，列宁在《青年团的任务》中指出："如果说，学习共产主义只限于领会共产主义著作、书本和小册子里的东西，那我们就很容易造就出一些共产主义的书呆子或吹牛家"，"共产主义是从人类知识的总和中产生出来的，马克思主义就是这方面的典范"，"必须善于吸取人类的全部知识，并要使你们学到的共产主义不是生吞活剥的东西，而是经过你们深思熟虑的东西，是从现代教育观点上看来必然的结论"。[1]联系先生提出的"世界人"，可以说，要成为"世界人"，就要"善于吸取人类的全部知识"。列宁给我们的启示是，应以开放的态度和方法来学习马克思主义和政治理论，并且密切联系实际。

100 多年前列宁批评的那种"学习共产主义只限于领会共产主义著作、书本和小册子里的东西"的错误倾向，现在仍然存在，表现为以与开放相反的封闭、孤立的态度和方法来学习马克思主义和政治理论。那样的"书呆子或吹牛家"，仍未绝迹。由于忽视"人

---

[1]《列宁专题文集·论无产阶级政党》，人民出版社 2009 年版，第 279、280、283 页。

类知识的总和"，就难以真正理解马克思主义和相关政治理论的内涵。

许多人也许会问，怎么才能了解"人类知识的总和""吸取人类的全部知识"呢？对常人而言，这能做到吗？如果作绝对的理解，确实做不到。人类有史以来积累的知识浩若烟海，每一代人又都在创造新的知识。个体的生命非常有限，怎么可能了解它的全部呢？但如果作相对的理解，则每个人都可能做到。以价值观为例，世界各民族、各国，历史上形成的价值观差异颇大，即使同一民族、同一国家，古往今来的价值观也有程度不同的差异。但人类发展到现代，各民族、各国在注意保持自己文化基因的前提下，也在全球范围内形成了趋同的价值。2015 年 9 月 28 日，习近平总书记在第七十届联合国大会一般性辩论时的讲话指出："'大道之行也，天下为公。'和平、发展、公平、正义、民主、自由，是全人类的共同价值，也是联合国的崇高目标。目标远未完成，我们仍须努力。当今世界，各国相互依存、休戚与共。我们要继承和弘扬联合国宪章的宗旨和原则，构建以合作共赢为核心的新型国际关系，打造人类命运共同体。"[1] 全人类的共同价值，可以理解为"人类知识的总和""全部知识"中，价值观方面最基本的内容。

"和平、发展、公平、正义、民主、自由"的全人类的共同价值，六个方面构成一个整体，缺一不可。这六方面，有的是中国传统文化的基因，如"和平""发展"和"正义"，但也遭受过破坏，

---

[1] 中共中央文献研究室编：《十八大以来重要文献选编（中）》，中央文献出版社 2016 年版，第695 页。

需要恢复、坚持和弘扬；有的在中国传统文化中可以找到它的思想渊源，但并不占主导地位，如"公平""民主"和"自由"，需要运用"拿来主义"的精神，结合中国实际借鉴西方文明，走出一条具有中国特色的公平、民主和自由之路。全人类的共同价值作为"联合国的崇高目标"，"目标远未完成，我们仍须努力"，这不只是说给外国人听的，也包括我们自己。践行全人类的共同价值，需要我们增强"世界人"的人类文明意识，提升"开放"的城市品格，为扩大开放、提高开放水平提供文化支撑。

（三）从仿造走向更多的创造——真正意义上的中国制造

改革开放以来，中国经济发展最鲜明的特点之一，是大规模引进国外先进技术和设备，生产各种产品。鲁迅早年批评的那种鄙视仿造的偏颇，已被纠正。许多仿造品达到较高水平，物美价廉，畅销国内外市场；但也有很多仿造品尚未完全达到原装产品的品质，还缺"最后一口气"，价格明显低于原装产品。在大多数情况下，仿造是创新的基础，仿造品做不到位，自主创新成功的产品也做不到位。在提高仿造水平的同时，更紧要的是自主创新，从仿造走向更多的创造。重中之重，一是突破"卡脖子技术"难题，把核心技术、关键技术的命脉掌握在自己手中，以不怕别人以"断供"来要挟；二是选准方向，布局开发代表未来科学发展趋势的原创技术，在激烈甚至残酷的竞争中，任何时候都有自己的王牌，在世界高端技术领域有"我们的份"，以支撑国家和民族在国际舞台上有"我们的份"。在人类新科技革命和产业变革实现新的大突破的前夜，能否加快实现科技和制造的自强自立，关系到中华民族的生死存亡。

加快实现科技和制造的自强自立，有赖于文化创新，鲁迅强调要有"坚强的自信"和"质朴的才能"，首先是自信，不是一般的自信，而是"坚强的自信"。中国近代以来的落后，并不是人的天资愚笨，而是几千年来为封建专制服务的"主奴文化"和"官本位"文化，以及在这种文化影响下形成的相关制度，束缚和压抑了人的创造力发挥。人们不难看到，表现为官僚主义的封建思想残余，至今仍顽固地抵制民主和科学的现代文化，成为党和人民的大敌。只要我们不屈不挠地同它斗争，实现思想的进一步解放，在全社会真正形成鼓励创新的文化氛围，就能越来越多地释放人们的创造活力。其次是才能，强调"质朴"。质朴是一种自然状态，形容一个人的天真自然，心无旁念。鲁迅对质朴看得很重，1925 年，他在《忽然想到 二》（《华盖集》）中，从书的排印谈起，先就事论事，然后就事论理——诠释"质朴"。

先生批评：当时中国排印的新书大都没有副页，天地头又都很短，想要写上一点意见或别的什么，也无地可容，翻开书来，满本是密密层层的黑字，加以油臭扑鼻，"使人发生一种压迫和窘促之感，不特很少'读书之乐'，且觉得仿佛人生已没有'余裕'，'不留余地'了"。先生分析道："或者也许以这样的为质朴罢。但质朴是开始的'陋'，精力弥满，不惜物力的。现在的却是复归于陋，而质朴的精神已失，所以只能算窳败，算堕落，也就是常谈之所谓'因陋就简'。在这样'不留余地'的空气的围绕里，人们的精神大抵要被挤小的。"质朴与否，要看是开始的"陋"还是复归于

"陋"。前者就像毛坯经过打磨加工，去掉多余部分，把粗陋的半成品打造为精品。精力弥满才可能留有余地，制造出真正的良品。后者则是已经制成粗陋的上市商品，没有提升品质的余地了，丧失了"质朴的精神"，"只能算窳败，算堕落"。人处于不留余地的过分紧张状态，没有时间对事物作深入思考，精神得不到扩展，反而会被"挤小"。

先生进一步论述道："人们到了失去余裕心，或不自觉地满抱了不留余地心时，这民族的将来恐怕就可虑。上述的那两样，固然是比牛毛还细小的事，但毕竟是时代精神表现之一端，所以也可以类推到别样。例如现在器具之轻薄草率（世间误以为灵便），建筑之偷工减料，办事之敷衍一时，不要'好看'，不想'持久'，就都是出于同一病源的。即再用这来类推更大的事，我以为也行。"不留余地就制造不出精品，建不成经得起历史检验的工程，办不成或办不好一件事。文化创新，弘扬质朴精神何等重要啊！这里的质朴，与宽松相通。

文化创新是老老实实的事，决非好高骛远、见异思迁、一蹴而就，更不是耍小聪明。也许是因为中国落后、中国人穷困的时间太久了，人们总希望发展快一点，再快一点。在某种特殊历史条件下，超常规发展是可能的。历史上不少国家都有过"经济起飞"的"黄金岁月"，我国沿海一些城市在改革开放前期也创造了发展速度奇迹。20世纪90年代，上海"一年一个样，三年大变样"，令世人惊羡。但这并不适用于科技创新，科技创新需要长期积累，需要质朴精神。1934年，鲁迅在《汉字和拉丁化》(《花边文学》) 中谈道："美国的水果大王，只为改良一种水果，尚且要费十来年的工夫。""十年磨一剑"是重大科技创新的经验数据，反映了一般规律。例如宝钢自主研发制造成功汽车钢板和取向硅钢，都花了十年左右时间。特别重大的科技创新尤其是原创，往往需要几十年时间。改革开放以来，上海在城市基础设施建设、金融中心建设等方面，创新成果斐然。现在，须以前所未有的姿态提升"创新"的城市品格，经过一代又一代的不懈奋斗，在制造业科技创新方面领跑全中国，走向全世界。

创新的关键是人才，主要靠两类人才，一是科技创新方面的领军人物，一是把科技创新成果转化为产品和产业的企业家。改革开放以来，上海涌现了一批优秀企业家，但与在全国的地位相比，还不够多，影响力也不够大。上海的"五个中心"建设，呼唤一批具有较大国际影响力的企业家涌现。在他们的带领下，有朝一日，上海的一批制造业产品品牌，不仅恢复历史上誉满全国的地位，而且成为世界名牌，并握有若干让世界强国不敢小觑的"国之重器"，加上全国各地的创新成果，鲁迅当年提出的国际舞台上有"我们的份"的目标，就真正实现了。

第四章

『横眉冷对千夫指』
韧性战斗的硬骨头精神

1940 年，毛泽东在《新民主主义论》中指出：五四运动后，"中国产生了完全崭新的文化生力军"，"二十年来，这个文化新军的锋芒所向，从思想到形式（文字等），无不起了极大的革命。其声势之浩大，威力之猛烈，简直是所向无敌的。其动员之广大，超过中国任何历史时代。而鲁迅，就是这个文化新军的最伟大和最英勇的旗手。鲁迅是中国文化革命的主将，他不但是伟大的文学家，而且是伟大的思想家和伟大的革命家"。毛泽东这样评价鲁迅精神："鲁迅的骨头是最硬的，他没有丝毫的奴颜和媚骨，这是殖民地半殖民地人民最可宝贵的性格。鲁迅是在文化战线上，代表全民族的大多数，向着敌人冲锋陷阵的最正确、最勇敢、最坚决、最热忱的空前的民族英雄。鲁迅的方向，就是中华民族新文化的方向。"[①]越是深读鲁迅作品，就越能读出上述评价的新意。鲁迅作为"革命家"，主要是思想革命意义上的革命家；"中华民族新文化"，就是中国现代文化。

一、"我有生以来，未尝见此黑暗的"

1926 年 8 月，鲁迅离开生活和工作了 14 年多的北京，南下去厦门任厦门大学教授。1927 年 1 月，他离开厦大去广州，任中山大学文学系主任兼教务主任，直至 1927 年 9 月下旬离开广州到上海定居。这一年多时间，中国时局发生剧烈变化，从"打倒军阀"的国民革命高潮，到蒋介石背叛孙中山的"联共"方针策动"清党"，国共合作破裂。之后，国民党分裂，蒋介石和汪精卫分别成立南京国

---

①《毛泽东选集》第二卷，人民出版社 1991 年版，第 698 页。

民政府和武汉国民政府，并分设两个国民党中央党部，国民党忙于解决内部矛盾。在实现宁汉合流，战胜各大军阀，形式上实现了全国统一后，蒋介石统治集团回过头来集中精力对付共产党，"围剿"红军，同时以上海为重点对革命和进步文化实行文化"围剿"。鲁迅立场鲜明地站在共产党和被压迫的劳苦大众一边，不屈地进行抗争。

（一）"上海的白色恐怖日益猖獗"

1927 年剧烈变化的中国时局，大大出乎鲁迅意料。曾有一段时间，他对国民党和国民革命军抱有好感和希望，想不到这个党和军队这么快就调转枪口对付先前的合作者。1927 年 9 月，先生在《答有恒先生》（《而已集》）中说："我恐怖了。而且这种恐怖，我觉得从来没有经验过。"1934 年 3 月至 4 月，他在《自传》（《集外集拾遗补编》）中回忆道："国民党北伐分明很顺利，厦门的有些教授也到广州来了，不久就清党，我一生从未见过有这么杀人的。"先生到上海时，已是血腥镇压共产党人的四一二事变之后。忙于解决内部问题的国民党，尚腾不出较多精力严控上海。1930 年起情况开始变化，上海成为国民党镇压共产党的重点区域，文化方面的压制和打击也日益严重。1932 年，先生在《二心集·序言》中说："当三〇年的时候，期刊已渐渐的少见，有些是不能按期出版了，大约是受了逐日加紧的压迫。"

1934 年 1 月，先生在给山本初枝的信中说："中国恐怕难以安定。上海的白色恐怖日益猖獗，青年常失踪。"同年 8 月，他在给增田涉的信中说："现在这里，生命是颇危险的，凡是不愿当私人的走狗，有自己兴趣的人，较为关心一般文化的人，不论左右都看作反动，而受迫害。"先生在上海，加入了"三盟"，即中国左翼作家联盟、中国自由运动大同盟和中国民权保障同盟会，这使他直接遭受白色恐怖威胁。他在上海有过四次避难，除了前述因一·二八事变战乱而避，其他三次均因白色恐怖所致。

中国自由运动大同盟以反对国民党独裁统治，争取言论、出版、集会和结社自由为宗旨。先生在日记、书信和文章中，有过相关活动情况的记载。1930 年 2 月 13 日记载，"晚邀柔石往快活林吃面，又赴法教堂"，即出席该盟成立大会，并作演讲。3 月 9 日、4 月 13 日和 19 日，先生分别在中华艺术大学、大夏大学和中国公学作演讲，均为该盟组织的活动。国民党浙江省党部以鲁迅参与发起该盟为由，呈请国民党中央对他予以通缉。为此，先生于 3 月 19 日至 4 月 19 日离寓暂避，住内山完造家。

1931 年 1 月 17 日，上海一批文化界进步人士召开秘密会议时，被国民党特务和公共租界巡捕抓走 24 人，包括几名左联成员。在柔石身上搜出一份有鲁迅签名的与明日书店合作的合同，先生即被列为重点追捕对象。先生得知消息后即行避难，他 20 日记载："偕广平携海婴并许媪（海婴的保姆）移居花园庄（日本人与田丰蕃开设的旅馆）"，直到 2 月 28 日回寓。1934 年 8 月 22 日夜，内山书店的中国职员张荣甫、周根康因从事进步活动被捕。内山完造怕他们说出鲁迅的住址而导致他危险，就立刻将先生接到千爱里三号自己的家里住。直到 9 月 18 日两个中国职员被保释后，先生才回家。

（二）"文禁如毛，缇骑遍地"，"压迫透顶了"

1932 年 8 月，鲁迅在给台静农的信中说："文禁如毛，缇骑遍地"，"旅舍或人家被捕去一少年，已不如捕去一鸡之耸人耳目矣"。"缇骑"本指明朝建立的从事侦察、逮捕和审问等活动的锦衣卫属下人员，可以逮捕任何人，并进行不公开的审问，这里指国民党特务。随意捕人，那是国民党对共产党人"宁可错杀一千，不可放过一个"的罪恶行径。1933 年 11 月，先生在给曹聚仁的信中说："现在当局之手段，除摧毁一切，不问新旧外，已一无所长，言义皆无益也，但当压迫日甚耳。"先生 1933 年写的两本杂文集，分别命名为《伪自由书》和《准风月谈》，分明在讽刺当局，进步作家已失去发表评论时局的自由，文章不谈国事，只关风月。

1934 年 5 月，先生在给郑振铎的信中，谈及有人诬陷自己为"汉奸"，并造谣说林语堂在福建独立 ① 时"曾秘密前去接洽"，先生评说道："是直欲置我们于死地，这是我有生以来，未尝见此黑暗的。"同年 12 月，先生在给旅居新加坡的读者刘炜明的信中说："大约凡是主张改革的文章，现在几乎不能发表，甚至于还带累刊物。"1935 年 1 月，先生在给曹靖华的信中说："凡是较进步的期刊，较有骨气的编辑，都非常困苦。今年恐怕要更坏，一切刊物，除胡说八道的官办东西和帮闲凑趣的'文学'杂志而外，较好的都要压迫得奄奄无生气的。"反对改革，摧残一切进步书刊，文化的压迫使得许多作者、编辑生活困苦，甚至累及刊物。

1935 年底，先生在《花边文学·序言》中，谈到文禁"可真厉害"："这么说不可以，那么说又不成功，而且删掉的地方，还不

---

① 1933 年的福建事变，国民党内一部分反蒋势力在闽成立"中华共和国人民革命政府"，后失败。

许留下空隙，要接起来，使作者自己来负吞吞吐吐，不知所云的责任。在这种明诛暗杀之下，能够苟延残喘，和读者相见的，那么，非奴隶文章又是什么呢？"先生具体谈到，凡一篇有点骨气的文章向某日报副刊投稿，会先后被副刊编辑、总编辑和检查官各"抽去几根骨头"。先生说他本人在这之前："是自己先抽去了几根骨头的，否则，连'剩下来'的也不剩。"这是先生"钻文网"的策略，目的是使有的文章在白色恐怖下还能发表。

（三）"许多青年的血层层淤积起来，将我埋得不能呼吸"

揭露时局之黑暗和恐怖之严重，在鲁迅作品中最典型的，是关于左联五烈士的那两篇。1931年1月17日，共产党员、作家李伟森、柔石、胡也频、冯铿和殷夫在上海东方旅社参加党内集会时被捕，2月7日，被当局秘密杀害于龙华。先生于4月写了《中国无产阶级革命文学和前驱的血》(《二心集》)，讲了中国无产阶级革命文学，在"诬蔑和压迫"的"最黑暗"的环境中发生和滋长，从事革命文学活动的青年们发出战叫。两种人向这些青年进行反扑。一种是充当走狗的文人，他们"即群起进攻，或者制造谣言，或者亲作侦探，然而都是暗敌，都是匿名，不过证明了他们自己是黑暗的动物"。这些文人已失去了人性。一种是反动统治者，他们"一面禁止书报，封闭书店，颁布恶出版法，通缉著作家，一面用最末的手段，将左翼作家逮捕，拘禁，秘密处以死刑，至今并未宣布"。迫害手段已用尽其极。

左联五烈士牺牲两年后，1933年2月，先生写了《为了忘却的记念》(《南腔北调集》)，以优美而悲凉的文字纪念先烈。文章的大部分内容，是记述先生与五位青年作家深浅不一的交往，其中不乏对他们的深情赞美，也有不少揭露黑暗的文字，譬如："两年前的此时"，"是我们的五个青年作家同时遇害的时候"，"当时上海的报章都不敢载这件事，或者也许是不愿，或不屑载这件事"。不敢，不愿，不屑，是三种可能性分析。譬如，得知柔石被捕后，"我烧掉了朋友们的旧信札，就和女人抱着孩子走在一个客栈里"，离家避难，连信札也不留。譬如，评论柔石给同乡的两封信谈及的，"政治犯而上镣，并非从他们开始，但他向来看得官场还太高，以为文明至今，到他们才开始了严酷。其实是不然的。果然，第二封信就很不同，措词非常惨苦，且说冯女士的面目都浮肿了"。

得到柔石等遇难的消息后，先生写道："我沉重的感到我失掉了很好的朋友，中国失掉了很好的青年，我在悲愤中沉静下去了，然而积习却从沉静中抬起头来，凑成了这样的几句：'惯于长夜过春时，挈妇将雏鬓有丝。梦里依稀慈母泪，城头变幻大王旗。忍看朋辈成新鬼，怒向刀丛觅小诗。吟罢低眉无处写，月光如水照缁衣。'"诗情大意：早春时分，两鬓已生白发的我，正带着妻儿在避难，听到青年朋友牺牲的消息，没有一丝春来的感觉，只感到生活在寒气逼人的茫茫黑夜中。睡梦中，仿佛看见慈爱的母亲忧急掉泪。像生活在刀丛中，要化满腔怒火为斗争诗篇。文章结尾道："我目睹许多青年的血，层层淤积起来，将我埋得不能呼吸，我只能用这样的笔墨，写几句文章，算是从泥土中挖一个小孔，自己延口残喘，这是怎样的世界呢。"最后一句没用感叹号，字面的平静实则深蕴着对旧世界的强烈控诉。

揭露恐怖之严重，在先生作品中，还有一篇关于曹白遭受迫害的。1936 年 4 月，先生在给曹白的信中，就他因刻苏联文艺理论家、剧作家卢那察尔斯基像而被捕判刑一事，评论道："为了一张文学家的肖像，得了这样的罪，是大黑暗，也是大笑话，我想作一点短文，到外国去发表。"先生后作《写于深夜里》（《且介亭杂文末编》），在英文期刊《中国呼声》发表。文中详细阐述了曹白被捕和被审讯的过程，还引用了曹白出狱后给先生的信中所揭露的狱中刑罚的情况，最惨的是用缝衣针插进犯人的指甲缝里，用榔头一根一根敲进去。1934 年，先生在《〈草鞋脚〉（英译中国短篇小说集）小引》（《且介亭杂文》）中，分析了"前进的作家"受迫害的原因：1927 年之后，一系列用暴力对待改革者和革命者的事变，促使文学革命者阶级意识的觉醒，使他们成了革命文学者，"而迫害也更加厉害，禁止出版，烧掉书籍，杀戮作家，有许多青年，竟至于在黑暗中，将生命殉了他的工作了"。

二、"子弹从背后来，真足令人悲愤"

20 世纪 30 年代前期，"左"倾盲动和冒险错误主导了中共中央领导机关，文化领域也受到很大影响，并伤及鲁迅，使他被迫"横站"着战斗——既要迎击明枪，又得提防暗箭。先生在上海，与受极"左"影响的革命文学家进行了论争，对高压下针对他的大批判毫不畏惧，对错误观点决不妥协，先生的"立人"思想在论争中得以发展。鲁迅当时在革命文学营垒的处境，和毛泽东当时在中共党内的处境非常相似，他们都是立足于中国大地、掌握了真理的难能可贵的少数。

（一）"诬栽我有杀戮青年的主张，是要谋害我生命"

鲁迅 1927 年在广州时，是与创造社合作的。到上海后不久，从 1928 年 1 月始，却突然受到创造社、太阳社主要成员的激烈围攻。一批激进的左翼作家青年，受共产党内"左"倾错误和苏联、日本等国无产阶级文学运动中"左"倾机械论的双重影响，加上有些人的宗派情绪，向五四时期成名的作家开刀，全盘否定五四新文化。成仿吾提出要对鲁迅及五四以来的新文学进行"全面的批判"，以促使"文艺方向的转换"。诗人、文学评论家、后期创造社成员冯乃超批判道："鲁迅这位老生——若许我用文学的表现——是常从幽暗的酒家的楼头，醉眼陶然地眺望窗外的人生"，"他反映的只是社会变革期中的落伍者的悲哀"。文学家、太阳社主要成员钱杏邨批评鲁迅的创作没有现代的意味："他的大部分创作的时代是早已过去了，而且遥远了。"他"不但没有抓住时代，而且不曾追随时代"。

1928 年 2 月至 8 月，面对这些挂着"革命"招牌的文艺家的大批判，先生写了《"醉眼"中的朦胧》《文艺与革命》《扁》《路》《通信》《太平歌诀》《我的态度气量和年纪》《革命咖啡店》《文坛的掌故》《文学的阶级性》《现今的新文学的概观》《三闲集·序言》《非革命的急进革命者》《上海文艺之一瞥》等文章（收入《三闲集》《二心集》）予以反击。他在《"醉眼"中的朦胧》中指出："旧历和新历的今年似乎上海的文艺家们特别有着刺激力，接连的两个新正一过，期刊便纷纷而出了。他们大抵将全力用尽在伟大或尊严的名目上，不惜将内容压杀。""仍如旧日的无聊的文人，文人的无聊一模一样。"帽子扣得很大，内容却很单薄，披着新的外衣，裹着的仍是旧东西，只能用"无聊"来评价。先生在《文艺与革命》中，批评极"左"倾者在处理文艺和宣传的关系方面走极端，忽视文艺的基本特征，指出，"我以为一切文艺固是宣传，而一切宣传却并非全是文艺"，文艺作为宣传，"当先求内容的充实和技巧的上达，不必忙于挂招牌"。先生批评道："中国之所谓革命文学"，"招牌是挂了，却只在吹嘘同伙的文章，而对于目前的暴力和黑暗不敢正视。作品虽然也有些发表了，但往往是拙劣到连报章记事都不如"。拙劣不堪的"革命文学"作品，只能将它自身引入歧途。先生在《通信》中指出：作为革命文艺，"决不是什么'前进呀，杀呀，青年呵'那样英气勃勃的文字所能解决的"。革命文艺有时固然需要激昂的文字，却也应具备文艺的基本特征。

先生的反击文章发表后，那些"左"得可爱的文人很不高兴，成仿吾说："传闻他近来颇购读社会科学书籍"，"他是真要做一个社会科学的忠实的学徒吗？还是只涂抹彩色，粉饰自己的没落呢？这后一条路是掩耳盗铃式的行为，是更深更不可救药的没落"。钱杏邨说："朦胧以后的鲁迅依旧是朦胧。虽然有了各方面对他忠告，他是不肯接受的。""果真再不觉悟，鲁迅也只有'没落'到底。"先生当然不会理会这种幼稚的议论。1929 年 4 月，他在给韦素园的信中说："上海去年嚷了一阵革命文学，由我看来，那些作品，其实是小资产阶级的产物，有些则是军阀脑子。"小资产阶级的特点是头脑发热、左右摇摆，军阀脑子是仗势欺人。

对鲁迅批判最激烈的是杜荃（郭沫若的笔名），对于郭沫若的批判，鲁迅当时没有直接回击，1929 年 6 月，先生在给许广平的信中，不点名地说了郭沫若对他的诬陷："在上海，创造社中人一面宣传我怎样有钱，喝酒，一面又用《东京通信》诬栽我有杀戮青年的主张，这简直是要谋害我的生命。"诬陷不是批判，而是陷害。更晚些，先生才不点名地公开批郭沫若。

1930 年 3 月，先生在《"硬译"与"文学的阶级性"》(《二心集》)中，对 1928 年初开始的创造社、太阳社主要成员的攻击作回顾时说："从前年以来，对于我个人的攻击是多极了，每一种刊物上，大抵总要看见'鲁迅'的名字，而作者的口吻，则粗粗一看，大抵好像革命文学家。但我看了几篇，竟逐渐觉得废话太多了。解剖刀既不中膆理。子弹所击之处，也不是致命伤。例如我所属的阶级罢，就至今还未判定，忽说小资产阶级，忽说'布尔乔亚'(法语 bourgeoisie 的音译，即资产阶级)，有时还升为'封建余孽'，而且又等于猩猩(见《创造月刊》上的'东京通信')；有一回则骂到牙齿的颜色。""东京通信"即郭沫若那篇批鲁迅的文章，当时他因受当局通缉避居东京。"猩猩"之说，为郭文说鲁迅过去和陈西滢、文学团体狂飙社成员高长虹的论战，"是猩猩和猩猩战"。1932 年 4 月，先生在《三闲集·序言》中，理直气壮地申辩道："我自己省察，无论在小说中，在短评中，并无主张将青年冚'杀，杀，杀'的痕迹，也没有怀着这样的心思。"鲁迅头脑之清醒，目光之犀利，则令人敬佩。

(二)"为了防后方我就得横站，不能正对敌人"

革命文学论争引起国共两党的关注。1929 年 9 月，国民党中

158

央召开了全国宣传会议，提出以"三民主义的文艺政策"来清理和统一文坛，扼杀"革命文学""无产阶级文学"。中央则指示创造社和太阳社停止对鲁迅的攻击，成立统一的革命文学组织，反抗国民党的文化"围剿"。1930年3月，在上海成立了左联。鲁迅作为发起人之一，参加了成立会议，并作了题为《对于左翼作家联盟的意见》（《二心集》）的讲话，对左翼文学运动的一系列重大问题，坦诚地发表了看法。左联成立后，加强了对马克思主义文艺理论的翻译、介绍和研究，加强了与世界文学、主要是以苏联为代表的无产阶级文学运动的联系，积极推动文艺大众化运动，取得了重大成果。但是，左联有些领导者的极"左"错误和宗派情绪并没有得到彻底纠正，他们没有真正重视和接受鲁迅的正确意见，而仍以错误的态度对待他，使先生晚年不时身处苦境。

1934年12月，先生在给杨霁云的信中说："叭儿之类，是不足惧的，最可怕的确是口是心非的所谓'战友'，因为防不胜防。例如绍伯（田汉的笔名）之流，我至今还不明白他是什么意思。为了防后方，我就得横站，不能正对敌人，而且瞻前顾后，格外费力。""我有时也确愤慨，觉得枉费许多气力，用在正经事上，成绩可以好得多。""叭儿之类"是指统治阶级的御用文人，田汉则是"同一营垒"的"战友"。1934年8月，田汉在《社会月报》上发文，无端指责鲁迅对杨邨人"不讲原则地搞调和"。杨邨人早年加入中国共产党，1932年脱党。杨邨人曾多次诬陷、攻击鲁迅，先生1933年写有《答杨邨人先生公开信的公开信》（《南腔北调集》），称他为"革命场中的一位小贩"和"无赖子"。田汉的文章中说：

"就是健忘的读者也记得鲁迅先生和杨邨人氏有过不小的一点'原则上'的争执罢。鲁迅先生似乎还'嘘'过杨邨人氏，然而他却可以替杨邨人氏打开场锣鼓。"1935 年 2 月，先生在给曹靖华的信中，详细介绍了此事的来龙去脉：田汉化名绍伯，说鲁迅与杨邨人合作，是调和派。被人诘问，田汉说这文章不是他做的。当先生公开诘责时，田汉只得承认是自己所作，说这篇文章是故意冤枉先生，想让先生愤怒起来，去攻击杨邨人，不料竟回转来攻击他，真出于意料之外。先生说："这种战法，我真是想不到。他从背后打我一鞭，是要我生气，去打别人一鞭，现在我竟夺住了他的鞭子，他就'出于意料之外'了。""这种战法"确实让人匪夷所思，对田汉而言，可能也是偶尔犯下的一个低级错误吧。

鲁迅之所以要"横站"，更与周扬有关。1935 年 9 月，先生在给胡风的信中说："以我自己而论，总觉得缚了一条铁索，有一个工头在背后用鞭子打我，无论我怎样起劲的做，也是打，而我回头去问自己的错处时，他却拱手客气的说，我做得好极了。"用"工头"这个词，是讽刺周扬错误地把组织与成员的关系视同"工头"与"苦工"。同年 8 月，先生在《答徐懋庸并关于抗日统一战线问题》（《且介亭杂文末编》）中指出："抓到一面旗帜，就自以为出人头地，摆出奴隶总管的架子，以鸣鞭为唯一的业绩——是无药可医，于中国也不但毫无用处，而且还有害处的。"把封建专制下的主奴文化用于左联，先生不接受。

迫使先生"横站"，更厉害的是那些"工头"或"奴隶总管"式的"英雄们"，给先生按上莫须有的罪名。对此，1936 年 5 月后先生多次谈及。5月4日，先生在给文化工作者、未名社成员王冶秋的信中，介绍了自己仍然忙和生病的情况后说："英雄们却不绝的来打击。近日这里在开作家协会，喊国防文学，我鉴于前车，没有加入，而英雄们即认此为破坏国家大计，甚至在集会上宣布我的罪状。"极"左"的突出表现是"唯我独左""唯我独革"，对其他一切主张都给以排斥并打击。同月14日，先生在给曹靖华的信中说："又有一大批英雄在宣布我破坏统一战线的罪状，自问历年颇不偷懒，而每逢一有大题目，就常有人要趁这机会把我扼死，真不知何故。"7月17日，先生在给瞿秋白夫人杨之华的信中，谈及自己的处境时说："新英雄们正要用伟大的旗子，杀我祭旗，然而没有办妥，愈令我看穿了许多人的本相。"

先生的批判涉及他对解散左联和成立中国文艺家协会的态度。以建立统一战线为由解散左联，曾征求先生意见，他表示同意建立统一战线，但不同意解散左联。再次征求先生意见时，强调保留左联不利于抗日救国，先生就表示同意了，但提出应发表声明，讲清楚为什么要解散。这一正确意见被接受，但事后却并未落实，左联说解散就解散了。而且类似情况并不是第一次发生，1934年左联工作总结报告，发表时先生一点也不知道。为此，茅盾愤愤不平："左联一年工作的报告，却事先不同左联的'盟主'鲁迅商量。甚至连一个招呼也没有打（当然，也没有同我商量），这就太不尊重鲁迅了。"

鲁迅对于论争抱着严肃态度，1932年，他以《辱骂和恐吓决不是战斗》（《南腔北调集》）为题，写给主编《文学月报》的周扬一封信，指出："战斗的作者应该注重于'论争'；倘在诗人，则因为情不可遏而愤怒，而笑骂。但必须止于嘲笑，止于热骂，而且要'嬉笑怒骂，皆成文章'，使敌人因此受伤或致死，而自己无卑劣行为，观者也不以为污秽，这才是战斗的作者的本领。"纵观当年先生参与的论争双方的文章，谁在以正确的态度论争，谁在辱骂和恐吓，一目了然。直至今日，仍有不少人说鲁迅好骂人，却不知先生的"骂"和他的论敌的骂，往往完全是两回事。

先生对自己在上海"横站"着战斗的状况，有过作专门书写的设想，1936 年 5 月，他在给曹靖华的信中说："上海的所谓'文学家'，真是不成样子，只会玩小花样，不知其他。我真想做一篇文章，至少五六万字，把历年所受的闷气，都说出来，这其实也是留给将来的一点遗产。"同月，他在给青年作者时玳的信中说："冷箭是上海'作家'的特产，我有一大把拔在这里，现在生病，俟愈后，要把它发表出来，给大家看看。"可惜，先生未及做这件事就去世了。后人有把这些"冷箭"汇集出版的，但不可能再有先生那样的分析评论。让我们唏嘘不已的是：如果先生做了这件事，人们又能重视，作出反思，以后一再犯下的那些可怕的极"左"错误，会不会有所减少呢？

三、"实在痛苦，但我们总要战取光明"

鲁迅在上海所交多重色的"华盖运"，是他一生中经受最严峻挑战的时期。先生靠什么挺过来的？靠坚定的信念。"运交华盖欲何求？"求"立人"，求中国人素质和地位的提高，求中国人解放和中华民族复兴。展开些分析，主要有四方面的因素。一是他经过艰辛探索和严格的自我解剖，在到上海定居前，已形成了自己相对成熟的人生哲学，集中体现在散文诗集《野草》中。二是他在革命文学论争中，认真研读了马克思主义历史唯物论和文艺理论。三是通过与瞿秋白、冯雪峰和陈赓等共产党人的交往，使他对无产阶级革命的实际情况有了直接了解。四是他下决心摆脱封建包办婚姻的羁绊，与许广平结为夫妇，有了一个相亲相爱的伴侣。后三方面的因素，本书绪论中已作了阐述。本节就第一方面因素作展开论述，然后论述与人生哲学密切相关的先生韧性战斗的精神和必胜信念。

（一）"明知前路是坟而偏要走，就是反抗绝望"

1924年9月至1926年1月，鲁迅在北京陆续写了23篇散文诗，先后在《语丝》上发表。1927年7月，散文诗集《野草》由北新书局出版。出版前，先生写了《题辞》。虽然人们普遍反映《野草》大部分篇章难懂，但它还是一问世即引起读者关注，且影响日益增大，先生生前《野草》共印行12版次，平均每年超过一版次。最早见诸文字的反响是发表在1925年3月31日《京报副刊》上，作家章衣萍的《古庙杂谈（五）》。彼时，先生已发表了从《秋夜》到《过客》11篇。章衣萍文章中说："我也不敢真说懂得，对于鲁迅先生的《野草》。鲁迅先生自己却明白的告诉过我，他的哲学都包括在他的《野草》里面。"① 许寿裳在1946年9月写的《鲁迅的精神》中指出："至于《野草》，可说是鲁迅的哲学。"值得探究的

---

① 钟敬文、林语堂等：《永在的温情——文化名人忆鲁迅》，河北教育出版社2000年版，第2页。

是,《野草》的哲学是什么哲学? 2019 年 8 月 1 日,我在参加鲁迅文化基金会会长、鲁迅长孙周令飞举办的鲁迅"立人"教育座谈会时,向他请教这个问题。令飞先生稍作思索后答:"《野草》中的哲学,与一般哲学家构成某种体系的哲学不同,应该是鲁迅的人生哲学吧。"我深以为然。

"人生哲学"亦可谓"生命哲学"。华中科技大学教授王乾坤专门著有《鲁迅的生命哲学》一书,他认为:"鲁迅在中国思想史上独有的和最深刻的部分,首先不在于他的文明批判、社会批判,更不在济世策划、经国方略,而在于他对人的存在状况的知解及由此而来的人生选择。无此根基,一切都没有精神的依托。这种哲学式的内容在其他各书中当然都有所体现,然数《野草》最集中、最凝练。"[1] "对人的存在状况的知解"和"由此而来的人生选择",是人生哲学的两个基本命题,前者是人生的认识论,后者是人生的实践论,后者来自前者。

《野草》不仅是批判黑暗的专制统治和国民性弊端的作品,还是先生拷问自身灵魂的代表作,难免给人以灰暗的"颓唐"感。殊不知,自曝"颓唐"是为摆脱"颓唐",积极面对人生。北京大学教授钱理群说得好:"如果你仅仅看见承担黑暗的鲁迅,而看不到承担背后的欣然、坦然、大笑和歌唱,你就不能真正理解《野草》。"[2] 这种自身灵魂拷问固然没有离开社会现实,却又提升到了形而上层面,使《野草》具有"小感触、大思考"的特征,成为完

---

① 王乾坤:《鲁迅的生命哲学(增订版)》,人民文学出版社 1999 年版,第 301 页。
② 钱理群:《和钱理群一起阅读鲁迅》,中华书局 2015 年版,第 41 页。

整意义上的鲁迅人生哲学。

　　这里，我们不妨以《野草》为主要依据，对鲁迅人生哲学从四个方面作最简解读。第一，人生的审美格调：赞美生命和充实的人生。过去的生命因创造价值而值得歌颂——"过去的生命已经死亡"，"死亡的生命已经朽腐"。"我对于这朽腐有大欢喜，因为我借此知道它还非空虚"。人生的充实来自思有所得——"当我沉默着的时候，我觉得充实"（《题辞》）。第二，人生目标：活出人生过程的精彩。人生三问"你是怎么称呼的？你是从那里来的呢？你到那里去？"最重要的是"你到那里去？"要在使命——"前面的声音"召唤下，不懈地向前走（《过客》）。第三，人生的精神底色：勇敢、坚韧与自信。用枣树比喻"勇敢"——"默默地铁似的直刺奇怪而高的天空，一意要制他的死命"（《秋夜》）；通过"这样的战士"演绎"坚韧"——战士"走进无物之阵"，在挫折和失败中一次又一次"举起了投枪"（《这样的战士》）；塑造"叛逆的猛士"体现"自信"——"造物主，怯弱者，羞愧了，于是伏藏，天地在猛士的眼中于是变色"（《淡淡的血痕中》）。第四，人生的批判精神：批判的锋芒指向主奴文化——"奴才总不过是寻人诉苦。只要这样，也只能这样"。先生赞赏"傻子"精神——"我给你打开一个窗洞来"（《聪明人和傻子和奴才》）。先生一贯主张改造社会先得改造自己——他"抉心自食，欲知本味"（《墓碣文》）。

　　如果要对鲁迅人生哲学的核心内容作一个最扼要的概括，那就是"反抗绝望"。人生的终点是死亡，要不要好好活，就成了人生哲学的基本命题。死是"绝望"，却偏要好好活，绝地反击，积极、乐观、顽强地走生命之路。这种向死而生的姿态比看到希望、为希望而斗争"更勇猛，更悲壮"。因为它使人生更坚强、更完美。为此，先生倾心塑造了过客这样一个"困顿倔强"的"精神界战士"形象。《野草》的创作，鲁迅人生哲学的成熟，为他"运交华盖"而矢志不移，奠定了坚实基础。

（二）"要在文化上有成绩，则非韧不可"

1925 年，鲁迅在《两地书　八》中谈国民性改革之难："说到这类的改革，便是真叫作'无从措手'。不但此也，现在虽只想将'政象'稍稍改善，尚且非常之难。"出于对中国社会复杂性和改革尤其是文化改革艰巨性的深切体认，着眼于改革国民性以"立人"取得实效，鲁迅反复强调要发扬韧性精神。韧性表现为不惧艰险、不屈不挠地向黑恶势力和旧文化作斗争的勇气，且又不操之过急，宁可"缓而韧"，不可"急而猛"。"锲而不舍"地推进改革，关键在于"造出大群的新的战士"，一代代接续奋斗，建设中国现代新文化，使中国人获得真正意义上的新生。

1930 年，先生在《对于左翼作家联盟的意见》中，作为"我们今后应注意的几点"的第一点，就强调要有韧性精神："对于旧社会和旧势力的斗争，必须坚决，持久不断，而且注重实力。"一是态度"坚决"，斗争要有坚定的意志；二是"持久不断"，斗争不可能一蹴而就，须坚持不懈；三是"注重实力"，这是关键。三是一、二的结果。先生指出："旧社会的根柢原是非常坚固的，新运动非有更大的力不能动摇它什么。并且旧社会还有它使新势力妥协的好办法，但它自己是决不妥协的。在中国也有过许多新的运动了，却

166

每次都是新的敌不过旧的，那原因大抵是在新的一面没有坚决的广大的目的，要求很小，容易满足。"旧社会的根柢（旧文化）"非常坚固"，战略上藐视它，战术上则必须重视它。新文化运动要真正取得实效，非得有"更大的力"不可。旧社会"还有它使新势力妥协的好办法"，它是在本质不变前提下的妥协。认识不到这一点，与旧社会的斗争就会半途而废。

关于旧社会"使新势力妥协的好办法"，1925 年和 1926 年，先生在散文诗《失掉的好地狱》和《淡淡的血痕中》(《野草》) 中，作过深刻分析。《失掉的好地狱》写道："人类于是完全掌握了主宰地狱的大威权，那威棱且在魔鬼以上。人类于是整顿废弛，先给牛阿旁以最高的俸草。"后者的统治比前者更严酷，但它用优厚的待遇（"最高的俸草"）收买了一批原先的对立面人物充当帮凶（"牛阿旁"）。这是对少数人的妥协办法。《淡淡的血痕中》采用明与暗、虚与实相结合的手法，写"造物主"如何培植"人类中的怯弱者"，费尽心机维持自己的统治："他专为他的同类——人类中的怯弱者——设想，用废墟荒坟来衬托华屋，用时光来冲淡苦痛和血痕；日日斟出一杯微甘的苦酒，不太少，不太多，以能微醉为度，递给人间，使饮者可以哭，可以歌，也如醒，也如醉，若有知，若无知，也欲死，也欲生。他必须使一切也欲生；他还没有灭尽人类的勇气。""造物主"一边残害改革者并摧毁改革成果（用"废墟荒坟"隐喻），一边给自己的帮凶以优厚的物质待遇（用"华屋"隐喻）。他们对民众实施"日日斟出一杯微甘的苦酒"的策略——民众虽然仍过着痛苦生活，但也可能有些许改善。在"吃人"的社会里，"造物主"总得设法让民众勉强活下去，因为失去了统治对象，统治权就没有了意义。

先生详述"旧社会的根柢非常坚固"，反复强调韧性战斗，他指出："我们急于要造出大群的新的战士，但同时，在文学战线上的人还要'韧'。"运用"韧"的方法，来造就文化界的新战士；同时，这些新战士务必发扬韧性战斗的精神。接着，先生又从另一个角度对"韧"作了诠释："所谓韧，就是不要像前清做八股文的'敲门砖'似的办法。"那是什么办法？"前清的八股文，原是'进学'做官的工具，只要能做'起承转合'，借以进了'秀才举人'，便可丢掉八股文，一生中再也用不到它了，所以叫做'敲门砖'，犹之用一块砖敲门，门一敲进，砖就可抛弃了，不必再将它带在身边。"遗憾的是："这种办法，直到现在，也还有许多人在使用，我们常常看见有些人出了一二本诗集或小说集以后，他们便永远不见了。"把写作当成"敲门砖"，不是持之以恒地做下去，"所以在中国无论文学或科学都没有东西"。先生的结论是："要在文化上有成绩，则非韧不可。"以韧性精神不断积累。1933 年 10 月，先生在给胡今虚的信中说："弄文学的人，只要（一）坚忍，（二）认真，（三）韧长，就可以了。不必因为有人改变，就悲观的。""坚忍"和"韧长"凸显韧性精神。

先生对为什么要发扬韧性精神，有两段著名论述，都是 1925 年写的，一段见《两地书 一二》："要治这麻木状态的国度，只有一法，就是'韧'，也就是'锲而不舍'。逐渐的做一点，总不肯休，不至于比'踔厉风发'无效的。"之所以要有韧性精神，因为中国是一个处于"麻木状态的国度",唤起民众觉醒须一个较长的历史过程。一段见《忽然想到　十》(《华盖集》):"我们的古人将心力大抵用到玄虚漂渺平稳圆滑上去了,便将艰难切实的事情留下,都待后人来补做","改革,奋斗三十年。不够,就再一代,二代……。这样的数目,从个体看来,仿佛是可怕的,但倘若这一点就怕,便无药可救,只好甘心灭亡。因为在民族的历史上,这不过是一个极短时期,此外实没有更快的捷径"。之所以要有韧性精神,还因为古人存在着不注重实干的毛病。对于"韧"的量化理解,先生用"代"来计算,一代人可用于奋斗的时间,一般是 30 年,一代代奋斗下去。

鲁迅强调韧性,丝毫没有放松工作的意思,相反,他总是批评中国人做事太慢。1931 年 10 月,他在给翻译家孙用的信中说:"中国的做事,真是慢极,倘印 Zola(左拉,法国作家)全集,恐怕要费一百年。"1934 年,他在《门外文谈》(《且介亭杂文》)中论时间:"美国人说,时间就是金钱;但我想:时间就是性命。无端的空耗别人的时间,其实是无异于谋财害命的。""时间就是金钱"强调时间的效率和功用,"时间就是性命"则揭示了时间的本质,浪费时间就是浪费生命。珍惜时间不是"急而猛",仍是"缓而韧",但须把握好分寸,"缓"不是绝对慢,更不是越慢越好,韧中抓紧,抓紧中有从容,这是辩证法。

(三)"无论如何,将来总归是我们的"

在恶劣的社会环境中,鲁迅愈战愈勇。1931 年 2 月,他在给韦素园的信中说:"中国的做人虽然很难,我的敌人(鬼鬼祟祟的)

也太多，但我若存在一日，终当为文艺尽力，试看新的文艺和在压制者保护之下的狗屁文艺，谁先成为烟埃。""无论如何，将来总归是我们的。"回眸那段"黑云压城城欲摧"的历史，有谁像先生那样"运交华盖"？又有谁像先生那样对未来充满信心？ 1933 年 6 月，先生在给山本初枝的信中说："近来中国式的法西斯开始流行了。""但不管怎么说，我还活着。只要我还活着，就要拿起笔，去回敬他们的手枪。""但是，这种白色恐怖也无用。总有一天会停止的。"同年 7 月，先生在给山本初枝的信中又说："倘用暗杀就可以把人吓倒，暗杀者就会更加跋扈起来。他们造谣，说我已逃到青岛，我更非住上海不可，并且写文章骂他们，还要出版，试看最后到底是谁灭亡。"足见先生视死如归的硬骨头精神和乐天精神。

1933 年，先生在《"中国文坛的悲观"》(《准风月谈》) 中指出："历史决不倒退，文坛是无须悲观的。悲观的由来，是在置身事外不辨是非，而偏要关心于文坛，或者竟是自己坐在没落的营盘里。"产生悲观的原因，一是由于不了解情况，看不到新文化的发展；一是由于尚未摆脱旧文化的束缚，看不见光明前景。1934 年，先生在《〈引玉集〉后记》(《集外集拾遗》) 中指出："目前的中国，真是荆天棘地"，"但历史的巨轮，是决不因帮闲们的不满而停运的；我已经确切的相信：将来的光明，必将证明我们不但是文艺的遗产的保存者，而且也是开拓者和建设者"。"精神界之战士"不会失去追求光明的信心，现代中国的新文化是一种继往开来的文化，对它的发展前景理应充满自信。1936 年 3 月，先生在给曹白的信中，鼓励他说："人生现在实在痛苦，但我们总要战取光明，即使自己遇不到，也可以留给后来的。我们这样的活下去罢。"虽然奋斗之路充满挑战，难免大大小小的反复，但革命战胜反革命，光明取代黑暗，是历史发展总趋势，没人阻挡得了。

四、创新：走在深化改革前列须具备"深沉的勇气"

百年未有之大变局之际，中国已进入改革开放新时代，各项事业蓬勃发展。同时须看到，世界仍不太平。国内仍存在着创新与守旧的斗争。主要的应对之策是深化改革，改革已进入深水区，深化改革亟须弘扬鲁迅"横眉冷对千夫指"韧性战斗的硬骨头精神。改革的本质是创新，须调整不合理的利益关系，深化改革是对深层次的利益关系作调整，必然会遇到来自某些既得利益者的重重阻力。上海作为走在中国现代化和改革开放前列的城市，作为具有红色基因的中国共产党诞生地，肩负着率先深化改革的重任。1925 年，鲁迅在《杂忆》(《坟》) 中提出，改革"须设法注入深沉的勇气"。有没有硬骨头精神，不是简单地看胆子大小，而要看是否具有"深沉的勇气"。

（一）改革者"内心有理想的光"

"深沉的勇气"来自坚定的理想信念。1925 年，鲁迅在《再论雷峰塔的倒掉》(《坟》) 中，区分了三种"破坏"，即"盗寇式的破坏""奴才式的破坏"和"革新的破坏"，他提出："我们要革新的破坏者，因为他内心有理想的光。我们应该知道他和盗寇奴才的分别；应该留心自己堕入后两种。这区别并不烦难，只要观人，省己，凡言动中，思想中，含有借此据为己有的朕兆者是盗寇，含有借此占些目前的小便宜的朕兆者是奴才，无论在前面打着的是怎样鲜明好看的旗子。""盗寇式的破坏"和"奴才式的破坏"，前者要颠倒主奴关系，由自己来当主子；后者则甘愿当奴才，但要改善一点待遇。这两种"破坏"都改变不了劳苦大众当牛做马的命运。"革新的破坏"则以思想文化和制度革新的理想为目标，从为少数人谋利益改成为多数人谋利益，乃至为全民族、全人类谋利益。

"革新的破坏者"就是改革者（在革命时代就是革命者），他们是不同于盗寇和奴才的"新人"——具有崇高的理想信念、创造新时代的现代人。"理想的光"照亮了他们的心，化为"深沉的勇气"。先生提醒改革者，要留心自己堕为盗寇和奴才。他提出了区分改革者、盗寇和奴才的方法：不去看打着"怎样鲜明好看的旗子"，而是看一举一动的实际表现。那种将财物"据为己有"的是盗寇，"占些目前的小便宜"的是奴才。改革者要做到"内心有理想的光"并始终坚守，而不在引诱或高压下改变初心、变得无聊，甚至堕落为盗寇或奴才那样的人。为此，要使内心在"理想的光"照耀下变得坚韧，这就涉及理想观的具体展开了。可以把鲁迅理想观梳理成以下六点。

一是理想信念的重要性。1908 年，先生在《破恶声论》(《集外集拾遗补编》) 中强调："人心必有所冯依，非信无以立。"没有理想信念就难以安身立命。1925 年，他在《两地书 二九》中说："人到无聊，便比什么都可怕，因为这是从自己发生的，不大有药可救。"但恰恰在这一点上许多人"不大有药可救"。坚定理想信念，是一个极重要却又不易解的人生首要问题，先生对此作过深层次思考。1921 年，先生在小说《故乡》(《呐喊》) 结尾处深情发愿，不愿意人们过三种生活，一是"如我的辛苦展转而生活"，二是"如闰土的辛苦麻木而生活"，三是"如别人的辛苦恣睢而生活"。下一辈人"他们应该有新的生活，为我们所未经生活过的"。

二是理想的目标。先生强调"新的生活"应是有意义的生活，1918 年，他在《我之节烈观》(《坟》) 中指出："人类总有理想，一种希望，虽然高下不同，必须有个意义。"意义何在？"自他两利固好，至少也得有益本身。"怎么做到？ 1919 年，他在《我们现在怎样做父亲》(《坟》) 中提出："此后幸福的度日，合理的做人。"何谓"幸福"和"合理"？ 1907 年，先生就在《科学史教篇》(《坟》) 中回答："致人性于全，不使之偏倚。"全的人性，主要是在生存、温饱基础上人的精神生活的发展，1907 年，他在《文化偏至论》(《坟》) 中指出："精神现象实人类生活之极颠，非发挥其辉光，于人生为无当。"

三是理想的传播者务必做到知行合一。1919 年，先生在《随感录 三十九》(《热风》) 开头写道："据我的经验，这理想价值的跌落，只是近五年以来的事。民国以前，还未如此，许多国民，也肯认理想家是引路的人。到了民国元年前后，理论上的事，著著实现，于是理想派——深浅真伪现在姑且弗论——也格外举起头来。"理想价值为什么跌落？因为"理想家"言行不一。当人们现实的获得感与宣传口径大相径庭时，要他们坚定理想信念有多大可能呢？

四是理想只能在持续改革中逐步实现。1918 年，先生在《狂人日记》(《呐喊》) 中，针对"四千年吃人的历史"责问道："从来如

此，便对么？"他提醒人们："你们可以改了，从真心改起！"任何
理想都是不同程度的对现实某些部分的否定，理想的实现离不开持
续改革，改革与现实之间必然存在矛盾，为了理想，就要勇于面对
和善于解决矛盾。

五是理想的实现需要人人为之奋斗。先生一贯反对布施，1919
年，他在《随感录 六十一》(《热风》)中指出："人道是要各人竭
力争来，培植，保养的，不是别人布施，捐助的。"《国际歌》唱得
好："从来就没有什么救世主，也不靠神仙皇帝，要创造人类的幸
福，全靠我们自己。"社会理想的大目标要具体化为每个人的小目
标才有意义。这不仅是因为众人拾柴火焰高，而且还因为理想引领
的奋斗是激发人的创造活力的实践。

六是要让为理想而奋斗的人们享受理想实现的阶段性成果。
1920年，先生在小说《头发的故事》(《呐喊》)中，通过主人公 N
先生提出："我要借了阿尔志跋绥夫的话问你们：你们将黄金时代
的出现豫约给这些人们的子孙了，但有什么给这些人们自己呢？"
脱离现实的理想豫约，也许在一段时间对一部分人具有鼓舞作用。
真正对大多数人有用的，是让他们在为理想而奋斗的过程中，自己
的物质和精神生活水平不断提高。鲁迅理想观的显著特点是关注
多数人、每个人。1918年，他在《我之节烈观》中指出："道德这
事，必须普遍，人人应做，人人能行，又于自他两利，才有存在的
价值。""有存在价值"的理想观，才能真正帮助多数人坚定理想信
念，产生"深沉的勇气"。

鲁迅当年谈及的中国人"无特操"问题，在中国共产党领导

下曾得到较好的解决，尤其是抗日战争，实现了中国人的伟大觉醒。新中国成立后，我们这一代共和国同龄人，有过"激情燃烧的岁月"。大部分人理想信念出现问题，是在"文革"后，以及苏联解体和东欧剧变的冲击。动摇后的"特操"要恢复很不容易，尤其是在多元价值观借助互联网无孔不入的背景下。然而，再难也要恢复。离开了"内心有理想的光"，各种外表光鲜的"精致的利己主义者"会源源不断产生，各种明明暗暗的"躺平"现象很难消除。上海在深化改革中要走在全国前列，多么需要在广大市民、特别是在共产党员和各级领导干部中，传播和践行鲁迅的理想观啊。

（二）用能不能解决实际问题来检验

1921年，鲁迅在《故乡》的结尾写道："希望是本无所谓有，无所谓无的。这正如地上的路：其实地上本没有路，走的人多了，也便成了路。"走前人没有走过的路，就是创新。投入创新的人多了，就能开辟新路。有没有"横眉冷对千夫指"韧性战斗的硬骨头精神，要看能不能解决在开辟新路中所面对的实际问题，尤其是难题。当年，鲁迅面对中国现实，认为中国最根本而又最难解决的大问题是"改革国民性"。先生的"立人"思想是他内心"理想的光"，使他产生"横眉冷对千夫指"韧性战斗的硬骨头精神，顶着逆流批判旧文化，创立中国现代新文化。众所周知，先生在上海十年，以主要精力从事杂文创作，这是出于什么考虑呢？

1935年，先生在《且介亭杂文·序言》中作了如下回答："其实'杂文'也不是现在的新货色，是'古已有之'的，凡有文章，倘若分类，都有类可归，如果编年，那就只按作成的年月，不管文体，各种都夹在一处，于是成了'杂'。""古已有之"的杂文，并不能简单地在现实中搬用，它需要创新。从历史谈到现实，先生指出："况且现在是多么迫切的时候，作者的任务，是在对于有害的事物，立刻给以反响或抗争，是感应的神经，是攻守的手足。潜心于他的鸿篇巨制，为未来的文化设想，固然是很好的，但为现在抗争，却也正是为现在和未来的战斗的作者，因为失掉了现在，也就没有了未来。"杂文具有鲜明的新闻性，写杂文"是在对于有害的事物，立刻给以反响或抗争"，成为"感应的神经"和"攻守的手足"，而这是小说等文艺形式难以做到的。

对于现代杂文，一开始许多人并不接受，在报刊上发表文章"削"它。先生在《且介亭杂文·序言》中，说自己 1934 年写就的两本杂文集《花边文学》和《且介亭杂文》，是"在官民的明明暗暗，软软硬硬的围剿'杂文'的笔和刀下的结集"。"笔"即"削"它的文章，主要是从形式上给以否定。"刀"指文禁，是对内容的迫害。1934 年，先生在《做"杂文"也不易》(《集外集拾遗补编》)中，针对上海大夏大学学生林希隽在文学月刊《现代》上撰文批评杂文是作家"以投机取巧的手腕来代替一个文艺作者的严肃的工作"，回应道："不错，比起高大的天文台来，'杂文'有时确很像一种小小的显微镜的工作，也照秽水，也看脓汁，有时研究淋菌，有时解剖苍蝇。从高超的学者看来，是渺小，污秽，甚而至于可恶的，但在劳作者自己，却也是一种'严肃的工作'，和人生有关，并且也不十分容易做。"把杂文比作"显微镜"，能够看清一般人看不到却毒害人思想的社会细菌。这当然是一种和人生密切相关且很难做好的严肃的创新工作。

为了改革国民性，先生首创中国式的现代杂文，是中国现代化发展的需要，对大众有益，他自信会在"高尚的文学楼台"上有一席之地。1934 年，他在《准风月谈·后记》中说："我的杂文，所写的常是一鼻，一嘴，一毛，但合起来，已几乎是或一形象的全体"，"'中国的大众的灵魂'，现在是反映在我的杂文里了"。这可看作"民族魂"的出处吧。但先生对杂文的现状则给以谨慎评价，他在《且介亭杂文·序言》中，说自己 1934 年写的两本杂文集《花边文学》和《且介亭杂文》，"当然不敢说是诗史，其中有着时代的眉目，也决不是英雄们的八宝箱，一朝打开，便见光辉灿烂。我只在深夜的街头摆着一个地摊，所有的无非几个小钉，几个瓦碟，但也希望，并且相信有些人会从中寻出合于他的用处的东西"。从当时中国社会的实际情况看，杂文不可能成为文学的主流，但总会有人从中受益，这就够了。

20 世纪 90 年代，钱理群这样评价鲁迅杂文的现实意义："尽管人们无数次地宣布：鲁迅的杂文时代已经过去，尽管鲁迅自己也一再表示希望他的攻击时弊的杂文'与时弊同时灭亡'，但一个无情的事实却是，鲁迅的杂文始终为一切关心与思考社会、历史、思想、文化、人生、人性……问题的中国人（中国青年）所钟爱，鲁迅的杂文任何时候都是中国现实生活中活生生的'存在'，对正在进行（发展）的中国思想、文化（包括文学）发生作用，对现实的中国人心产生影响。它可以不断地重新发表，仍然给读者以仿佛针对当前的现实而写的感觉；它能够一遍又一遍地阅读，每读一次，都会有新的感受，新的发现，常读而常新。"① 之所以如此，是因为先生杂文体现的是中国现代文化。

杂文的鲜明特点是文化创新，包括内容和形式两方面的创新。而文化创新恰恰是国民党统治集团竭力反对的，1935 年，先生在《在现代中国的孔夫子》(《且介亭杂文二集》) 指出："我出世的时候是清朝的末年，孔夫子已经有了'大成至圣文宣王'这一个阔得可怕的头衔，不消说，正是圣道支配了全国的时代。政府对于读书的人们，使读一定的书，即四书和五经；使遵守一定的注释；使写一定的文章，即所谓'八股文'；并使发一定的议论。"国民党的文禁，用的仍是以上"四个一定"。打破"四个一定"进行创新，就得有"横眉冷对千夫指"韧性战斗的硬骨头精神。

创新，改革，能像鲁迅那样担当大任者毕竟凤毛麟角，多数人怎么办？应尽力而为，量力而行，好高骛远只能一事无成。1931年，沙汀和艾芜写信给先生，请教关于小说题材问题，先生在回信《关于小说题材的通信》(《二心集》) 中说："两位是可以各就自己现在能写的题材，动手来写的。不过选材要严，开掘要深，不可将一点琐屑的没有意思的事故，便填成一篇，以创作丰富自乐。""我的意思是：现在能写什么，就写什么，不必趋时，自然更不必硬造一个突变色的革命英雄，自称'革命文学'；但也不可苟安于这一点，没有改革，以致沉没了自己——也就是消灭了对于时代的助力和贡献。"发挥自己的特长，而不是人云亦云，更不要为了证明自

---

① 钱理群、温儒敏、吴福辉：《中国现代文学三十年（修订本）》，北京大学出版社 1998 年版，第 289 页。

己"革命"甚至是"英雄",就硬去做那些根本做不到的事。一旦确定了"写什么",就应以改革精神来写,为时代提供"助力和贡献",而不至于在时代潮流中沉没。这似乎不是什么雄心壮志,却体现了"横眉冷对千夫指"韧性战斗的硬骨头精神,适用于所有要求进步和进行创新的人、深化改革的人。

上海要在深化改革中走在全国前列,无疑是在党中央、国务院的宏伟战略统领下,采取切合上海实际的重大举措。所有改革具体的实际工作,则要靠各级领导干部和广大人民群众一起做。40多年改革开放的历史和当前深化改革的现实都告诉我们,正确的战略决策加上有力的执行才能见效。执行中阻力和矛盾重重,能否冲破阻力,处理好矛盾,也就是能否解决实际问题,这是改革能否深化的重中之重。在诠释"勇于担当"时,注入鲁迅"横眉冷对千夫指"韧性战斗的精神,可以帮助改革者以更积极的姿态和更扎实的作风投入改革。这需要相应的工作制度和机制配套,起决定作用的是考核。考核不仅要考核指标,还要考核解决实际问题的效果,后者比前者更重要,因为前者说到底是由后者决定的。只考核指标,工作比较好做,但确定指标的合理性很不容易,往往是考核方和被考核方讨价还价的结果。这样,考核对工作、特别是对深化改革的促进和推动作用就很有限。

我在宝钢工作时,尝试把领导干部解决实际问题的效果纳入考核。年初,在上下沟通确定考核指标的同时,提出当年要解决的阻碍发展的突出问题。年末,在考核指标的同时,考核运用那些深化改革的措施解决实际问题的效果。这样做,有效地促进了工作状态的改善和工作作风改进，深化改革就有了保证。从上海改革发展大局看，问题导向的领导干部考核，首先可运用于科技创新。在所有与科技创新相关的领域和单位，都要把能否破除阻碍创新的落后制度，相对较快地、持续地攻克"卡脖子技术"难题，并在原始创新方面不断取得进展，作为考核的关键内容。持之以恒这样做，必见成效。

第五章

『不求全责备』
『不走极端』的大气

　　鲁迅"立人"思想是一个完整的思想体系。立人，在确立人的至高无上地位的基础上，主要是提高人的素质。人的素质高低，极重要、极基本的方面，是看如何待人处事。这直接关系到能否形成健康、良好的人际关系，能否顺利、高效地推进各项事业发展。在长期的封建专制统治和"主奴文化"影响下，中国人的人际关系被严重扭曲。1934年11月，鲁迅在给读者金性尧的信中说："在中国做人，一向是很难的，不过现在要算最难，我先前没有经验过。"同年12月，先生在给萧军、萧红的信中说："中国是古国，历史长了，花样也多，情形复杂，做人也特别难，我觉得别的国度里，处世法总还要简单，所以每个人可以有工夫做些事，在中国，则单是为生活，就要化去生命的几乎全部。""单是一些无聊事，就会化去许多力气。"在特别复杂的社会环境中，如何待人处事是一道难题，先生怎么破解的呢？他认为：人与人相待，须坚持以诚为本，以爱为纲；处事则须认真，务实。其中，"不求全责备"和"不走极端"是两条重要原则。"不求全责备"侧重谈待人，"不走极端"侧重谈处事，体现的都是人的气度——现代人所需要的大气。两者并不截然分割。

一、"倘要完全的人"，"是不可能的难题"

　　1928年，鲁迅在《〈思想·山水·人物〉题记》(《译文序跋集》) 中指出："以为倘要完全的书，天下可读的书怕要绝无，倘要完全的人，天下配活的人也就有限。"因为人无完人，所以书也无完书。作为个体的人，都无可避免地具有不同程度的局限性，相对意义上的"完全的人"也只是极少数。1907 年，先生就在《摩罗诗力说》(《坟》) 中提出了人无完人的观点："一切人，若去其面具，诚心以思，有纯禀世所谓善性而无恶分者，果几何人？遍观众生，必几无有。"世上所有人，如果把他们的假面具都拉下来，认真想一想，只有善而毫无恶的，能有多少？可能一个也找不到吧。

（一）"太求全，有些人便远避，坏一点的就来迎合"

1930 年，鲁迅在《非革命的急进革命论者》(《二心集》) 中，对革命军的队伍组成作分析道："倘说，凡大队的革命军，必须一切战士的意识，都十分正确，分明，这才是真正的革命军，否则不值一晒。这言论，初看固然的很正当，彻底似的，然而这是不可能的难题，是空洞的高谈，是毒害革命的甜药。"战士能够走到一起，具体目的各异，只是出发点"大略相同"，都出于反抗现状的动机。殊途同归，射出的子弹都能制敌于死地。如要求所有战士在入伍时思想都纯洁，不仅是"不可能的难题"，而且这种貌似正确的彻底的空谈，将导致革命队伍不能形成和扩大而贻误革命。战士由于参军目的不同，表现自有差别，并不要紧，大浪淘沙，千锤百炼，就成为精锐部队了，但这是一个须经受时间考验的过程。"倘若要现在的战士都是意识正确，而且坚于钢铁之战士，不但是乌托邦的空想，也是出于情理之外的苛求。""现在的人，的事，那里会有十分完全，并无缺陷的呢，为万全计，就只好毫不动弹。然而这毫不动弹，却也就是一个大错。"追求完美无缺，无异于什么人也不能用，什么事也不能做了。

不仅革命军，其他所有组织都是如此。1935 年，先生在《"题未定"草（六至九）》（《且介亭杂文二集》）中，就明末清初文学家张岱对明末东林党的评论，作了分析。张岱批东林党"真可谓'词严义正'"，"然而他的严责东林，是因为东林党中也有小人"。先生指出："古今来无纯一不杂的君子群，于是凡有党社，必为自谓中立者所不满，就大体而言，是好人多还是坏人多，他就置之不论了。"现实中并不存在"纯一不杂"都是君子的组织，"自谓中立者"不满于这样的组织，是因为他们求全责备。先生接着揭露了另一种现象："东林虽多君子，然亦有小人，反东林者虽多小人，然亦有正士，于是好像两面都有好有坏，并无不同，但因东林世称君子，故有小人即可丑，反东林者本为小人，故有正士则可嘉。"先生评道："苛求君子，宽纵小人，自以为明察秋毫，而实则反助小人张目。"求全责备往往是针对君子、苛求君子，对小人却反倒取宽纵态度。

1935 年，先生在《徐懋庸作〈打杂集〉序》（《且介亭杂文二集》）中，用讽刺的口吻批评道："我觉得中国有时是极爱平等的国度。有什么稍稍显得特出，就有人拿了长刀来削平它。"所谓的"极爱平等"是指见不得创新，先生举例说："翻译较多的时候，就有人来削翻译，说它害了创作；近一两年，作短文的较多了，就又有人来削'杂文'，说这是作者的堕落的表现。"创新是"特出"，接纳不了"特出"，"稍稍显得特出"就"削平它"，就是扼杀创新。1933 年 5 月，先生在给王志之的信中指出："因为求全责备，则有些人便远避了，坏一点的就来迎合，作违心之论，这样，就不但不会有好文章，而且也是假朋友了。"水至清则无鱼，你求全责备，那些具有创新思想的人就不太愿意同你交往，而心术不正者则可能虚情假意（往往装作诚心诚意）地吹捧你，利用你。这种氛围下，怎能交到知心朋友，取得理想的工作成果呢？

求全责备是谈人际关系，谈人及事，1934 年 11 月，先生在《答〈戏〉周刊编者信》（《且介亭杂文》）中指出："我想，普遍，永久，完全，这三件宝贝，自然是了不得的，不过也是作家的棺材钉，会将他钉死。"完美无缺的东西是不存在的，硬要以此来要求作家，那就什么作品也写不成了。1927 年，先生在《黄花节的杂感》（《而已集》）中，回顾 1911 年 4 月的广州起义失败，但 10 月的武昌起义胜利了，第二年中华民国便出现了，于是，广州起义失败的战士就成为革命成功的先驱。对此，先生评论道："以上的所谓'革命成功'，是指暂时的事而言；其实是'革命尚未成功'的。革命无止境，倘使世上真有什么'止于至善'，这人间世便同时变了凝固的东西了。"孙中山充满辩证法的题词"革命尚未成功，同志仍须努力"，1924 年成为他的遗嘱，近百年过去，依然激励我们前进。

（二）"要点就在彼此略小节而取其大"

怎么才能做到不求全责备呢？1936 年 2 月，鲁迅在给曹聚仁的信中，联系本人谈道："现在的许多论客，多说我会发脾气，其实我觉得自己倒是从来没有因为一点小事情，就成友或成仇的人。我还不少几十年的老朋友，要点就在彼此略小节而取其大。"待人斤斤计较于小节，就是求全责备，不可能处好。"彼此略小节而取其大"，才是具有可操作性的正确的待人原则，才可长期结交老朋友。人无全人，包括自己。一个人对自己也不要求全责备，1931年6月，先生在给李秉中的信中说："中国近又不宁，真不知如何是好。做起事来，诚然，令人心悸。现在做人，我想，只好大胆一点，恐怕也就通过去了。"要求自己"毫无错处"，大多数人在一般情况下都做不到，某种情况下可能做到，但须付出极大甚至过大代价。既然如此，那就不要苛求于己。少数特别重要的事项，可以"毫无错处"为目标，但也只能尽力而为，是否真能做到也未知，不能完全做到也不打紧。

现实中，求全责备的人总是有的。1935年10月，先生在给萧军的信中指出："中国的论客，论事论人，向来是极苛酷的。"如果遇到别人对自己求全责备，怎么办呢？1934年6月，先生在给郑振铎的信中，给出了如下答案："我现在得了妙法，是谣言不辩，污蔑不洗，只管自己做事，而顺便中，则偶刺之。"集中精力"只管自己做事"，让谣言在事实面前不攻自破，是最好的选择。1933年，先生在《关于翻译（下）》（《准风月谈》）中，对批评家提出三点希望："一，指出坏的；二，奖励好的；三，倘没有，则较好的也可以。"他批评"另外还有一种相反的脾气"："首饰要'足赤'，人物要'完人'。一有缺点，有时就全部都不要了。"看到并吸取别人身上的优点，批评其缺点，这虽然不易做到，却值得做。

中华文化博大精深，反对求全责备可从古典文献中找到它的源头。秦国丞相吕不韦及其门客著《吕氏春秋 离俗览·举难》，重在论述选人用人不能求全责备的道理，文曰："以全举人固难，物之情也。人伤尧以不慈之名，舜以卑父之号，禹以贪位之意，汤、武以放弑之谋，五伯以侵夺之事。由此视之，物岂可全哉？"用十全十美的标准举荐人很难，因为人无完人是人的本来面貌。文又曰："尺之木必有节目，寸之玉必有暇瓋。先王知物之不可全也，故择物而贵取一也。"先王知道事物不可能十全十美，所以对人的选择只看重其长处。[①]鲁迅提出看人"略小节而取其大"，与其意一脉相承。

产生求全责备现象的原因非常复杂。同样以完人标准要求人，但对何为"完人"的看法却很不一样。有的以是否赞成自己的意见、服从自己为标准，有的以是否自己同一团体的人来度量。反映的是同一个问题，即对先生提出的待人要"略小节而取其大"的"大"，该如何准确把握？理应以真善美为尺子。虽然对真善美内涵的认识也会不同，有时差异还不小，但人类不断进步，在基本方面理应形成"最大公约数"。鲁迅一贯批判"主奴文化"和"物奴文化"，反复强调"诚"和"爱"，这应成为衡量真善美的基本准则。看人之大节，至少要看他是否以平等态度善待每一个人，是否做到讲真话不讲假话。

先生对他所批评过的人，并不求全责备，他在《答徐懋庸并关于抗日统一战线问题》（《且介亭杂文末编》）一文中，这样谈郭沫若："我和茅盾，郭沫若两位，或相识，或未尝一面，或未冲突，或曾用笔墨相讥，但大战斗却都为着同一的目标，决不日夜记着个人的恩怨。""相识"和"未冲突"，是指与茅盾的关系；"未尝一

---

① 张双棣、张万彬、殷国光、陈涛译注：《吕氏春秋》，中华书局 2016 年版，第 207—209 页。

面"，"曾用笔墨相讥"，是指与郭沫若的交集。郭沫若曾那样激烈地攻击先生，先生仍从大的方面肯定他和自己"为着同一的目标"，而且批评他时没有点名。先生对周扬有意见，但并不全盘否定他："自然，周起应（周扬，字起应）也许别有他的优点。也许后来不复如此，仍将成为一个真的革命者。"据冯雪峰回忆，1929年冬，冯乃超去拜访鲁迅，先生对1928年论战的事只字未提。在冯乃超与梁实秋的论战中，先生主动配合他，写了《"丧家的"资本家的乏走狗》(《二心集》)，还说"我帮乃超一手，以助他之不足"。1933年底，成仿吾所在的部队一时与中央失去联系，部队领导派他到上海找党组织，成仿吾找不到，便通过内山书店约见鲁迅。先生并未因他曾是攻击自己的主要角色而冷待，照样热情相助，托瞿秋白和冯雪峰，帮助成仿吾及其部队接上了组织关系。

产生求全责备现象的一个突出原因，是宗派主义和关门主义作祟。宗派主义和关门主义是"文人相轻"的旧文化恶习的典型表现，它导致的求全责备，带着"派"的有色镜看人，造成革命文学队伍的涣散。1935年9月，鲁迅在给胡风的信中，谈到萧军是否要参加左联时说："我几乎可以无须思索，说出我的意见来，是：现在不必进去。""我觉得还是在外围的人们里，出几个新作家，有一些新鲜的成绩，一到里面去，即酱在无聊的纠纷中，无声无息。"这是宗派主义和关门主义势必导致的恶果。1936年，先生在《答徐懋庸并关于抗日统一战线问题》中批评文艺家协会"还非常浓厚的含有宗派主义和行帮情形"。他具体列举了种种事实后说："我提议'文艺家协会'应该克服它的理论上与行动上的宗派主义和行帮现象，把限度放得更宽些。"

也许有人会提出，鲁迅不是说过"不宽容"的话吗？是的，但要完整地理解。1936年，先生在《死》(《且介亭杂文末编》) 中，留下七条遗嘱中的最后一条是："损着别人的牙眼，却反对报复，主张宽容的人，万勿和他接近。"还写道："欧洲人临死时，往往有一种仪式，是请别人宽恕，自己也宽恕了别人。我的怨敌可谓多矣，倘有新式的人问我起来，怎么回答呢？我想了一想，决定的是：让他们怨恨去，我一个都不宽恕。"以上两段话的基本意思，一是远离那种害别人却要别人宽恕的人，二是坚信自己的观点正确，死而无悔。从包容的角度说，一是对害人者不包容，二是包容别人并不妨碍坚持自己的观点。这两点，至今对我们仍有启发。

二、"大约满口激烈之谈者，其人便须留意"

一般地说，在改革和革命的年代，有些人是容易过度激进，走极端的。在有些人看来，似乎不激进到走极端就不是改革，更不是革命；相反，如果走极端，即便出了问题，也不是立场问题，可用"动机是好的"和所谓的"政治正确"来掩饰和原谅。这种狭隘的认识，是思想上政治上不成熟的突出表现，有的可能还窝藏不可告人的私心。历史反复告诫我们，过度激进地走极端，给改革和革命造成多么严重的负面影响和不良后果。鲁迅早就看到了这个问题，所以他一贯反对走极端。

（一）"自命为中庸，其实是颇不免于过激的"

1933年，鲁迅在《由中国女人的脚，推定中国人之非中庸，又由此推定孔夫子有胃病》(《南腔北调集》)中，以残害中国女性身心健康的缠足为例，批判这是"走了极端了"："女士们之对于脚，尖还不够，并且勒令它'小'起来了，最高模范，还竟至于以三寸为度。这么一来，可以不必兼买利屣和方头履两种，从经济的观点来看，是不算坏的，可是从卫生的观点来看，却未免有些'过火'，换一句话，就是'走了极端'了。"缠足，指女性用裹布紧缠脚掌使之萎缩变形。先生早年就对此深恶痛绝。他借题发挥说："我中华民族虽然常常的自命为爱'中庸'，行'中庸'的人民，其实是颇不免于过激的。""而女人的脚尤其是一个铁证，不小则已，小则必求其三寸，宁可走不成路，摇摇摆摆。"女子为求脚美穿尖头鞋多少可以理解，但用裹布紧缠脚掌使之萎缩变形就不可理喻，走了极端了。

走极端不符合儒家文化倡导的"中庸"，孔子曰："中庸为之德也，其至矣乎！民鲜久矣。"中庸这种道德该是最高的了，可人们缺失已久。孔子为此十分担心。《论语》中，记载了弟子子贡和他的一段对话。"子贡问：'师（孔子的弟子颛孙师，即子张）与商（孔子的弟子卜商，即子夏）也孰贤？'子曰：'师也过，商也不及。'曰：'然则师愈与？'子曰：'过犹不及。'"子贡问老师，子张和子夏两个人谁强一些？孔子回答：子张有些过度，子夏有些不及。子贡追问，那么，是不是子张要强一些呢？孔子回答：过度和不及同样不好。①"过犹不及"，是一条富有哲理的极为重要的思维

---

① 杨伯峻译注：《论语译注》，中华书局 2006 年版，第 72、130—131 页。

原则。《中庸》引用孔子曰："君子中庸，小人反中庸。君子之中庸也，君子而时中；小人之反中庸也，小人而无忌惮也。"君子之所以能做到中庸，是因为能掌握分寸，时宜合度；小人之所以违背中庸，是因为无所顾忌，肆意妄为。《中庸》反复指出做到中庸之难，称赞孔子弟子颜回做到了中庸，强调保持中立而不偏不倚，才是真强。①

走极端，与中庸背道而驰，只看到事物的两个端点，而看不到事物两端之间的联系和过程中的一个个节点。事实上，事物的两端都具有相对性。1930 年，先生在《〈浮士德与城〉后记》(《集外集拾遗》) 中指出："新的阶级及其文化，并非突然从天而降，大抵是发达于对于旧支配者及其文化的反抗中，亦即发达于和旧者的对立中，所以新文化仍然有所承传，于旧文化也仍然有所择取。"《浮士德与城》是卢那察尔斯基创作的剧本，卢氏主张有选择地保存俄罗斯的文化遗产，"是因为'我们继承着人的过去，也爱人类的未来'的缘故"，他对旧文化的批判是为了建设新文化，先生称他为"创业的雄主"。

1907 年，先生在《文化偏至论》(《坟》) 中，就从总体上谈了如何准确把握中国文化的发展，提出了"外之既不后于世界之思潮，内之仍弗失固有之血脉"的基本原则，既非闭关锁国做井底之蛙，亦非全盘西化成无根浮萍。1934 年，先生在《〈木刻纪程〉小引》(《且介亭杂文》) 中，谈了中外文化的关系后，从木刻谈到怎

---

① 王国轩译注:《大学·中庸》，中华书局 2006 年版，第 49、57、59、61、63、65 页。

么看新旧文化的关系，他在介绍《木刻纪程》的出版情况后指出："别的出版者，一方面还正在绍介欧美的新作，一方面则在复印中国的古刻，这也都是中国的新木刻的羽翼。采用外国的良规，加以发挥，使我们的作品更加丰满是一条路；择取中国的遗产，融合新机，使将来的作品别开生面也是一条路。""采用外国的良规"非照抄照搬，而要"加以发挥"，这是洋为中用的路。"择取中国的遗产"非全盘复古，而要"融合新机"，这是古为今用、推陈出新的路。两条路相互交叉、相得益彰，前者可使作品"更加丰满"，后者可使作品"别开生面"。虽是讲木刻艺术，却也适用于整个文化发展。

走极端，往往把一个相对正确的概念引向绝对，过了度就错了。1928 年，先生写的《文学的阶级性》(《三闲集》)，是给业余翻译工作者李恺良的回信。李恺良在给先生的信中，引用了日本经济学家、社会学家林癸未夫《文学上之个人性与阶级性》中，论唯物史观的一段话："以这种理由若推论下去，有产者的个人性与无产者的个人性，'全个'是不相同的了。就是说不承认有产者与无产者之间有共同的人性。再换一句话说，有产者与无产者只有阶级性，而全然缺少个人性的。"林氏以此来批驳唯物史观。李恺良不同意这种观点，"希望有更了解马克思学说的人来为唯物史观打一打仗"，就写信向鲁迅求教。

先生在回信中答道："我对于唯物史观是门外汉，不能说什么。但就林氏的那一段文字而论，他将话两次一换，便成为'只有'和'全然缺少'，却似乎决定得快了一点。"林氏将原来具有相对意义的话两次一换，使之成为"只有"和"全然"的绝对概念，偏离了唯物史观的本意。为什么会犯这样的错误呢？先生分析道："大概以弄文学而又讲唯物史观的人，能从基本的书籍上一一勾踢出来的，恐怕不很多，常常是看几本别人的提要就算。而这种提要，又因作者的学识意思而不同，有些作者，意在使阶级意识明了锐利起来，就竭力增强阶级性说，而别一面就也容易招人误解。"没有认真阅读和研究关于唯物史观的基本书籍，只看几本别人的提要，而有些提要往往过分强调阶级性，就会误导读者。"作为本文根据的林氏别一篇论文，我没有见，不能说他是否因此而走了相反的极端，但中国却有此例，竟会将个性，共同的人性（即林氏之所谓个人性），个人主义即利己主义混为一谈，来加以自以为唯物史观底申斥，倘再有人据此来论唯物史观，那真是糟糕透顶了。"联系中国实际，如果有人将唯物史观解释为抹杀个性、人性的利己主义，来对它加以批判，这是"走了相反的极端"了。

李恺良在给先生的来信中还说："林氏以此而可以驳唯物史观，那末，何以不拿'人是同样的是圆顶方趾，要吃饭，要睡觉，是有产者和无产者所共同的'而来驳唯物史观，爽快得多了。"先生评论道："来信的'吃饭睡觉'的比喻，虽然不过是讲笑话，但脱罗兹基（通译托洛茨基，苏联无产阶级革命家、政治家、军事家、理论家）曾以对于'死之恐怖'为古今人所共同，来说明文学中有不带阶级性的分子，那方法其实是差不多的。在我自己，是以为若据性格感情等，都受'支配于经济'（也可以说根据于经济组织或依存于经济组织）之说，则这些就一定都带着阶级性。但是'都带'，

194

而非'只有'。"先生赞成托洛茨基的相关分析，指出"都带"具有相对性，"只有"就绝对了。既不能以阶级性否定人性，也不能以人性抹杀阶级性。

1934 年，鲁迅在《从孩子的照相说起》（《且介亭杂文》）中，对"驯良"这个概念作了分析："驯良并不是恶德。但发展开去，对一切事无不驯良，却决不是美德，也许简直倒是没有出息"，"但中国一般的趋势，却只在向驯良之类——'静'的一方面发展，低眉顺眼，唯唯诺诺，才算一个好孩子"。驯良，一般是指被教化后的温顺善良，听话且乖巧。这没有什么不好，但如果"对一切事无不驯良"就走极端了，简直是没出息。令人遗憾和担忧的是，这却恰恰是中国社会所提倡的。1933 年，先生在《上海的儿童》（《南腔北调集》）中，对中外儿童画作了比较："我们试一看别国的儿童画罢，英国沉着，德国粗豪，俄国雄厚，法国漂亮，日本聪明，都没有一点中国似的衰惫的气象。观民风是不但可以由诗文，也可以由图画，而且可以由不为人们所重的儿童画的。"中国儿童画反映的"衰惫的气象"，不得不说与"对一切事无不驯良"的奴化教育有关。先生呼吁用新文化教育儿童，指出："先前的人，只知道'为儿孙作牛马'，固然是错误的，但只顾现在，不想将来，'任儿孙作牛马'，却不能不说是一个更大的错误。""任儿孙作牛马"，就是使自己的后代继续处于为奴地位，如果真是这样，中国就没希望了。

（二）"虚悬了一个'极境'，是要陷入'绝境'的"

1927 年，先生在《关于知识阶级》（《集外集拾遗补编》）中指出："其实无论什么都是有弊的，就是吃饭也是有弊的，它能滋养我们这方面是有利的；但是一方面使我们消化器官疲乏，那就不好而有弊了。假使做事要面面顾到，那就什么事都不能做了。"任何事都有利有弊，不可绝对化，要懂得趋利避害。值得注意的是先生怎么看待思想自由，他指出："知识和强有力是冲突的，不能并立的；强有力不许人民有自由思想，因为这能使能力分散。""因为各个人思想发达了，各人的思想不一，民族的思想就不能统一，于是命令不行，团体的力量减小，而渐趋灭亡。在古时野蛮民族常侵略文明很发达的民族，在历史上是常见的。现在知识阶级在国内的弊病，正与古时一样。"

先生以英国哲学家、文学家罗素和法国思想家、文学家罗曼·罗兰反对欧战为例说："大家以为他们了不起，其实幸而他们的话没有实行，否则德国早已打进英国和法国了；因为德国如不能同时实行非战，是没有办法的。"罗素和罗曼·罗兰反战虽有正义性，但只是相对的，当反人类的战争已经发生时，制止它唯有以其之道还治其身。先生还指出："俄国托尔斯泰的无抵抗主义之所以不能实行，也是这个原因。"在外敌入侵时，怎能不抵抗！先生的结论是："总之，思想一自由，能力要减少，民族就站不住，他的自身也站不住了。现在思想自由和生存还有冲突，这是知识阶级本身的缺点。"思想自由是民主政治的重要体现，是保持和发展民族活力的基本条件。

在长期的封建专制统治下，中国严重缺乏民主自由。先生抨击主奴文化，就是旗帜鲜明地主张民主自由。他在《关于知识阶级》中毫不含糊地指出："然而知识阶级将什么样呢？还是在指挥刀下听令行动，还是发表倾向民众的思想呢？要是发表意见，就要想到什么就说什么。真的知识阶级是不顾利害的，如想到种种利害，就是假的，冒充的知识阶级。"强调知识分子要有坚定的民众立场，敢于成为民众利益的代言人。然而先生同时指出，要处理好民主自由与集中统一的关系，不能把思想自由绝对化。如果只讲民主自由，不讲集中统一，就无法形成强大的力量去战胜来犯之敌，在抗日战争时期，强调这一点具有特殊重要性。90 多年前，先生就能如此辩证地把握民主自由与集中统一的关系，是相当深刻和富有远见的。

先生对自己的把握也不走极端，1927 年他在《怎么写》(《三闲集》) 中，讲了自己到广州后舆论界的一些情况，报载："自鲁迅先生南来后，一扫广州文学之寂寞，先后创办者有《做什么》,《这样做》两刊物。"先生判断《做什么》是"共产青年主持的"，而《这样做》"该是和《做什么》反对，或对立的"。先生分析说："这里又即刻出了一个问题。为什么这么大相反对的两种刊物都因我'南来'而'先后创办'呢？这在我自己，是容易解答的：因为我新来而且灰色。""灰色"并非立场不鲜明，而是不走极端。先生在1935 年写的《"题未定"草（六至九）》(《且介亭杂文二集》) 中说："我也是常常徘徊于雅俗之间的人。"既面向知识阶层，又面向大众，雅中有俗，俗中见雅。先生认为："凡论文艺，虚悬了一个'极境'，是要陷入'绝境'的。"文艺"极境"是不存在的，硬搞只能是虚悬，那就使自己走进死胡同了。

广而言之，对整个社会的看法不能走极端。1907 年，先生就在《科学史教篇》(《坟》)中指出："故犹有不可忽者，为当防社会入于偏，日趋而之一极，精神渐失，则破灭亦随之。""致人性于全，不使之偏倚，因以见今日之文明也。"特别不可忽视的是应防止社会走偏，如果走向某一个极端，其结果破灭也就随之而来。人性得到全面发展，不使它偏颇，才能实现现代的世界文明。同年，先生又作题为《文化偏至论》(《坟》)的论文，顾名思义，他认为 19 世纪的欧美文明存在偏至，一是精神被物质所遮蔽，"诸凡实物，无不质化，灵明日以亏蚀，旨趣流于平庸"，"林林众生，物欲来蔽，社会憔悴，进步以停"。一切事物都物化了，社会就失去生机和活力，停滞不前了。二是个人被"众数"所抹杀，"见异己者兴，必借众以陵寡，托言众治，压制尤烈于暴君"，发现和自己意见不同的人，便借用"多数民众"的名义去压制和打击他，手段猛于暴君。为此，先生提出"掊物质而张灵明，任个性而排众数"。"掊物质"当然不是否定物质的重要性，而是强调不要忽视精神文明；"排众数"当然不是否定大众的地位和作用，而是强调不要抹杀个性。

走极端是走不通的，1931 年，先生在《上海文艺之一瞥》(《二心集》)中指出："激烈得快的，也平和得快，甚至也颓废得快。"走极端者往往没有经过理论联系实际的深思熟虑，便急急忙忙发表意见，甚至采取过激行动，很快便失败，且失去继续斗争的勇气。1934 年 11 月，先生在给萧军、萧红的信中也指出了类似现象："凡有智识分子，性质不好的多，尤其是所谓'文学家'，左翼兴盛的时候，以为这是时髦，立刻左倾，待到压迫来了，他受不住，又即刻变化，甚而至于卖朋友，作为倒过去的见面礼。这大约是各国都有的事。但我看中国较甚，真不是好现象。"所以 1934 年 4 月，先生在给姚克的信中提醒说："大约满口激烈之谈者，其人便须留意。"因为不理智，所以不可信。这些人中，除了以谋私利为目的的居心叵测者，不外乎两种原因，一是缺乏实践经验，不掌握全面情况；二是缺乏足够的知识，以偏概全。反之，要做到不走极端，就得深入实际，了解实情；就得努力学习，掌握真切的知识。

三、"无穷的远方，无数的人们，都和我有关"

鲁迅提出"不求全责备"和"不走极端"，不仅是方法论，而且是世界观。待人处事，事在人为，处事说到底也是待人。从世界观的角度看，"不求全责备"和"不走极端"，是理解人，善待人。且不是只理解和善待少数人，而是理解和善待多数人。反过来说，只有理解和善待人，才能做到"不求全责备"和"不走极端"。先生的"立人"思想中，不乏这方面的论述，值得我们重视和研读。

（一）"战士的日常生活，并不全部可歌可泣的"

1936 年 8 月 23 日，重病中的鲁迅写下了《"这也是生活"……》（《且介亭杂文末编》），文章分三大部分，都是从病中感受谈起，小感触中谈出人生大道理。第一部分谈工作与休息的关系，先生以自己为例："有一些事，健康者或病人是不觉得的，也许遇不到，也许太微细。到得大病初愈，就会经验到；在我，则疲劳之可怕和休息之舒适，就是两个好例子。"先生获得了什么体验呢？他说："我先前往往自负，从来不知道所谓疲劳。书桌前有一把圆椅，坐着写字或用心的看书，是工作；旁边有一把藤躺椅，靠着谈天或随意的看报，便是休息；觉得两者并无很大的不同，而且往往以此自负。现在才知道是不对的，所以并无大不同者，乃是因为并未疲劳，也就是并未出力工作的缘故。"生了大病，才明白谈天或看报其实并不是休息，只是一种强度小些的工作，而人是需要休息的。病得严重时，什么欲望都没了，"此后才能觉得疲劳，才需要休息"，产生这种感觉"真是一种大享乐"。处理工作与休息的关系不能走极端，要注意有张有弛，劳逸有度，否则可能得不偿失。这是对人生真谛的理解。

文章的第二部分是重点，先生谈自己大病"有了转机之后四五天的夜里"所发生的事情："我醒来了，喊醒了广平。"要她"给我喝一点水。并且去开开电灯，给我看来看去的看一下"。但广平对先生的后一点要求似乎并不理解，甚至有些惊慌，大约以为他"在讲昏话"。先生解释道："因为我要过活。你懂得么？这也是生活呀。我要看来看去的看一下。"可广平仍未理解，她只是起来，给先生喝了几口茶，徘徊了一下，又轻轻躺下了，却并不去开灯。此时的先生仍浑身无力，只能依赖街灯观望："街灯的光穿窗而入，屋子里显出微明，我大略一看，熟识的墙壁，壁端的棱线，熟识的书堆，堆边的未订的画集，外面的进行着的夜，无穷的远方，无数的人们，都和我有关。我存在着，我在生活，我将生活下去，我开始觉得自己更切实了，我有动作的欲望——但不久我又坠入了睡眠。"从内看到外，由近及远，由静到动，由物到人，由己及他，再回到自己，得出"无穷的远方，无数的人们，都和我有关"，这个充分体现先生博大襟怀的结论。经过大病后的沉思，"我"对生命的认识更切实了，产生了更好地生活和工作下去的强烈愿望。

接着，文章谈自己一觉醒来后的观察和思考："第二天早晨在日光中一看，果然，熟识的墙壁，熟识的书堆……这些，在平时，我也时常看它们的"，"但我们一向轻视这等事，纵使也是生活中的一片，却排在喝茶搔痒之下，或者简直不算一回事。我们所注意的是特别的精华，毫不在枝叶"。而"删夷枝叶的人，决定得不到花果"。忽视生活细节，就不可能获得真正的幸福生活。文章的第三部分呼应第二部分内容，先生指出："其实，战士的日常生活，是并不全部可歌可泣的，然而又无不和可歌可泣之部相关联，这才是实际上的战士。"平平常常的生活安排得好了，战时才更有可能创造可歌可泣的杀敌战绩。战士本人不必以不食人间烟火的极端态度对待自己的生活，旁人更不应以这样的极端态度要求战士。可惜，我们都曾接受过这种走极端的引导，看到的文艺作品中，几乎都不见了日常生活，并真诚地认为这才是"觉悟高"，直到改革开放后才回归正常。

（二）"人的真性，一天比一天的流露"

"无穷的远方，无数的人们，都和我有关"，为什么有关？ 1919年，鲁迅在《〈一个青年的梦〉译者序》(《译文序跋集》）中指出："我对于'人人都是人类的相待，不是国家的相待，才得永久和平，但非从民众觉醒不可'这意思，极以为然，而且也相信将来总要做到。现在国家这个东西，虽然依然存在；但人的真性，却一天比一天的流露；欧战未完时候，在外国报纸上，时时可以看到两军在停战中往来的美谭，战后相爱的至情。他们虽然还蒙在国的鼓子里，然而已经像竞走一般，走时是竞争者，走了是朋友了。"《一个青年的梦》，是武者小路所作四幕反战剧本。剧本中提出了全世界民众大彻大悟，实现国家消亡、人类大同的遥远的梦。"人人都是人类的相待"，所以"无穷的远方，无数的人们，都和我有关"。先生作出的判断——"人的真性，却一天比一天的流露"，毕竟是难以阻挡的历史潮流。人的真性，是人类永久和平的思想文化基础。

当时的中国，文明程度落后于欧美，先生用与上述欧战情况作对比的方式批评道："中国开一个运动会，却每每因为决赛而至于打架；日子早过去了，两面还仇恨着。在社会上，也大抵无端的互相仇视，什么南北，什么省道府县，弄得无可开交，个个满脸苦相。我因此对于中国人爱和平这句话，很有些怀疑，很觉得恐怖。我想如果中国有战前的德意志一半强，不知国民性是怎么一种颜色。现在是世界上出名的弱国，南北却还没有议和，打仗比欧战更长久。"要在全世界做到"人人都是人类的相待"，先得在一国之内做到，而当时的中国却远未做到。中国人要觉醒，且以五四运动为标志已开始觉醒。对此，先生如何评价呢？他说："中国也仿佛很有许多人觉悟了。我却依然恐怖，生怕是旧式的觉悟，将来仍然免不了落后。"一方面肯定中国人正在觉醒，一方面担心觉醒中旧文化的干扰，新文化在"黑色染缸"中变色变味。

1926 年，先生在《杂论管闲事·做学问·灰色等》(《华盖集续编》) 中指出："我现在觉得世上是仿佛没有所谓闲事的，有人来管，便都和自己有点关系；即使爱人类，也因为自己是人。"无穷的远方、无数的人们为什么和我有关？因为"我"是人类的一分子。或许火星上的事才和我们无关，"假使我们知道了火星里张龙和赵虎打架，便即大有作为，请酒开会，维持张龙，或否认赵虎，那自然是颇近于管闲事了"。但这也不是绝对的，"火星上的事既然能够'知道'，则至少必须已经可以通信，也许将来就能交通，他们终于会在我们的头顶上打架"。火星上的事尚且如此，地球上的事就不用说了："至于咱们地球之上，即无论那一处，事事都和我们相关，然而竟不管者，或因不知道，或因管不着，非以其'闲'也。"这是说人，"即使是动物，也怎能和我们不相关？"先生举例说："青蝇的脚上有一个霍乱菌，蚊子的唾沫里有两个疟疾菌，就说不定会钻进谁的血里去。"

用人类视野看："天下本无所谓闲事，只因为没有这许多遍管的精神和力量，于是便只好抓一点来管。为什么独抓这一点呢？自然是最和自己相关的，大则因为同是人类，或是同类，同志；小则，因为是同学，亲戚，同乡，——至少，也大概叨光过什么，虽然自己的显在意识上并不了然，或者其实了然，而故意装痴作傻。"人人都与我有关，人人为我，我理应为人人。一个人的能力是极有限的，能为他人做的事也极有限，但应有这样的爱人类的心。有了这样的心，在待人处事方面，才不至于求全责备或走极端。

四、包容：上海人自应有海纳百川的度量

上海城市品格"开放、创新、包容"，包容与开放和创新密切相关，没有包容很难有开放，更难有创新，包容度在很大程度上决

定开放度和开放水平，在很大程度上决定创新力度和创新效果。上海是一个典型的移民社会，上海人来自五湖四海，大多数上海人的祖籍不是上海。上海历史上也曾是外国人最多的中国城市。上述条件使上海在全国成为包容性最大的城市之一，和中国大多数省区市相比，上海人的地域观念比较淡薄，在各类选举中，一般不问被选举人出生于何地、是不是上海籍。但是，上海在中国处于第一大都市的地位，在较长一段时期内，上海人又有一种高于"外地人"的优越感；上海曾是新中国计划经济的模范城市，影响了上海人形成更开阔的市场视野。重温鲁迅关于"'不求全责备''不走极端'的大气"的论述，有利于我们加深对"包容"的理解，帮助我们提升上海"包容"的城市品格。

（一）为科技创新和各项事业发展创造宽松、向上的环境

包容，是指以宽广的胸怀待人，接受个性与习惯不同的人和发表不同意见、存在不同缺点的人，这就需要在待人处事方面做到不求全责备、不走极端。能否做到包容，与人才工作，与发挥人的特长、开发人的潜能密切相关。怎么才能在科学技术创新方面实现更大突破，使我国经济发展质量明显提高，并带动各项事业健康蓬勃发展，是当下和今后长时期内中国面临的最大挑战。科技进步取决于人才，科技相对落后固然与我国现代化起步滞后、现代科技积累时间较短有关，但更是体制机制改革，尤其是人才工作制度改革跟不上所致。人才工作存在的问题，首先是对人才产生条件的认识问题。经济学家吴敬琏指出："发展中国高新技术产业，制度重于技术。"他认为，推动技术发展的主要力量并不是技术自身的演进，

而是有利于创新的制度安排，要"摒弃中国传统文化中某些不利于人潜能发挥的评价标准和落后习俗，努力营造宽松、自由、兼收并蓄、鼓励个性发展的文化氛围，从而焕发人们的聪明才智，为高技术产业的发展做出创造性的贡献"。①制度重于技术，是说只有深化人事制度改革，技术创新才可能取得更大突破；而能否深化人事制度改革，则与怎么看待人才密切相关。

能被称为人才者，或说可能被造就成杰出人才者，大都具有较强的个性，共同点是善于独立思考，勇于表达个人意见，对事物的看法往往与众不同。有的很难简单地用优缺点来评价，可能从一个角度看是优点，换个角度看则是缺点。有的确是缺点，但无碍大节，不伤大雅，更不影响聪明才智发挥。有的可能是奇才、偏才、怪才，行为举止不被一般人所理解，却真有一技之长。如果缺乏包容，求全责备，用极端化的眼光去看，不少优秀人才、拔尖人才就可能被误解，被埋没，侥幸冒头也可能难以充分发挥其专长，甚至会遭排挤和打击。也就是说，求全责备、走极端导致培养不出、使用不好和留不住杰出人才。只有鲁迅说的"略小节而取其大"，才是切合实际的育才、识才和用才方法。针对求全责备、走极端现象，有必要强调为人才成长和使用创造宽松、向上的环境，关键是尊重个性和提升人的精神境界。

1907 年，鲁迅在《文化偏至论》中提出了他的"立人"思想，在谈到"立人"方法时明确指出："若其道术，乃必尊个性而张精

---

① 吴敬琏：《制度重于技术》，中国发展出版社 2002 年版，第 4、12 页。

神。"这里涉及对个性和精神的理解。关于个性,先生解说道:"个人一语,入中国未三四年,号称识时之士,多引以为大诟,苟被其谥,与民贼同。意者未遑深知明察,而迷误为害人利己之义也欤?夷考其实,至不然矣。""个人"这个词输入中国不过三四年光景,那些好称识时务的名流学者,却多把引用这个词当作奇耻大辱,如果一被讥为"个人",就像被称为"民贼"一样。这或许是因为他们未能深入研究和细心考察,便误信"个人"一词是损人利己的意思吧?然而平心考论,实质上完全不是那么回事。先生引用的"个人"这个词究竟是什么含义呢?是:"入于自识,趣于我执,刚愎主己,于庸俗无所顾忌。""个人"到了自我觉醒阶段,执着于独立发表并坚持自己的观点,毫无顾忌地反抗庸俗。个性与共性、个人与团体与国家是什么关系?先生指出:"个性张,沙聚之邦,由是转为人国。人国既建,乃始厉无前,屹然独见于天下。"人们的个性得到发展,像一盘散沙似的国家,就能转变为以人为本的国家。这样的国家一经建立,就会空前强大,屹然挺立在世界上。

关于精神,先生强调:"精神现象实人类之极颠,非发挥其辉光,于人生为无当。"精神生活是人类区别于动物的主要标志,不焕发精神的光辉,对于人生而言是最大的失误。先生对 20 世纪的人类文明作了预测:"意者文化常进于幽深,人心不安于固定,二十世纪之文明,当必沉邃庄严","二十世纪之新精神,殆将立狂风怒浪之间,恃意力以辟生路者也"。随着文化的不断发展,人心不会安于停滞不前的状态,20 世纪的人类文明一定会变得深刻而庄严;但文化的发展不可能一帆风顺,20 世纪的人类新精神可能要在狂风怒浪中产生，人类将依靠强大的意志力来开辟生气勃勃的新路。

"尊个性"和"张精神"密切相关，只有"尊个性"才能"张精神"，"尊个性"本质上是尊重每一个人的人格，所以"张大个人之人格，又人生第一义也"。不是为"尊个性"而"尊个性"，"尊个性"的目的是"张精神"。提出"尊个性而张精神"，具有强烈的针对性，"尊个性"针对为封建专制服务的"主奴文化"，"张精神"针对为资本主义制度服务的"物奴文化"。"尊个性而张精神"，是为科技创新、经济建设和各项事业发展创造宽松、向上的环境之两大基本要点。

当然，对"尊个性"和"张精神"要准确理解、诠释和全面把握。"尊个性"决非放任自流和否定团队合作，恰恰相反，每个人的个性得到尊重，和而不同，团队才会有真正强大的凝聚力。"张精神"决非否定物质的重要性，恰恰相反，物质财富的创造，离不开形成和保持良好的精神状态。有人担心强调"尊个性而张精神"，会不会导致走极端，影响集中统一——而在极其复杂的国内外环境中，要把中国建设好，集中统一是必不可少的。这种担心自有道理，在充斥极端思想的氛围中，极端自由现象是可能发生的。但不能因噎废食，只要在发扬民主的同时切实加强法治教育，有序推进法制建设，这个问题是可以解决的。有了"文革"这样极为沉重的教训，绝大多数中国人会真心实意维护社会稳定，我们该有这样的自信。

让我们重温 1945 年毛泽东在中共七大上讲话中的相关内容吧：

"帝国主义与封建势力是摧残个性的，使中国人民不能发展他们的聪明才智，他们的身体也不能发展，精神也不能发展，都受到了摧残。""民族解放就是解放个性，政治上要这样做，经济上要这样做，文化上也要这样做。""不能设想每个人不能发展，而社会有发展。"联系党的建设，毛泽东指出："不能设想我们党有党性，而每个党员没有个性。"他把没有个性的党员比作"木头"和"纸糊泥塑"，明确指出，谁要抹杀党员各种不同的个性是不行的，"抹煞各种差别，结果就会取消统一，抹煞特殊性也就没有统一性"。个人发展和社会发展、个性和党性、特殊性和统一性相辅相成，走向某一个极端都不可取。

毛泽东还引用清朝思想家、文学家、诗人龚自珍的两句诗："我劝天公重抖擞，不拘一格降人才。"并改写为"我劝马列重抖擞，不拘一格降人才"。当然，对个性的认识要全面，毛泽东指出："有两种个性，即创造性的个性和破坏性的个性。""创造性的个性是什么呢？比如模范工作者、特等射击手、发明家、能独立工作的干部，不但党外斗争有勇气，党内斗争也有勇气，盲目性少，不随声附和，搞清楚情况再举手，这就是创造性的个性。"与此相反，"另一种个性，是带破坏性的、个人主义的，把个人利益放在第一位，搞所谓标新立异"——"破坏性的标新立异"。① 毫无疑问，我们要的是"创造性的个性"。需要警惕的是，不能不分青红皂白地把人们的个性都戴上"破坏性的标新立异"的帽子，来扼杀一切个

---

① 《毛泽东文集》第三卷，人民出版社 1996 年版，第 336、340、415—416 页。

性。历史上和现实中，这种教训真不少，我们务必认真吸取。对人才工作的上述认识，需要体现为完善相关制度，正如李泽厚指出："人才难得，千古同调，其实不然。只要有好的制度，何愁不出人才。"①

（二）新老上海人要在"相师""互助"基础上实现融合

1934 年，鲁迅写了《北人与南人》(《花边文学》)，对中国北方人和南方人各自的特点和相互关系作了分析。先生首先指出历史上北方人与南方人的关系："北人的鄙视南人，已经是一种传统。这也并非因为风俗习惯的不同，我想，那大原因，是在历来的侵入者多从北方来，先征服中国之北部，又携了北人南征，所以南人在北人的眼中，也是被征服者。"这种北方人看不起南方人的状况一直延续到清朝。接着，先生批评了南方人的缺点："当然，南人是有缺点的。权贵南迁，就带了腐败颓废的风气来，北方倒反而干净。"南方人的缺点是腐朽没落的统治者带来的，北方就没有这个因素。但南方人也有优点，北方人也有缺点。

先生指出："据我所见，北人的优点是厚重，南人的优点是机灵。但厚重之弊也愚，机灵之弊也狡，所以某先生（指明末清初学者顾炎武）曾经指出缺点道：北方人是'饱食终日，无所用心'；南方人是'群居终日，言不及义'。就有闲阶级而言，我以为大体是的的确。"对北方人和南方人的优缺点，先生都是谈一种特点的两面性，北方人的厚重往往与"愚"——欠灵活相连，南方人的机

① 李泽厚：《论语今读》，生活·读书·新知三联书店 2004 年版，第 347 页。

灵往往与"狡"——欠厚道并存。先生引用顾炎武的观点加了限制，无论是说北方人"饱食终日，无所用心"，还是说南方人"群居终日，言不及义"，都是指"有闲阶级"，不是指劳苦大众。

根据以上分析，先生指出："缺点可以改正，优点可以相师。相书上有一条说，北人南相，南人北相者贵。我看这并不是妄语。北人南相者，是厚重而又机灵，南人北相者，不消说是机灵而又能厚重。昔人之所谓'贵'，不过是当时的成功，在现在，那就是做成有益的事业了。这是中国人的一种小小的自新之路。""缺点可以改正，优点可以相师"，尤其是"优点可以相师"，是全篇文章的核心观点。相书即谈相术的书，其中不乏迷信，但也有些内容体现了人生智慧。先生引用的"北人南相，南人北相者贵"，就是一例，说的是兼具北方人和南方人优点者，往往特别优秀。北方人和南方人"相师"，使中国人的优点得以弘扬，是中国人自新即"立人"的重要途径。

1919年，先生就在《随感录 六十四 有无相通》(《热风》)中，谈了北方人和南方人要"互助"而不要"互害"，文章一开始便以肯定的语气评价南北人民："南北的官僚虽然打仗，南北的人民却很要好，一心一意的在那里'互通有无'。""互通有无"就是互助，怎么"互通有无"？先看北方人对南方人："北方人可怜南方人太文弱，便教给他们许多拳脚"，包括什么"八卦拳""太极拳"，"洪家""侠家"，"阴截腿""抱桩腿""谭腿""戳脚"，"新武术""旧武术"，还有什么"实为尽美尽善之体育"，"强国保种尽在于斯"。再看南方人对北方人："南方人也可怜北方人太简单了，便送上许多文章"，包括什么"……梦""……魂""……痕""……影""……泪"，什么"外史""趣史""秽史""密史"，什么"黑幕""现形"，什么"淌牌""吊膀""拆白"，什么"嘻嘻卿卿我我""呜呼燕燕莺莺""吁嗟风风雨雨"，"耐阿是勒浪勿要面孔哉！"

以上北方人和南方人"互通有无"的内容，大致属于俗文化范畴，先生认为这不够，他对北南两方的有识之士提出了更高要求："直隶山东的侠客们，勇士们呵！诸公有这许多筋力，大可以做一点神圣的劳作；江苏浙江湖南的才子们，名士们呵！诸公有这许多文才，大可以译几页有用的新书。我们改良点自己，保全些别人；想些互助的方法，收了互害的局面罢！"先生用"直隶山东的侠客、勇士们"来代表北方人，用"江苏浙江湖南的才子、名士们"来代表南方人。他希望，无论是北方人还是南方人都能"改良点自己"。望北方人不要停留于教南方人"许多拳脚"，更要在"神圣的劳作"方面发挥优势；望南方人不要停留于送给北方人那样的"许多文章"，更要注重翻译国外新文化的书籍。这样的互通有无，是互助水平的提高，是对别人更好的"保全"。

上海是一个典型的移民城市。据上海自1885年以后历年的人口统计，非上海籍的人口，公共租界通常占80%以上，华界通常占75%以上。1950年1月的统计，其时已无租界，非上海籍人口占85%以上，上海籍人口仅占15%。①上海过去的"海上名人"和现在的领导干部、专家学者，上海籍人占比都很小，大家也从来

① 熊月之：《上海人解析》，上海教育出版社2018年版，第3页。

不认为是一个问题。在很长一段时期内，上海的移民主要来自江浙两省以及南方一些省份，所以受北方文化的影响不太大。20 世纪二三十年代，一批文化人进入上海，其中有北方人，虽然人数不多，但北方文化开始影响上海。新中国成立后，一大批北方籍干部随军南下，来到上海；一大批北方籍大学毕业生被分配到上海工作，有的与上海人通婚，北方文化对上海的影响随之增大（反过来，北方籍人也受上海文化影响）。改革开放以来，在市场经济大潮中，"北上广"具有巨大吸引力，全国各地各类人才蜂拥上海。现在的上海，"新上海人"（一般主要指改革开放以来落户和常住上海者）已占很大比例。据统计，2022 年上海人口总数 2489.43 万人，其中户籍常住人口 1457.44 万人（其中"新上海人"不少），外来常住人口 1031.99 万人。在许多新建小区，"新上海人"普遍达到一半左右。"新上海人"中，北方籍的即使比例不太大，但绝对数也已相当可观。

新老上海人如何和谐相处，既是现实问题，又是一个历史性重大课题。从表象看，这个问题似乎并不突出，历史上上海人曾有的那种优越感在很大程度上已不复存在，在绝大多数社区，可说新老上海人已经做到了和谐相处。但从深层次看，问题并非如此简单。在中国现代化的关键时刻，上海人怎么进一步提升素质，将决定未来上海的命运，并在很大程度上决定未来中国的命运。上海人的移民特点，为提升自身素质创造了有利条件。当年鲁迅提出的北方人和南方人应该"相师"和"互助"的观点，仍值得我们重视。许多人或以为随着时代变迁，北方籍人和南方籍人的优缺点都已不明显，其实不然。几千年传承下来的北方人的厚重，南方人的机灵，仍在大多数人中存在着。我在宝钢工作了十一年，对此感受颇深。由于历史的原因，较长时期内宝钢领导干部中北方籍人占了较大比例，而生产一线员工中南方籍人则占了绝大多数。员工从北方籍领导干部的厚重中获得力量，北方籍领导干部从南方籍员工的机灵中获得智慧，两者融为一体，为宝钢走在中国企业前列提供了保障。

第六章

『不后于世界思潮，弗失固有血脉』的理性

鲁迅在上海的十年，上海主要有三种文化并存，即租界文化、海派文化和左翼文化。租界文化是在不平等条约下产生的。先生对租界文化未作全面评价，而是侧重揭露和批判这种文化对中国国民性造成的伤害。海派文化是指在中国江南传统文化（主要是吴越文化）的基础上，融合上海开埠后传入的源于欧美的近现代工业文明而形成的市民通俗文化（这种融合又与租界文化相关）。先生对海派文化冷静观察，也未作全面评价，而是侧重揭示它的商业化特征和娱乐性倾向，批判它的势利。左翼文化是中国共产党领导的无产阶级革命文化，先生积极参与其中并作指导，同时对左翼文化运动中存在的极"左"错误提出恳切而严肃的批评。在上海，先生秉持其一贯倡导的理性，吸收古今中外的优秀文化，持续创立中国现代文化，与一切奴役人、麻痹人的假恶丑现象作斗争，使他的"立人"思想与时俱进，升华至一个新境界。

一、租界文化批判："西崽相""流氓气""才子气"

上海的租界，产生于 19 世纪 40 年代，由外商居留地演变而来。1840 年鸦片战争后，失败的清政府被迫与英政府签订了丧权辱国的中英《南京条约》。条约规定之一，英国人可带所属家眷寄居包括上海在内的五处港口。条约在上海实施后，租地问题即被提上议事日程。1845 年，通过会商公布了英租界最初的范围，标志着租界的产生。之后，美国和法国也乘机逼迫清政府在上海设立租界。租界逐渐成为不受中国政府管辖的"国中国"。鲁迅定居上海时，租界已存在八九十年，租界文化深刻影响了上海，并辐射全国。先生没有否认租界文化中有关西方文明的积极因素，但他更看到租界文化的侵略本质。先生聚焦租界文化背景下产生的"西崽相""流氓气"和"才子气"①，进行了入木三分的批判。

（一）"西崽之可厌不在他的职业，而在他的'西崽相'"

1927 年 2 月 19 日，鲁迅在香港青年会作了题为《老调子已经唱完》(《集外集拾遗》) 的讲演，以上海的租界为例，分析"中国的前途"，他说："上海是：最有权势的是一群外国人，接近他们的是一圈中国的商人和所谓读书的人，圈子外面是许多中国的苦人，就是下等奴才。"租界内生活着三种人形成三圈，一种是窃取了统治权，不可一世的外国人；一种是以外国人为主子，为外国人办事的中国人；一种是中国的平民百姓和劳苦大众。相对于外国人，中国人都是奴才，只不过有上等和下等之别。

1929 年 5 月，先生在燕京大学国文学会作了题为《现今的新文学的概观》(《三闲集》) 的讲演，对上海租界的"圈子"作了展开分析："上海租界，那情形，外国人是处在中央，那外面，围着一群翻译，包探，巡捕，西崽……之类，是懂得外国话，熟悉租界章程的。这一圈之外，才是许多老百姓。"对"西崽"，1936 年 10 月，先生在给增田涉的信中作了解释："西崽这名词是有的。西＝西洋人的略称，崽＝仔＝小孩＝boy。因此西崽＝西洋人使唤的 boy（专指中国人）。"西崽，旧时是对西洋人雇佣的中国男仆的蔑称，后来泛指一切依附于外国人的中国人。

---

① 参见梁伟峰：《文化巨匠鲁迅与上海文化》，上海文化出版社 2012 年版，第 112 页。

怎么看西崽？ 1933 年，先生在《序的解放》(《准风月谈》) 中指出："现在是二十世纪过了三十三年，地方是上海的租界，做买办立刻享荣华。"买办虽是奴才，但因为是西崽，成为与下等奴才很不一样的上等奴才，往往可以很快发财致富甚至飞黄腾达。1935 年，先生在《"题未定"草（一至三）》(《且介亭杂文二集》) 中，集中批判了"西崽相"，他说："上海住着许多洋人，因此有着许多西崽，因此也给了我许多相见的机会；不但相见，我还得了和他们中的几位谈天的光荣。"在详细描写了西崽既"洋"又"中"的特点后，他表示："倘使我要另找职业，能说英文，我可真的肯去做西崽的，因为我以为用工作换钱，西崽和华仆在人格上也并无高低，正如用劳力在外资工厂或华资工厂换得工资，或用学费在外国大学或中国大学取得资格，都没有卑贱和清高之分一样。"这是从人格、生存和职业角度，对西崽的理解和尊重。

那么，为何又要批判西崽呢？先生说："西崽之可厌不在他的职业，而在他的'西崽相'。这里之所谓'相'，非说相貌，乃是'诚于中而形于外'的，包括着'形式'和'内容'而言。这'相'，是觉得洋人势力，高于群华人，自己懂洋话，近洋人，所以也高于群华人；但自己又系出黄帝，有古文明，深通华情，胜洋鬼子，所以也胜于势力高于群华人的洋人，因此也更胜于还在洋人之下的群华人。租界上的中国巡捕，也常常有这一种'相'。"西崽身为奴才——虽是上等奴才，自我感觉却特别好，不仅认为自己胜过大多数华人，简直还胜过洋鬼子。西崽的这种感觉引起先生厌恶，他归纳分析道："倚徙华洋之间，往来主奴之界，这就是现在洋场上的'西崽相'。但又并不是骑墙，因为他是流动的，较为'圆通自在'，所以也自得其乐，除非你扫了他的兴头。"西崽既靠着中国人，又靠着外国人，在外国人面前虽是奴才，却也有独特价值；在中国人面前，则俨然把自己当作半个主子了。西崽因为具有不固定性，所以比较自由，但毕竟依附于洋人，一旦揭穿这一点，他们就不高兴了。

外国新文化对西崽是有影响的，或者说西崽作为租界"圈内"的人，对西方文明是有所了解的。但"圈子外面许多中国的苦人"则不然，先生指出："中国的文化，便是怎样的爱国者，恐怕也大概不能不承认是有些落后。新的事物，都是从外面侵入的。新的势力来到了，大多数人还是莫名其妙。"大多数中国人在贫困线上挣扎，没受过教育，当然不了解租界内的新东西，存在着文明阻隔。怎么才能让老百姓"知道得多一点"呢？先生用他的老话提出："'多看外国书'，来打破这包围的圈子。"前提是让老百姓享有受教育的权利，使他们能够在接受外国新文化的同时看到其糟粕，并且透过圈子明辨"西崽相"说到底还是奴才相。

（二）"主张的变化无线索可寻的人，都可以称为流氓"

现在对"流氓"一般解释为"无固定工作、经常寻衅闹事的人"和"恶劣下流的行为"，而鲁迅那时说的"流氓"，含义则要复杂和宽泛得多。1931 年，先生在《上海文艺之一瞥》(《二心集》)中，对"流氓"作了如下界定："无论古今，凡是没有一定的理论，或主张的变化并无线索可寻，而随时拿了各种各派的理论来作武器的人，都可以称之为流氓。"这里说的"流氓"，主要针对文化人，但先生举例时含义则不限了："例如上海的流氓，看见一男一女的乡下人在走路，他就说，'喂，你们这样子，有伤风化，你们犯了法了！'他用的是中国法。倘看见一个乡下人在路旁小便，他就说，'喂，这是不准的，你犯了法，该捉到捕房去！'这时所用的又是外国法。但结果是无所谓法不法，只要被他敲去了几个钱就都完事。"流氓的主要特点是不讲原则、没有是非，为了获取私利，翻手为云，覆手为雨。

1931 年，先生在《"吃白相饭"》(《准风月谈》) 中，谈了上海存在的"吃白相饭"现象："要将上海的所谓'白相'，改作普通话，只好是'玩耍'；至于'吃白相饭'，那恐怕还是用文言文译作'不务正业，游荡为生'，对于外乡人可以比较的明白些。"不务正业地游荡，何以为生呢? 归纳起来"不过是三段"："第一段是欺骗。见贪人就用利诱，见孤愤的就装同情，见倒霉的就装慷慨，但见慷慨的却又会装悲苦，结果是席卷了对手的东西。"见什么人说什么话，目的都是骗取钱财。"第二段是威压。如果欺骗无效，或者被人看穿了，就脸孔一翻，化为威吓，或者说人无礼，或者诬人不端，或者赖人欠钱，或者并不说什么缘故，而这也谓之'讲道理'，结果还是席卷了对手的东西。"从花言巧语的欺骗变为蛮横无理的威吓，目的仍是骗取钱财。"第三段是溜走。用了上面的一段或兼用了两段而成功了，就一溜烟走掉，再也寻不出踪迹来。失败了，也是一溜烟走掉，再也寻不出踪迹来。事情闹得大一点，则离开本埠，避过了风头再出现。"不管是欺骗还是威吓，时间久了都会被揭穿，所以只能溜走。按照先生对流氓的定义，"吃白相饭"

显然是耍流氓，但"'吃白相饭'在上海是这么一种光明正大的职业"。"白相可以吃饭，劳动的自然就要饿肚，明明白白，然而人们也不以为奇。""吃白相饭"的流氓行为能够横行于市，人们见怪不怪，甚至麻木了。

先生揭露了"流氓气"对文坛的影响。1932年，他在《辱骂和恐吓决不是战斗》(《南腔北调集》)中指出："现在有些作品，往往并非必要而偏在对话里写上许多骂语去，好像以为非此便不是无产者作品，骂詈愈多，就愈是无产者作品似的。其实好的工农之中，并不随口骂人的多得很，作者不应该将上海流氓的行为涂在他们身上的，即使有喜欢骂人的无产者，也只是一种坏脾气，作者应该由文艺加以纠正，万不可再来展开，使将来的无阶级社会中，一言不合，便祖宗三代的闹得不可开交。"随口骂人并不是无产者的特征，而是流氓习气，文学作品不该助长这种不良习气。1934年4月，先生在给魏猛克的信中，评论《点石斋画报》主编、清末画家吴友如和作家、画家叶灵凤，认为吴友如"因为多画，所以以后就'油滑'了，但可取的是他观察的精细"；"至于叶灵凤，倒是自以为中国的 beardsley①"；"但他们两人都在上海混，都染了流氓气，所以见得有相似之处了"。有些人不是流氓但沾染了"流氓气"，这主要体现在文坛。

1934年12月，先生在给萧军、萧红的信中分析道："其实上海本地人倒并不坏的，只是各处坏种，多跑到上海来作恶，所以上海

---

① 毕亚兹莱，英国画家，多用带图案的黑白线条描绘社会生活，常把人画得形象瘦削。

便成为下流之地了。"上海多"流氓气"，并非本地特产。1929 年，先生在《流氓的变迁》(《三闲集》)中，就分析了产生流氓的社会原因："为盗要被官兵所打，捕盗也要被强盗所打，要十分安全的侠客，是觉得都不妥当的，于是有流氓。"产生流氓的根本原因是法治不完备，统治者掌控能力薄弱，社会严重分裂，留下难以弥合的巨大缝隙，使流氓有机可乘，赖以生存。上海产生流氓，与租界的政治和文化直接相关，1931 年，先生在《"民族主义文学"的任务和运命》(《二心集》)中指出："殖民政策是一定保护，养育流氓的。从帝国主义的眼睛看来，惟有他们是最要紧的奴才，有用的鹰犬。""这流氓，是殖民地上的洋大人的宠儿——不，宠犬，其地位虽然在主人之下，但总在别的被统治者之上的。"流氓能发挥侵略者、统治者发挥不了的作用，获得可观的自身利益。

鲁迅在上海，有过与流氓的正面对峙和交涉。先生家雇有女佣王阿花，她是不堪丈夫的虐待毒打而从浙江上虞老家来上海谋生的。其丈夫竟然寻到上海，通过上虞同乡会欲寻机劫回王阿花。1919 年 11 月，先生在给章廷谦的信中，谈到自己比较忙："所谓忙者，因为又须准备吃官司也。月前雇上虞女佣，乃被男人虐待，将被出售者，不料后来果有许多流氓，前来生擒，而俱为不佞所御退，于是女佣在内而不敢出，流氓在外而不敢入者四五天，上虞同乡会本为无赖所把持，出面索人，又为不佞所御退，近无后文，盖在协以谋我也。"先生主持正义，不惧流氓威吓，坚决为女佣出头。后请律师从中调停，双方按议定办法，由先生代王阿花垫付赎身钱150 元，王阿花获得人身自由。

（三）"江南才子扭扭捏捏，没有人气，不像人样"

鲁迅的《上海文艺之一瞥》，在批判"流氓气"的同时还批判了"才子气"，一开始便点出了上海历史上文艺界的"才子"："我所能记得的，是三十年以前，那时的《申报》"，"在那里做文章的，则多是从别处跑来的'才子'"。先生把那时的读书人分成两种，君子和才子："君子是只读四书五经，做八股，非常规矩的。而才子却此外还要看小说，例如《红楼梦》，还要做考试上用不着的古今体诗之类。"才子与上海是什么关系呢？"有了上海的租界，——那时叫'洋场'"，"有些才子们便跑到上海来，因为才子是旷达的，那里都去"。这是才子与君子的又一区别。"才子原是多愁多病，要闻鸡生气，见月伤心的。一到上海，又遇见了婊子。去嫖的时候，可以叫十个二十个年青姑娘聚集在一处，样子很有些像《红楼梦》，于是他就觉得自己像贾宝玉；自己是才子，那么婊子当然是佳人，于是才子佳人的书就产生了。""才子佳人"的书一时盛行上海，但时间一长，才子发生演变，出现了"才子＋呆子"和"才子＋流氓"两种。前者是指才子在婊子那里上了当，后者则是指才子在婊子那里成为"得了胜利的英雄豪杰"。文坛也就随之而变。

先生侧重分析了"才子＋流氓"对绘画的影响："就是在教科书的插画上，也常常看见所画的孩子大抵是歪戴帽，斜视眼，满脸横肉，一副流氓气。"对电影也有影响："现在的中国电影，还在很受着这'才子＋流氓'式的影响，里面的英雄，作为'好人'的英雄，也都是油头滑脑的，和一些住惯了上海，晓得怎样'拆梢'，

'揩油'，'吊膀子'的滑头少年一样。看了之后，令人觉得现在倘要做英雄，做好人，也必须是流氓。"除了绘画和电影外，小说中也出现了很多描写"才子＋流氓"的内容。但过不了多久，"才子＋流氓"的小说便渐渐衰退。

值得重视的是，"新的才子＋佳人小说便又流行起来"。它与旧才子佳人小说有很大不同："佳人已是良家女子了，和才子相悦相恋，分拆不开，柳荫花下，像一对蝴蝶，一双鸳鸯一样，但有时因为严亲，或者因为薄命，也竟至于偶见悲剧的结局，不再成神仙了，——这实在不能不说是一个大进步。"之所以称之为"一个大进步"，是因为新才子佳人小说具有写实的特点。新才子佳人小说又被称为"鸳鸯蝴蝶式文学"，盛极一时，代表作家有包天笑、陈碟仙、徐枕亚、周瘦鹃、张恨水等。直到《新青年》盛行起来，新才子佳人小说才受到冲击，但仍有广大的读者群。"这后来，就有新才子派的创造社的出现。"创造社在某些方面"是也有些才子＋流氓式的"，譬如，他们把革命描绘得很恐怖，"这种令人'知道点革命的厉害'，只图自己说得畅快的态度，也还是中了才子＋流氓的毒"。

才子本是中国传统社会的产物，顾名思义是指有才华的人，特别是会舞文弄墨的年轻男子。才子固然有其儒雅细腻、高蹈飘逸的一面，却也伴随着懦弱、男子汉气概不足，往往与强悍的生命、刚毅的精神无关。自古江南多才子，近代以来，上海凭借其在国内首屈一指的娱乐业和新闻出版业，超越苏州而成为新才子云集和新才子气辐射中心。鲁迅对这种"才子气"并不欣赏，1934年12月，他在给萧军、萧红的信中说："我最讨厌江南才子，扭扭捏捏，没有人气，不像人样，现在虽然大抵改穿洋服了，内容也并不两样。"先生讨厌缺少阳刚之气的江南文人，痛恨上海一些才子以舞文弄墨沾沾自喜，却对社会黑暗不置一词。1935年，他在《论"人言可畏"》(《且介亭杂文二集》) 中，就阮玲玉自杀事件，对记者中的"才子"作了如下评论："一个村妇再醮了两回，原是穷乡僻壤的常事，一到才子的笔下，就又赐以大字的标题道，'奇淫不减武则天'，这程度你又怎么知道？""这些句子是摇笔即来，不假思索的，这时不但不会想到这也是玩弄着女性，并且也不会想到自己乃是人民的喉舌。"这种"才子气"就不是小气了，而是没有理性的低级趣味，对当事人造成伤害。

二、海派文化批判：过度商业化和娱乐化乃至低俗化

鲁迅谈海派文化，最经典的是1934年写的《"京派"与"海派"》(《花边文学》)，相关的还有同一天写的《北人与南人》(《花边文学》)。先生从最抽象的层面对海派文化作了评价，突出了一个"商"字。"商"本是一个中性概念，但这个概念侵入文艺界，发展到过度商业化和娱乐化，乃至跌入低俗化，是先生不赞成的，这有悖于改革国民性以"立人"的使命。虽然"商"文化在一定程度上具有调节市民生活的休闲功能，不宜完全否定，但从总体上看不利于中国人的现代化——精神境界的提高。

（一）"上海的文坛如商场"，"'海派'是商的帮忙"

《"京派"与"海派"》，是从沈从文与上海《现代》月刊编

辑苏汶的一场争论谈起的。1933 年 10 月，沈从文在天津《大公报·文艺副刊》上发表《文学者的态度》一文，批评一些文人对文学创作缺乏"认真严肃"的态度，说这类人"在上海寄生于书店，报馆，官办的杂志，在北京则寄生于大学，中学，以及种种教育机关中"；"或在北京教书，或在上海赋闲，教书的大约每月皆有三百元至五百元的固定收入，赋闲的则每礼拜必有三五次谈话会之类列席"。同年 12 月，苏汶在《现代》月刊上发表《文人在上海》一文，对"不问一切情由而用'海派文人'这名词把所有居留在上海的文人一笔抹杀"表示不满，文中还提到："仿佛记得鲁迅先生说过，连个人的极偶然而且往往不由自主的姓名和籍贯，都似乎也可以构成罪状而被人所讥笑，嘲讽。"此后，沈从文又发表《论"海派"》等文，曹聚仁等也参加了这一争论。

鲁迅的《"京派"与"海派"》指出："所谓'京派'与'海派'，本不指作者的本籍而言，所指的乃是一群人所聚的地域，故'京派'非皆北平人，'海派'亦非皆上海人。梅兰芳博士，戏中之真正京派也，而其本贯，则为吴下。但籍贯之都鄙，固不能定本人之功罪，居处的文陋，却也影响于作家的神情，孟子曰'居移气，养移体'，此之谓也。""京派"与"海派"不以作者的籍贯，而以他所居处的地域来区分，因为居住地对作者确有较大影响。接着，先生就分析长居北京或上海的文人的不同特点了："北京是明清的帝都，上海乃各国之租界，帝都多官，租界多商，所以文人之在京者近官，没海者近商，近官者在使官得名，近商者在使商获利，而自己也赖以糊口。要而言之，不过'京派'是官的帮闲，'海派'

则是商的帮忙而已。但从官得食者其情状隐，对外尚能傲然，从商得食者其情状显，到处难以掩饰，于是忘其所以者，遂据以有清浊之分。而官之鄙商，固亦中国旧习，就更使'海派'在'京派'的眼中跌落了。""京派"和"海派"给人的感觉或有不同，但本质上并没有清浊之分，"京派"自视清高、优越于"海派"，是受官本位思想影响。

先生同时指出："北京学界，前此固有其光荣，这就是五四运动的策动。现在虽然还有历史上的光辉，但当时的战士，却'功成，名遂，身退'者有之，'身稳'者有之，'身升'者更有之，好好的一场恶斗，几乎令人有'若要官，杀人放火受招安'之感。'昔人已乘黄鹤去，此地空余黄鹤楼'，前年大难临头，北平的学者们所想援以掩护自己的是古文化，而惟一大事，则是古物的南迁，这不是自己彻底的说明了北平所有的是什么了吗?"五四以后，新文化运动的战士分化，北京当年的风光不再，但先生对"京派"还是寄予某种希望："北平究竟还有古物，且有古书，且有古都的人民。在北平的学者文人们，又大抵有着讲师或教授的本业，论理，研究或创作的环境，实在是比'海派'来得优越的，我希望着能够看见学术上，或文艺上的大著作。"在学术和文艺上，先生对"京派"的评价高于"海派"，认为这也与所处环境有关。

作为"商的帮忙"的海派文化，则必然具有商业化特征。1929年8月，先生在给李霁野的信中说："上海到处都是商人气（北新也大为商业化了），住得真不舒服。"北新指先生很熟悉的北新书局。1933年12月，他在给郑振铎的信中，称上海的文坛为"文摊"，批评道："海上'文摊'之状极奇，我生五十余年矣，如此怪像，实是第一次看见，倘使自己不是中国人，倒也有趣，这真是所谓 Grotesque（英语，古怪的、荒诞的），眼福不浅也，但现在则颇不舒服，如身穿一件未曾晒干之小衫，说是痛苦，并不然，然不说是没有什么，又并不然也。""如穿湿布衫"，是形容一种难以言状的难受。1934 年 9 月，先生在给徐懋庸的信中说："上海的文坛，正如商场，也是你枪我刀的世界，倘不是有流氓手段，除受伤以外，并不会落得什么。"商场如战场，竞争激烈，在游戏规则不成熟的情况下，有些人就用流氓手段对付竞争对手，这是应该规制和避免的。如果把它用于文坛就更不该了，但在利益驱动下，一些文人什么出格的事都做得出来。

（二）"无论怎样惨事，都要说得有趣——海式的有趣"

凡商必与利挂钩，过度商业化就会导致势利，甚至唯利是图。鲁迅多次批评上海文坛的势利，1930 年 12 月，他在给孙用的信中，谈到《勇敢的约翰》（长篇童话叙事诗，匈牙利诗人裴多菲著）世界语译本的出版时说："上海是势利之区"，"译文的好不好，是第二个问题，第一个问题是印出来时髦不时髦"。势利颠倒了内容和形式的位置，形式重于内容，甚至压倒了内容。1931 年 5 月，他在给孙用的信中又说："上海文坛寂寥，书坊势利"，"《勇敢的约翰》至今为止，颇碰了几个钉子"，"书坊专为牟利，是不好的，这能使中国没有好书。我现已筹定款项，决于本月由个人付印一千部"。书坊图利可以理解，但专为牟利就过度商业化了。相当一部分好书不一定好销，书坊应在力求盈利的同时，让出一部分利来支持好书出版，这对书坊长远发展也是有利的。面对书坊的势利，为了保证《勇敢的约翰》的出版质量，先生不惜自费印书。1932年11月，先生去北平探望母病期间，在给许广平的信中，谈了对京沪两地的感受，说自己到京后，一些旧友待他都很好，"这种老朋友的态度，在上海势利之邦是看不见的"，"殊不似上海之专以利害为目的"。当时的北京，市场化、商业化程度远比上海低，受其影响包括负面影响也小得多。

过度商业化的势利倾向，很容易导致娱乐化甚至低俗化。1929年4月，先生在给李霁野的信中说："上海的出版界糟极了，许多人大嚷革命文学，而无一好作，大家仍大印吊膀子小说骗钱，这样下去，文艺只有堕落，所以绍介些别国的好著作，实在是最要紧的事。"那些高喊"革命文学"的人，拿不出大众喜闻乐见的优秀作品，这就给迎合低级趣味的色情作品以可乘之机。为了避免文艺的堕落，就得继续翻译出版外国的好作品。1928年，先生在《〈某报剪注〉按语》(《集外集拾遗补编》) 中说："我到上海后，所惊异的事情之一是新闻记事的章回小说化。无论怎样惨事，都要说得有趣——海式的有趣。只要是失势或遭殃的，便总要受奚落。"片面追求"海式的有趣"，无视大量存在的人间悲剧，不利于唤醒处于麻木状态的群众。1933年，先生在《祝〈涛声〉》(《南腔北调集》) 中评论道：上海的市侩们"感兴趣的只是今天开奖，邻右争风；眼光远大的也不过要知道名公如何游山，阔人和谁要好之类；高尚的就看什么学界琐闻，文坛消息"。民族危亡之际，却只对低俗消息感兴趣，好一点的也不过谈谈名人和文人轶事，这是先生所反对的。

　　同年，先生在《家庭为中国之基本》(《南腔北调集》) 中，对上海人的休闲娱乐生活作了如下描绘："中国的自己能酿酒，比自己来种鸦片早，但我们现在只听说许多人躺着吞云吐雾，却很少见有人像外国水兵似的满街发酒疯。唐朝的踢球，久已失传，一般的娱乐是躲在家里彻夜叉麻雀。从这两点看起来，我们从露天下渐渐的躲进家里去，是无疑的。古之上海文人，已尝慨乎言之，曾出一联，索人属对，道：'三鸟害人鸦雀鸽'，'鸽'是彩票，雅号奖券，那时却称为'白鸽票'的。但我不知道后来有人对出了没有。"古今对比，休闲娱乐从喝酒到抽鸦片，从踢球到叉麻雀，从露天活动到躲进家里，显然是不利于身心健康的倒退。1935 年，先生写了一篇题为《中国的科学资料——新闻记者先生所提供的》(《集外集拾遗补编》) 短文，对上海有些报刊的无聊文章进行讽刺："毒蛇化鳖——'特志之以备生物学家之研究焉。'乡妇产蛇——'因识之以供生理学家之参考焉。''冤鬼索命——姑记之以俟灵魂学家之见教焉。'"编造这种打着科学旗号的怪异消息惑众，可见新闻低劣到何等程度。

　　1933 年，先生在《世故三昧》(《南腔北调集》) 中，反话正说，详细描述了因社会的险恶而导致人们之势利："如果你遇见社会上有不平事，万不可挺身而出，讲公道话，否则，事情倒会移到你头上来，甚至于会被指为反动分子的。如果你遇见有人被冤枉，被诬陷的，即使明知道他是好人，也万不可挺身而出，去给他解释或分辨，否则，你就会被人说是他的亲戚，或得了他的贿赂；倘使那是女人，就要被疑为她的情人的；如果他较有名，那便是党羽。"先生讥讽道："所以，你最好是莫问是非曲直，一味附和着大家；但更好是不开口；而在更好之上的是连脸上也不显出心里的是非的模样来……"文章最后，先生正话正说了："耳闻目睹的不算，单是看看报章，也就可以知道社会上有多少不平，人们有多少冤抑。但对于这些事，除了有时或有同业，同乡，同族的人们来说几句呼吁的话之外，利害无关的人的义愤的声音，我们是很少听到的。"对形形色色的黑暗现象熟视无睹，缺乏应有的义愤，社会就无从进步。

鲁迅对上海文化界并未全盘否定，1929 年 6 月，他在给李霁野的信中，以未名社为例评价说："未名社书，在南方信用颇好，倘迁至上海，当然可有更好之发展。所谓洋场气，是不足惧的，其中空虚无物（因为不过是'气'），还是敌不过认真，观现在滑头书铺，终于弄不好，即可见。自然也有以滑头立足的，但他们所有的，原是另一类读者。"先生肯定上海的文化发展环境好于南方，除了左翼文化外，暗含全面地看租界文化和海派文化，这两种文化也有其真善美的一面。对所谓"洋场气"的批判，是为了使现代文化健康发展。"洋场气"有它满足市民文化娱乐生活需要的功用，但存在着"空虚无物"的一面，缺少对提高国民素质有价值的内容。对于严肃文学而言，不须怕"洋场气"，应该相信自己能够胜过它。事实上，左翼文化的优秀作品已经证明了这一点。

三、左翼文化中的极"左"倾向批判："一碰到实际便要撞碎了"

左翼文化一般是指 20 世纪二三十年代以上海为重镇的无产阶

级革命文化。在半殖民地半封建的中国社会产生的左翼文化，是彻底反帝反封建的文化，是中国共产党红色文化的重要组成部分，具有不可忽视的历史进步意义。同时也要看到，由于复杂的内外部原因，左翼文化的发展受到极"左"错误的严重干扰。对此，本书第四章第二节已点出，这里再作些展开分析，看鲁迅是如何对它进行批评，并在批评中准确把握无产阶级革命文化方向的。

（一）"空空洞洞的争，实在只有两面自己心里明白"

1928 年先生写的《扁》(《三闲集》)，是一篇集中批评一些"革命文艺家"不注意把"名词函义"搞清楚的短文，文章一开始指出："中国文艺界上可怕的现象，是在尽先输入名词，而并不绍介这名词的函义。"这种赶时髦的草率行为，只会败坏文坛风气："于是各各以意为之。看见作品上多讲自己，便称之为表现主义；多讲别人，是写实主义；见女郎小腿肚作诗，是浪漫主义；见女郎小腿肚不准作诗，是古典主义；天上掉下一颗头，头上站着一头牛，爱呀，海中央的青霹雳呀……是未来主义……等等。"不仅"各各以意为之"，"还要由此生出议论来。这个主义好，那个主义坏……等等"。先生引用清代的一个笑话：两位近视眼要比眼力，约定到关帝庙去看新挂的匾额，匾还没挂出，就对匾上写的什么字争论起来。先生借此类比道："我想，在文艺批评上要比眼力，也总得先有那块扁额挂起来才行。空空洞洞的争，实在只有两面自己心里明白。""空空洞洞的争"，争论的基础是什么？意义又何在？

1929 年，先生在《〈奔流〉编校后记》(《集外集》)中指出："我们能听到某人在提倡某主义——如成仿吾之大谈表现主义，高长虹之以未来派自居之类——而从未见某主义的一篇作品，大吹大擂地挂起招牌来，孪生了开张和倒闭，所以欧洲的文艺史潮，在中国毫未开演，而又像已经一一演过了。"听到外国的一种新思潮，不去理解它的基本内涵，就自以为是地随意解说一番，刮一阵风，很快便烟消云散。"孪生了开张和倒闭"，多辛辣的嘲讽！但又何尝不是对外国新思潮在中国的不幸命运的客观描述。同年，先生在《〈现代新兴文学的诸问题〉小引》(《译文序跋集》) 中，再次批评了此类现象："新潮之进中国，往往只有几个名词，主张者以为可以咒死敌人，敌对者也以为将被咒死，喧嚷一年半载，终于火灭烟消。如什么罗曼主义，自然主义，表现主义，未来主义……仿佛都已过去了，其实又何尝出现。""必先使外国的新兴文学在中国脱离'符咒'气味，而跟着的中国文学才有新兴的希望。"利用外国新思潮作为"符咒"，贴上各种新标签来攻击论敌，热闹一阵便销声匿迹。"仿佛都已过去了，其实又何尝出现"，类似上述"毫未开演，而又像已经一一演过了"。正确的态度和做法，是老老实实地学习研究它，先把它的基本内涵搞清楚，然后再考虑怎么联系中国实际借鉴运用，中国新文化的发展才有希望。

　　1930 年 3 月 2 日，先生在"左联"成立大会上的讲话——《对于左翼作家联盟的意见》(《二心集》)，是集中批评左翼文化运动中错误的重要文献，讲话分析了左翼作家"不能统一"的原因："我以为联合战线是以有共同目的为必要条件的。我记得好像曾听到过这样一句话：'反动派且已经有联合战线了，而我们还没有团结起来！'其实他们也并未有有意的联合战线，只因为他们的目的相同，所以行动就一致，在我们看来就好像联合战线。而我们战线不能统一，就证明我们的目的不能一致，或者只为了小团体，或者还其实只为了个人，如果目的都在工农大众，那当然战线也就统一了。"思想（共同目的）与组织（联合战线），前者是后者的必要条件，思想一致才能步调一致。左翼作家"目的不能一致"，与他们对新思潮"各各以意为之"有关。不同的认识导致"目的"有三种情况，一是只为小团体，二是只为个人，三才是为工农大众，如果都为工农大众，联合战线就巩固了，有力了。

1934 年 12 月，先生在给萧军、萧红的信中指出："现在文坛的无政府情形，当然很不好，而且坏于此的恐怕还有，但我看这情形是不至于长久的。分裂、高谈、故作激烈等等，四五年前也曾有过这现象，左联起来，将这压下去了，但病根未除，又添了新分子，于是现在老病就复发。"先生进一步分析道："其实，左联开始的基础就不大好，因为那时没有现在似的压迫，所以有些人以为一经加入，就可以称为前进，而又并无大危险的，不料压迫来了，就逃走了一批。这还不算坏，有的竟至于反而卖消息去了。"先生对左翼作家中存在问题的批评，对于左联的健康发展起了重要作用，但由于左联基础不够好，有些人并未真正理解和接受先生的善意批评，病根未除，加上又有新成员进入，队伍的构成比以前更复杂，难免旧病复发。四五年后文坛的"无政府情形"，说明左联作家思想仍不一致，步调还是统一不起来，像五四运动之后的情况一样，队伍分化。

1933 年，先生在《为翻译辩护》(《准风月谈》) 中批评道："中国的流行，实在也过于太快，一种学问或文艺介绍到中国来，多则一年，少则半年，大抵就烟消火灭。"新的"学问或文艺"在中国流行过快，是人们往往以轻浮的态度对待外国新思潮。同年，先生在《上海所感》(《集外集拾遗》)中，再次批评说："中国是变化繁多的地方，但令人并不觉得怎样变化。变化太多反而很快的忘却了。倘要记得这么多的变化，实在也非有超人的记忆力就办不到。""变化繁多""太多"并非改革推进得快，而是只图新鲜，做表面文章。1934 年 4 月，先生在给姚克的信中指出："中国人总只喜欢一个'名'，只要有新鲜的名目，便取来玩一通，不久连这名目也糟蹋了，便放开，另外又取一个。真如黑色的染缸一样，放下去，没有不乌黑的。"对一个个"新鲜的名目"，用它来沽名钓誉、"玩一通"，把外国的好东西放到中国的"黑染缸"里，糟蹋了。如果这种情况只是在少数文人中作为幼稚的游戏玩玩，倒还不打紧，可怕的是把这种思维方式用于实际工作，用于改革。1930 年，先生在《习惯与改革》(《二心集》)中指出："倘看不清，就无从改革。"但偏偏有不少人没有看清楚就去改革、去革命，其危害之严重就很难避免了。

1934 年夏，鲁迅写了《水性》(《花边文学》)，开头说："天气接连的大热了近二十天，看上海报，几乎每天都有下河洗浴，淹死了人的记载。这在水村里，是很少见的。"因为："水村多水，对于水的知识多，能浮水的也多。倘若不会浮水，是轻易不下水去的。这是一种能浮水的本领，俗语谓之'识水性'。"奇怪的是："在都会里的人们，却不但不能浮水，而且似乎连水能淹死人的事情也都忘却了。平时毫无准备，临时又不先一测水的深浅，遇到热不可耐时，便脱衣一跳，倘不幸而正值深处，那当然是要死的。"针对这种情况，先生提出："所以我想，要下河，最好是预先学一点浮水工夫"，"而最要紧的是要知道水有能淹死不会游泳的人的性质，并且还要牢牢的记住！"文的结尾道："现在还要主张宣传这样的常识，看起来好像发疯，或是志在'花边'罢，但事实却证明着断断不如此。"宣传水能淹死人的常识，似乎是没话找话说，甚至被讥讽为"发疯"，或被指责是为了稿费。所谓"志在'花边'"，说的是后一层意思（先生的文章在报上刊登，为引起注意，编辑用花边将其框起来）。

初看起来，《水性》确像一篇再普通不过的文章，咀嚼一番却能会其深意。现实中，违背常识的事真不少。违背常识由多种原因造成，有的是因为确实不懂常识，文明世界中已经成为常识的事，我们有些人还不懂，即使引进了这些常识的概念，也不去下功夫把它搞清楚，那就成不了我们的常识。有的是因为虽然懂得一点常识，但在缺乏理性、不讲认真的社会环境中，知行不一，忽视常识。有的是因为虽然懂得常识，但在私利驱动下，有意违背常识。还有的是因为走极端，把背离常识认作创新、改革或革命。不论何种情况，凡违背常识都得付出代价，且往往是沉重的代价。

（二）"并不想到实行的社会主义者毫不足靠"

那些"革命文艺家"们一面在理论上空空洞洞地争，一面却在不同程度上投入了革命实践，那就很难避免犯错误。1930年，先生在《对于左翼作家联盟的意见》中尖锐地指出："倘若不和实际的社会斗争接触，单关在玻璃窗内做文章，研究问题，那是无论怎样的激烈，'左'，都是容易办到的；然而一碰到实际，便即刻要撞碎了。关在房子里，最容易高谈彻底的主义，然而也最容易'右倾'。西洋的叫做'Salon 的社会主义者'，便是指这而言。'Salon'是客厅的意思，坐在客厅里谈谈社会主义，高雅得很，漂亮得很，然而并不想到实行的。这种社会主义者，毫不足靠。"极"左"或极"右"的根子，都是"不和实际的社会斗争接触"。当时，社会主义已成为在国际上被越来越多的人接受的思潮，遗憾和可怕的是，不少所谓的"社会主义者"只是停留于空谈。

空谈社会主义的作家或艺术家，自视甚高，对未来抱有不切实际的幻想，先生提醒道："以为诗人或文学家高于一切人，他底工作比一切工作高贵，也是不正确的观念。"先生以德国诗人海涅为例来作说明。海涅在诗集《还乡记》中写道："我梦见我自己做了上帝，昂然地高坐在天堂，天使们环绕在我身旁，不绝地称赞着我的诗章。我在吃糕饼、糖果，喝着酒，和天使们一起欢宴，我享受着这些珍品，却无须破费一个小钱。"先生评论道："在现在，上帝请吃糖果的事，是当然无人相信的了，但以为诗人或文学家，现在为劳动大众革命，将来革命成功，劳动阶级一定从丰报酬，特别优待"，"这也是不正确的"，"因为实际上决不会有这种事"。先生当然不是否定知识分子的作用，他说明道："不待说，知识阶级有知识阶级的事要做，不应特别看轻，然而劳动阶级决无特别例外地优待诗人或文学家的义务。"联系中国无产阶级革命胜利后知识分子的曲折遭遇，不得不佩服先生洞察未来的犀利目光。

1934 年 12 月，先生在给萧军、萧红的信中强调："空谈之类，是谈不久，也谈不出什么来的，它终必被事实的镜子照出原形，拖着尾巴而去。"1935 年 4 月，他在给萧军的信中再说：自己对左联的意见，"是针对那时的弊病而发的，但这些老病，现在并没有好，而且我有时还觉得加重了。现在是连说这些话的意思，我也没有了，真是倒退得可以"。先生对有些左翼作家积弊难改甚至倒退深感失望。1936 年 4 月，他在给王冶秋的信中指出："我们这一翼（指左联）里，我觉得实做的少，监督的太多，个个想做'工头'，所以苦工就更加吃苦。"监督者不能把与被监督者的关系当成主奴关系，也不能大多数人监督少数人工作，任何事情毕竟都是实实在在做出来的。

（三）"革命是并非教人死而是教人活的"

1927 年，先生在《文艺与政治的歧途》(《集外集》) 中指出："十九世纪，可以说是一个革命的时代；所谓革命，那不安于现在，不满意于现状的都是。文艺催促旧的渐渐消灭的也是革命（旧的消灭，新的才能产生）。"革命是一个相对宽泛的概念，不仅包括政治革命，而且包括思想革命。1928 年，先生在《文艺与革命》(《三闲集》) 中指出："斗争呢，我倒以为是对的。人被压迫了，为什么不斗争？正人君子者流深怕这一着，于是大骂'偏激'之可恶。"正人君子者流，指新月社中人。同年，先生在《铲共大观》(《三闲集》) 中说："不是正因为黑暗，正因为没有出路，所以要革命的么？倘必须前面贴着'光明'和'出路'的包票，这才雄赳赳地去革命，那就不但不是革命者，简直连投机家都不如了。虽是投机，成败之数也不能预卜的。"革命是理所当然的事，但革命又是有风险，甚至危险的。代表进步趋势的革命最终一定能胜利，但过程中很可能失败，不怕失败，屡战屡败也不泄气，锲而不舍地坚持奋斗，直至胜利，这才是真正的革命者。

1930 年，先生在《对于左翼作家联盟的意见》中提醒说，要明白革命的实际情形，否则就容易从"左翼"变成"右翼"："革命是痛苦，其中也必然混有污秽和血，决不是如诗人所想像的那般有趣，那般完美；革命尤其是现实的事，需要各种卑贱的，麻烦的工作，决不如诗人所想像的那般浪漫；革命当然有破坏，然而更需要建设，破坏是痛快的，但建设却是麻烦的事。所以对于革命抱着浪漫谛克的幻想的人，一和革命接近，一到革命进行，便容易失望。"先生举了两个例子来作说明。一个是苏联作家的例子。苏联诗人叶赛宁，十月革命时向往革命，写过一些赞扬革命的诗，但革命后看到实际情形并非他想象的那么回事，就陷入苦闷、失望、颓废，终于自杀。一个是清末柳亚子等发起的文学团体南社的例子。他们以诗文鼓吹反清革命，盛时有社员千余人。辛亥革命后民国成立，看到的混乱现象使他们大失所望，该社便产生分化，有的附和袁世凯，有的加入其他政客团体，只有少数人坚持进步立场，直至1923 年解体。先生提醒说："我们如果不明白革命的实际情形，也容易和他们一样的。"重要的是，一切从实际出发。

1931 年，先生在《上海文艺之一瞥》中，批评创造社"尤其是成仿吾先生，将革命使一般人理解为非常可怕的事，摆着一种极左倾的凶恶的面貌，好像革命一到，一切非革命者就都得死，令人对革命只抱着恐怖。其实革命是并非教人死而教人活的"。革命不可能没有牺牲，但不是为牺牲而牺牲，少数人牺牲是为了多数人活得更好，包括革命者本身的牺牲自然也是越少越好。1932 年，先生在《辱骂和恐吓决不是战斗》(《南腔北调集》) 中指出："无产者的革命，乃是为了自己的解放和消灭阶级，并非因为要杀人，即使是正面的敌人，倘不死于战场，就有大众的裁判，决不是一个诗人所能提笔判定生死的。"先生举例说："德国的无产阶级革命（虽然没有成功），并没有乱杀人；俄国不是连皇帝的宫殿都没有烧掉么？""无产者的革命，乃是为了自己的解放和消灭阶级，并非因为要杀人"，此为"革命是并非教人死而教人活的"观点的进一步展开。

四、知行关系："必须从感性认识跃进到理性认识"

1918 年，鲁迅在《随感录　三十六》(《热风》) 中指出："想在现今的世界上，协同生长，挣一地位，即须有相当进步的智识，道德，品格，思想，才能够站得住脚；这事极须劳力费心。"当时的中国积贫积弱，在世界民族之林中失去了应有地位，出路何在？在用"相当进步"的文化来提升人的素质。首先遇到的问题是：怎么理解"相当进步"的文化？在先生看来，极为重要的一方面是"明白的理性"。从五四运动到改革开放，解决这方面的问题有了重大进展，但由于文化问题的解决是一个相当长的历史过程，至今仍须我们"劳力费心"。

（一）归纳法和演绎法"二术俱用"与"继续训练许多年"

1925 年，鲁迅在《杂忆》(《坟》) 中指出："更进一步而希望于点火的青年的，是对于群众，在引起他们的公愤之余，还须设法注入深沉的勇气，当鼓舞他们的感情的时候，还须竭力启发明白的理性；而且还得偏重于勇气和理性，从此继续地训练许多年。这声音，自然断乎不及大叫宣战杀贼的大而闳，但我以为却是更紧要而更艰难伟大的工作。"通过揭露"非人"的社会现象，可能唤醒沉睡的民众，激起公愤。但是，在公愤基础上产生的勇气只是浅表层的，还须设法向民众"注入深沉的勇气"，而"深沉的勇气"则产生于"明白的理性"。深层指深刻和沉着，针对浅薄和浮躁；明白指清楚和正确，针对糊涂和模棱两可。"明白的理性"要花大力气和苦功夫"竭力启发"，须通过"训练许多年"才能获得。

这里涉及知和行的关系。在知行关系方面，古往今来不外乎三种学说，即知易行难、知难行易和知行合一，这三种学说各从一个重要侧面阐述了知行关系的道理。如何把握？南宋理学家朱熹曰："知、行常相须，如目无足不行，足无目不见。论先后，知为先；论轻重，行为重。"[1]知行之间是相互依赖关系，知中有行，行中有知，这就是知行合一，但可分先后、轻重。若要行动，总得先把这件事"是什么"，该"怎么做"，尽可能搞清楚，弄明白，所谓"凡事预则立，不预则废"。这就是"知难行易"的价值，也就是"知为先"的理由。知不是为知而知，是为了行，是行的准备，知从行来，一件事能否做好最终取决于行。这就是"知易行难"的价值，也就是"行为重"的理由。

---

[1] 朱杰人编著：《朱教授讲朱子》，华东师范大学出版社 2017 年版，第 155 页。

　　理性，属于知的范畴。毛泽东在《实践论》中指出："通过实践而发现真理，又通过实践而证实真理和发展真理。从感性认识而能动地发展到理性认识，又从理性认识而能动地指导革命实践，改造主观世界和客观世界。"关于感性认识与理性认识，毛泽东进一步指出："概念、判断和推理的阶段，在人们对于一个事物的整个认识过程中是更重要的阶段，也就是理性认识的阶段。"人们的认识"必须从感性认识跃进到理性认识"。[1]鲁迅在上海十年，对租界文化、海派文化和左翼文化中的极"左"错误的批判，就是坚持"明白的理性"。最基本的一条是面对现实，"执着现在，执着大地"。从认识的来源说，是实践出真知，但这并不是说，只要深入实际就能得真知，还须有正确的思维方式，这就是"明白的理性"。1907 年，先生在《科学史教篇》(《坟》) 中，介绍了英国文艺复兴时期散文家、哲学家培根的归纳法和法国哲学家、数学家、物理学家笛卡尔的演绎法，并且指出要把两种方法结合起来运用："二术俱用，真理始昭，而科学之有今日，亦实以有会二术而为之者故。"科学之所以能取得如今的成就，是因为有人融合运用这两种方法的缘故。归纳法和演绎法都是科学的思维方式，但在运用时不该走极端，唯有辩证对待才称得上科学。

　　无论是归纳法还是演绎法，目的都是把基本概念搞清楚，然后作出判断和推理。否则就没有理性，无从归纳，也无从演绎。鲁迅当年之所以反复批评一些"左翼"文人不注意把基本概念搞清楚，

---

[1]《毛泽东选集》第一卷，人民出版社 1991 年版，第 285—286、291、296 页。

实在是因为不解决这个问题，就不可能有"明白的理性"。遗憾的是，进入 21 世纪后，不少人做一件事，仍然不注意把与这件事相关的基本概念搞清楚，就去做这件事，那就难免把一件本来可以做得很好的事，做得不够好，甚至导致矛盾激化。

中国共产党的方法论，最突出、最有效的是调查研究。调查研究就是深入实际，深入群众，全面地了解实际情况，加以去粗取精、去伪存真、由此及彼、由表及里的整理和改造，获得理性认识。整理和改造，就是运用归纳法。而演绎法的运用，则体现在调查研究成果的运用。关于调查研究，人们耳熟能详的是毛泽东的名言"不做调查没有发言权"，但是很多人不注意毛泽东紧接着还有一句话："不做正确的调查同样没有发言权。"[①] "正确的调查"是有一整套方法的，离不开归纳法和演绎法。掌握归纳法和演绎法是需要训练的，如同鲁迅所说要"训练许多年"。可惜，时至今日，真正下功夫进行这方面训练的人并不多，这成为形式主义、官僚主义屡禁不止的主要原因之一。现在，是持续不断地加强训练，坚持开展"正确的调查"的时候了。

（二）以上海为例：重视社会科学成果转化

鲁迅提出"竭力启发明白的理性"，近百年过去了，许多人的理性意识有了增强，但缺乏理性仍是不少人存在的一个突出问题，发扬先生"不后于世界思潮，弗失固有血脉"的理性精神，尚须我们作出巨大努力。值得庆幸的是，现在的努力并不是零起点。以上海为例，长期以来，特别是改革开放以来，在坚持理性方面有一批优秀学者取得了可喜的研究成果。下面，简要介绍冯契、王元化、俞吾金和萧功秦四位学者的相关研究成果。

冯契的代表作是《认识世界和认识自己》《逻辑思维的辩证法》和《人的自由和真善美》，合称《智慧说三篇》。1994年，他写了《〈智慧说三篇〉导论》，从比较哲学的角度对中国传统哲学的特点作了分析。他指出，中国进入近代以来，中国文化和西方文化发生激烈冲撞。这时的中国人对西方文化抱有非常复杂的心情、一种"心结"，或过于自卑（如说外国的月亮也比中国的圆），或过于自尊（如阿Q那样说老子以前比你阔得多），不能平心静气地看待西方文化和西方哲学。这种心态就导致了近代的"古今、中西"之争老是偏来偏去，难以合理地适当解决问题。同时要看到，经过100多年曲折发展，中国人还是向西方人学习了很多东西，并把它与中国传统结合了起来。抗日战争时期，毛泽东的《新民主主义论》从政治革命角度对"古今、中西"之争作了一次历史性的总结，是中国近代哲学革命的成果。但整个20世纪，上半叶是战争年代，下半叶直至改革开放前是政治运动年代，人们始终不能安下心来对中国近代哲学革命作系统反思、全面批判总结，尤其表现在方法论和价值论方面。

冯契肯定了先哲和前贤所做的工作，特别谈到鲁迅："鲁迅对真实的自由人格的精神面貌作了很好的描绘，说这样的人格既自尊，又尊重别人；既为了大众的利益进行韧性的战斗，又完全清除了盗寇心和奴才气。"另一方面，冯契指出了中国近代哲学革命存在的问题:"由于近代哲学在思维方式和价值观念两方面的革命的任务的艰巨,而又未能作系统反思和批判的总结,所以难免造成很大的理论上的盲目性和实践上的失误。"冯契对改革开放十多年后中国人的思维方式和价值观念作了评价:"近十多年来,作出了改革开放的战略决策,经济上取得了较快的发展。但就思维方式和价值观念来说,盲目性仍然很大。"面对这种情况,冯契提出需要"对思维方式和价值观念的变革作全面深入的总结",他认为"这是有重要现实意义的"。①

王元化的代表作收录在《王元化文论选》中,他对自己三次反思的阐述,在思想文化界产生了较大影响。反思中,他对长期以来我国思想界和文艺界不注意把基本理论问题搞清楚的倾向进行了批评。1994年,他在接受学生傅杰访谈时指出:直至今天,"任何一种新思想新潮流,不论是好是坏,在尚未较深入研究前,不少人就一窝蜂地赶时髦。推其原因,即来自长期所形成的'越彻底越好'和'新的总比旧的好'这种固定的看法,并以这种看法去判断是非"。"在文学艺术方面,新的流派像旋风般地旋生旋灭","每一次新的出现都以征服者或胜利者的姿态睥睨群伦。我实在怀疑文学上的流派是否也要像设计时髦服装一样,在那样短暂时间内就要来一次更新换代?"2001年,王元化在与王晓明的对话中指出,"我们的时代充满着一知半解不生不熟的东西",是一个"思想和观念变成走马灯的时代"。

---

① 《冯契文集第一卷·认识世界和认识自己》,华东师范大学出版社1996年版,第26—31页。

　　1999 年，王元化在接受传记作家李辉访谈时指出："我觉得我们太缺乏理论的钻研了，只满足一种朦胧的感受（即我说的，谈论了半天，还只停留在口号式的层面上）"，"不要说研究，就是介绍也很少"。他以对国家学说的研究为例："与民主问题密切相关的国家学说，过去我们往往只知道一家之言，这就是卢梭的社约论。我们不知道与他同时的法国百科全书派伏尔泰、狄德罗、达朗贝尔的学说与他有什么不同，更不知道英国的经验主义，如洛克的政府论又和他有什么不同。至于国内尚未被介绍的苏格兰启蒙学派的理论是怎样，就更加茫茫然了。我们对这些一概不知不晓，只知道一种卢梭的民主学说，而且就是对这一种也还是一知半解，甚至连一知半解也谈不上。试问，以后要建设我们的民主，又用什么去建设呢？""对民主一知半解或茫茫然无知，而仅仅靠喊口号，民主是无法建设起来的。"[1]

　　俞吾金以西方哲学和马克思哲学研究著称。和冯契、王元化一样，俞吾金批判缺乏理性的研究，他指出："在中国传统思维方式和语境中讨论问题，一个严重的不足是对所论及的基本概念缺乏深入的分析和严格的界定。在对马克思本体论思想的研究中，同样存在着这种情况。"[2]他指出："人文关怀是马克思主义哲学的一个基本维度，但在马克思哲学的传播过程中，这个维度被遮蔽起来了。"他还指出："马克思主义哲学是西方人文主义传统的伟大的继承者

---

① 《王元化文论选》，上海文艺出版社 2009 年版，第 333、317—318、426—427、450 页。
② 俞吾金：《从康德到马克思：千年之交的哲学沉思》，北京师范大学出版社 2017 年版，第 401 页。

和批判者，其宗旨是解放全人类，达到以每个人的自由为基础的
共产主义社会。但在过去，只要一谈'人性''人道主义''人本主
义''人文关怀'，我们就认为是资产阶级的东西，横加批判。"事
实上，在社会主义建设时期，只有肯定并弘扬马克思主义哲学的
人文关怀功能，才能克服真正的'信仰危机'和'意识形态的危
机'。""众所周知，在马克思那里，阶级斗争只是手段，全人类的
解放才是最终目的。我们绝不能把目的变成手段，把手段变成目
的。"①

俞吾金令人注目地强调了"普通个人"概念："我们有充分的
理由认为，普通个人的问题应该重新得到反思，普通个人的概念应
该在历史唯物主义理论中居于中心的位置上。""只要我们深入阅读
马克思的著作，就会发现，马克思的历史唯物主义以现实的、普通
的个人为出发点，而以全面发展的普通个人为归宿。"他引用了马
克思、恩格斯在《共产党宣言》中，对共产主义社会作的如下阐
述："在那里，每个人的自由发展是一切人的自由发展的条件。"俞
吾金指出："在对马克思的人的学说的研究中，应该对'普通个人'
概念的内涵、地位和历史作用作出新的思考和探讨。哲学再也不能
用沉默的态度来对待实际生活提出的那些迫切的问题了，它应当把
思想的闪电注入现实生活中，推动现实生活向前发展，以建立自己
不朽的业绩。"②

① 俞吾金：《哲学随感录》，北京师范大学出版社 2017 年版，第 45 页。
② 俞吾金：《重新理解马克思：对马克思哲学的基础理论和当代意义的反思》，北京师范大学出版社
2005 年版，第 250—251 页。

　　萧功秦的主要研究领域为近代中国思想文化史和当代中国政治思想史，2022 年出版的《走出天下秩序：近代中国变革的思想视角》，是他最新的代表作。读这本书，特别值得关注的是他对中国改革开放的"千年史"意义，从两个层面所作的分析。第一，"中国改革开放的意义就在于，在执政党的强大权威的推动下，培育、引导并激活了社会内部的微观个体、地方与企业的竞争机制，从而使小规模、多元性与流动性相结合而形成的竞争机制在中华大地上得以形成"。第二，"中国改革开放还有另一层重要意义，那就是常识理性的觉醒，中国人在市场经济与国际交流中，改变了二十世纪初以来盛行的建构理性主义，转向经验主义，用务实的方式来寻找解决问题的方法，这也是四十多年来中国发展成功的关键因素"。"建构理性主义"似可理解为脱离中国实际的理性主义，批评它是强调理性与实践的关系。

　　萧功秦认为，如果从千年史角度看，近百年的中西文明碰撞，从文明结构上看，是多元竞争与大一统的"安分敬制"性文明之间的碰撞，中国近代的挫折与失败，与后者的同质性、板块性结构，缺乏演进与适应能力有关。中国当代改革的意义就在于，激活了社会内部的微观个体、地方与企业的竞争活力，这就使一种社会微观个体多元性、自主性与流动性相结合而形成的竞争性机制，得以蜕变演化出来。强大的国家力量与社会多元的结合，让中国经济焕发出巨大的能量。这一变革，在千年历史上具有里程碑意义。萧功秦充分肯定了邓小平的作用："他在思想史上的贡献就在于，从二十世纪初的唯理主义思维回归经验主义思维。""通过经验试错，来寻找实现富强的合适路径，渐进地走向强国、富民、法制与民主的目标，实现中国向现代文明转型。"①

在坚持理性方面取得了可喜研究成果的上海学者，当然不止以上四位。对改革开放以来学术界的研究成果，值得我们进一步重视。人们常常谈及科技成果的转化问题，多是从自然科学角度谈的，说的是科技成果不能束之高阁，而要注重在实践中的运用，使之转化为生产力。其实，这个问题不仅在自然科学领域存在，在社会科学方面也是如此，可能更严重。人们一方面期望社会科学研究新成果不断涌现，但另一方面，对已有成果的转化，并未给予充分重视。这同国民阅读率低的状况尚未得到改变有很大关系，也与各类培训体系尚不完备有关。重视社会科学成果转化，对弘扬鲁迅精神，提升上海开放、创新、包容的城市品格，无疑是相当必要的。当然，不仅要重视上海学者的研究成果，而且要重视全国乃至世界各国的有关研究成果。我国首位诺贝尔文学奖获得者莫言，2020年出版的中短篇小说集，以《晚熟的人》命名，寓意当下社会有些人年龄不小了，仍未成熟。什么原因？原因是这些人缺乏理性，他提示人们重视理性。

（三）"把着力点放在实体经济上"是理性选择

习近平总书记在党的二十大报告中指出："坚持把发展经济的着力点放在实体经济上，推进新型工业化，加快建设制造强国、质量强国、航天强国、交通强国、网络强国、数字中国。"这是在百

---

① 萧功秦：《走出天下秩序：近代中国变革的思想视角》，商务印书馆2022年版，第72—73、219、340—341页。

年未有之大变局之际，在总结改革开放经验的基础上，对我国经济发展作出的具有重大战略意义的理性选择。把经济发展的着力点放在何处，与对经济发展规律的认识有关。实体经济是相对服务业、特别是金融、网络等虚拟经济而言。在古代，实体经济主要是农业经济。工业革命以后，人类社会进入近代，再迈向现代，工业经济、制造业成为实体经济的重中之重。农业经济依然十分重要，但农业现代化离不开工业现代化。对于一个发展中国家而言，始终应把经济发展的着力点放在实体经济上。这当然不是轻视虚拟经济，虚拟经济能否得到健康、快速发展，直接影响实体经济，但基础总是在实体经济。

遗憾的是，上述显而易见的道理，人们未必始终能够遵循。一个直接原因是，在很多情况下，实体经济需要投入的人财物资源很多，利润率却不高，提高实体经济发展质量难度很大，难以在短期内见效。虚拟经济则不同，虽然风险大，但往往钱来得快、来得多，对人们有很大的吸引力和诱惑力。当一个社会缺乏理性的时候，就很容易出现对实体经济重视不够的"脱实向虚"现象。上海在贯彻落实党的二十大精神、高质量发展实体经济方面，处于举足轻重的位置。这不仅是因为上海曾经是我国最重要的老工业基地，而且是因为上海基础设施比较完备，特别是具有人才优势。加上改革开放以来，上海优先发展金融等先进服务业，为实体经济高质量发展创造了得天独厚的良好条件。发展实体经济，主体是企业，关键在人才，包括企业家，科技专家和广大员工。对企业家、科技专家和员工队伍建设，亟须作深入的理性思考。

　　企业家是带领科技专家和广大员工，为客户提供有市场竞争力的产品的核心人才，是企业的灵魂。20 世纪 80 年代末 90 年代初，宝钢在要不要研发制造汽车板这个重大战略选择上，发生了激烈争论。多数人曾经不赞成，理由之一：技术要求高，外国人不肯转让，自己能否掌握没有把握；理由之二：小轿车的市场前景不明朗，即使宝钢掌握了技术，汽车板未必畅销，上马之日可能就是巨亏之时。冶金部第一副部长、党组副书记、宝钢总厂厂长黎明，力排众议，主张上。理由是：宝钢的发展战略是做进口替代产品，研发制造汽车板虽然难度很大，但毕竟不是搞发明，而是做世界上已有人做成功的事，"十年磨一剑"，终能成功；中国市场这么大，改革开放以来中国人生活水平提高很快，小轿车市场前景看好。他还严肃地告诫宝钢各级干部、科技专家和广大员工：大众汽车建在上海，宝钢如果不能为它提供汽车板，国家为什么要建宝钢？这就是企业家！历史早已证明黎明当年的选择正确。企业家的产生和发挥作用需要合适的环境，我们要深入研究企业家成长的规律，并采取相应的政策，使上海成为优秀企业家云集，充分施展才华的城市。

　　发展实体经济，科技专家的作用显而易见。上海是国有经济重镇，国有企业在科技方面，如何承担起党和国家赋予的创新主体的重任？关键在进一步激发科技专家的创造活力。长期以来，国有企业的科技工作，主要是着眼于解决生产实际中遇到的技术问题，大致可以说是着力于应用技术，当然也有一些超越。这些年来，随着发达国家加紧对中国技术封锁，解决"卡脖子"技术难题凸显出来，这比应用技术要求高多了。近年来，对中央企业和部分地方国企，又提出了打造原创技术策源地的要求，要求更高了。对应以上三大任务，需要打造三支科技队伍。应用技术直接关系到产品质量和成本控制，仍然非常重要，需要打造优秀的现场工程师和技能专家队伍，并开展全员创新活动。解决"卡脖子"技术难题，也就是鲁迅当年所说的解决外国财神爷"扼住了我们的喉咙"的问题，要以只争朝夕的精神"十年磨一剑"，慢不得，急不出，需要打造一支科技领军人才队伍。开发原创技术，做世界上没有人做过的事，在顶尖的老专家带领下，主要靠新生代青年科技专家做，年轻人异想天开，最可能在发明创造上做出成绩。打造三支科技队伍，都需要宽松的、鼓励创新的环境。

企业家和科技专家属于精英，企业发展靠精英，但不能只靠精英，还要靠全体员工。改革开放以来，许多企业引进了国外的先进技术和设备。有的一直掌握不了，生产不出合格产品。大都能够基本上掌握先进技术和设备，但生产出的产品往往达不到国外的同等水平。包括我们自己的研发和制造的矛盾。有一年，我问宝钢一位正在负责重大科技攻关项目的首席专家："您领衔的攻关项目，大概几年可以成功？"他答："八到十年。"我再问："攻关成功后投产，是否意味着宝钢在这方面就能生产出世界一流的产品？"他答："不一定，这要看整条流水线上全体员工的素质能否跟得上。"这给我以很大启发。联想到鲁迅，先生为什么把"立人"作为振兴中华之根本？因为一个国家、一个民族，人的素质有多高，这个国家、这个民族就有多强。这在企业现代化进程中，可以看得一清二楚。

也正是在那以后，我开始研究鲁迅"立人"思想，并在宝钢培训中开设"鲁迅'立人'思想与宝钢人的发展"课程。宝钢能够成为走在中国企业现代化前列的优秀企业，根本因素之一，是在提高员工素质方面下了较大功夫。宝钢的党建工作，也在这方面着力，譬如在党员中，开展了"党员登高计划"活动，得到中共上海市委的肯定。十年树木，百年树人。提高人的素质最重要，却也最难。对一个企业来说，如果把"立人"作为最重要、最基本的工作来做，充分发挥共产党员的带头、带动作用，完全可能大大缩短"树人"所需要的时间，大致用 20 年左右时间，就可能把一个制造业企业广大员工的素质提升至现代人所应达到的文明水平，为创建世界一流企业提供最可靠的保证。这是党建工作的真正价值，是中国企业的独特优势。

第七章

『切切实实、足踏在地上』
的务实精神

20 世纪 20 年代后期，鲁迅敏锐地认识到中国进入了一个"大时代"，这是中国人民进一步觉醒，中国的经济、政治和社会剧烈变革的时代，是进行着深层次"文化的改革"的时代。生活在这样的时代，许多人难免产生焦虑和浮躁。先生提出，投身改革和革命的人们不仅要有"深沉的勇气"和"明白的理性"，而且要发扬务实精神。针对创造社、太阳社那些"革命文艺家"对他不及膝理的攻击，先生在沉着反击中，提出了一系列涉及文化改革的重要意见。在他看来，空谈无益，实干才有希望。先生一踏上文坛，就针对中国旧文化存在的脱离实际的弊端，提出要直面现实，之后又从多个角度反复强调这一点。先生"运交华盖""横站"着战斗的上海十年，对务实精神的阐述越加丰富和深刻。值得关注的是，1936 年，先生眼中的中国共产党人，从总体上看，按照他在《答托洛斯基派的信》(《且介亭杂文末编》) 中所说，是"切切实实，脚踏在地上，为着现在中国人的生存而流血奋斗者"，是务实斗争的典范。

一、"现在已是大时代，动摇的时代，转换的时代"

1928 年初，一些激进的文人，以主观主义和宗派主义态度，打着"无产阶级革命文学"的旗号，对鲁迅发起了一场他完全没有思想准备的攻击。此时，先生到上海定居不久，尚未完全安顿下来。经过一个多月的观察和思考，2 月 23 日，他写下了 1928 年的第一篇文章《"醉眼"中的朦胧》(《三闲集》)，开始回击。文章对当时中国所处的时代作出了"大时代"的判断，对文人、包括从事革命文学运动的一些文人的思想作了分析，就"文化的改革"的主题——他一贯强调的改革国民性，提出了一系列新的看法。

（一）"朦胧"与"无聊的文人"和"文人的无聊"

先生在《"醉眼"中的朦胧》中，首先批评"上海的文艺家们"："大抵将全力用尽在伟大或尊严的名目上，不惜将内容压杀"，"仍如旧日的无聊的文人，文人的无聊一模一样。""无聊"即在形式之下空无内容，"无聊的文人"即停留于、满足于空喊"正确口号"的文人，"文人的无聊"即文人无文——对拼命鼓吹的"革命"口号并没真正搞懂。从人谈到刊物，先生指出："各种刊物，无论措辞怎样不同，都有一个共通之点，就是：有些朦胧。"态度暧昧的朦胧何来？由对当时握有权柄的官僚和军阀的态度导致。有两种情况。一种是："和他们已有瓜葛，或想有瓜葛的，笔下便笑眯眯，向大家表示和气，然而有远见，梦中又害怕铁锤和镰刀，因此也不敢分明恭维现在的主子，于是在这里留着一点朦胧。"与官僚和军阀关系密切者或想与他们套近乎者，看到工农革命运动的星星之火开始燃烧，就不敢向他们靠得太近，怕以后的日子不好过。一种是："和他们瓜葛已断，或则并无瓜葛，走向大众云的，本可以毫无顾忌地说话了，但笔下即使雄赳赳，对大家显英雄，会忘却了他们的指挥刀的傻子是究竟不多的，这里也就留着一点朦胧。"已切断了与官僚和军阀的关系者或本就没有什么关系者，按理该旗帜鲜明地为大众说话了，但看到眼下掌握大权的毕竟还是官僚和军阀，就心存余悸。此外，朦胧本身还有朦胧："于是想要朦胧而终于透漏色彩的，想显色而终于不免朦胧的，便都在同地同时出现了。"想朦胧而没有完全朦胧，不想朦胧的却摆脱不了朦胧，犹豫不决，都出于趋利避害的考虑。

怎么看待朦胧？先生指出："其实朦胧也不关怎样要紧。便在最革命的国度里，文艺方面也何尝不带些朦胧。然而革命者决不怕批判自己，他知道得很清楚，他们敢于明言。"一贯主张"壕堑战"的先生并未完全否定朦胧，文艺作品带些朦胧可以理解（甚至必要），但真正的革命者敢于在解剖自己的前提下，勇敢地批判社会黑暗，朦胧中保持清醒，笔锋仍有一定的犀利。当然，这是指世界上的一般情况，中国的情况却没这么简单："惟有中国特别，知道跟着人称托尔斯泰为'卑汙的说教人'了，而对于中国'目前的情状'，却只觉得在'事实上，社会各方面亦正受着乌云密布的势力的支配'，连他的'剥去政府的暴力，裁判行政的喜剧的假面'的勇气的几分之一也没有；知道人道主义不彻底了，但当'杀人如草不闻声'的时候，连人道主义式的抗争也没有。"

先生引用的是冯乃超《艺术与社会生活》一文中的内容，以其之矛攻其之盾。冯乃超在文中引用列宁的话，列宁说托尔斯泰"毫无忌惮地批判资本主义的榨取，剥去政府的暴力，裁判与行政的喜剧的假面"，"一方面站在最觉悟的现实主义上，剥去一切的假面；他方面却觍颜做世界最卑污的事——宗教的说教人"。冯文又说："观察目前的情状，革命的势力在表面上似呈一种停顿的样子，而事实上，社会的各方面亦正受着乌云密布的势力的支配。"先生批评道，你既然谈到社会的黑暗，为什么没有勇气去揭露它呢？冯文攻击鲁迅"无聊赖地跟他弟弟说几句人道主义的美丽的说话。隐遁主义！"先生批评道，你既然说我人道主义不彻底，为什么你在

"杀人如草不闻声"的时候,"连人道主义式的抗争也没有"呢?

先生分析道:"现在则已是大时代,动摇的时代,转换的时代,中国以外,阶级的对立已经十分锐利化,农工大众日日显得着重,倘要将自己从没落救出,当然应该向他们去了。何况'呜呼!小资产阶级原有两个灵魂。……'虽然也可以向资产阶级去,但也能够向无产阶级去的呢。"中国进入了一个什么样的大时代呢?一个人们发生动摇、实现转换的时代。人们一般不会永远处于动摇中,或长或短一段时间后,往往会转向某一方面,转换是动摇的结果。之所以是"大时代",与阶级对立有关,阶级对立的加剧必然会导致阶级斗争,受压迫和剥削的劳苦大众逐渐觉醒,投入求翻身解放的战斗,从而推动整个社会结构的变革。

先生分析了文人在"大时代"发生转换的三种情况:"或者因为看准了将来的天下是劳动者的天下,跑过去了;或者因为倘帮强者,宁帮弱者,跑过去了;或者两样都有,错综地作用着,跑过去了。"还有其他两种可能:"也可以说,或者因为恐怖,或者因为良心。"转换的情况因人而异,非常复杂。先生对成仿吾提出的"可以保障最后的胜利"提出疑问,认为他"留下一个不小的问题":"倘若难于'保障最后的胜利',你去不去呢?"革命之路艰难曲折,如以一己能看到革命"最后的胜利"为引导,就很可能出现一批半途而废的革命者或投机革命者。文章最后,先生重复强调:"不远总有一个大时代要到来。"回到文章开头,先生指出处于无聊状态的人一般不可能务实,这种缺点在"动摇"和"转换"的大时代必须克服,否则就不可能有所作为。

关于"大时代"，先生在写《"醉眼"中的朦胧》前不久就已提出，1927 年 12 月，他在《〈尘影〉题辞》(《而已集》)中说："在我自己，觉得中国现在是一个进向大时代的时代。但这所谓大，并不一定指可以由此得生，而也可以由此得死。"这个剧烈变革的时代必然会"给若干人以重压"，这"若干人"，主要是指与旧社会有瓜葛的人或是向旧社会作斗争的人。"这重压除去的时候，不是死，就是生。这才是大时代。"大时代关乎生死，如果革命胜利，过着人间地狱般生活的劳苦大众翻身得解放，获得新生；反革命者被打倒。但这过程中也难免死，除了旧社会的殉葬者，还包括残酷斗争中牺牲的革命者，后者如毛泽东诗词曰："为有牺牲多壮志，敢教日月换新天。"广义的生死还包括新旧社会制度和新旧文化的更替。

（二）"文化改革如长江大河流行，无法遏制"

1930 年，鲁迅在《习惯与改革》(《二心集》)中指出："体质和精神都硬化了的人民，对于极小的一点改革，也无不加以阻挠"，"但所设的口舌，却往往见得极其公正而且堂皇"。"体质和精神都硬化"便阻挠改革，但在改革已渐成潮流的时代，大多数人又不敢公开反对，便提出各种冠冕堂皇的理由。先生回顾了中国近代史："中国最初的排满革命，所以易得响应者，因为口号是'光复旧物'，就是'复古'，易于取得保守的人民同意的缘故。但到后来，竟没有历史上定例的开国之初的盛世，只枉然失了一条辫子，就很为大家所不满了。"辛亥革命后，胜利果实很快被掌握实权的袁世凯攫取，袁世凯倒台后中国即陷入军阀混战，连封建王朝更替后那种"开国之初的盛世"也未能出现。原本就深受旧文化旧习惯影响，加上对寄予莫大希望的改革或革命的失望，不免使人们对新的改革或革命也产生疑虑，致使"以后较新的改革，就著著失败，改革一两，反动十斤"。

1935 年，先生在《从"别字"说开去》(《且介亭杂文二集》)中，分析了改革面临的复杂情况："维持现状说是任何时候都有的，赞成者也不会少，然而在任何时候都没有效，因为在实际上决定做不到。假使古时候用此法，就没有今之现状，今用此法，要就没有将来的现状，直至辽远的将来，一切都和太古无异。"成熟很早的中国古文化具有很强的惰性和惯性，但新文化代替旧文化毕竟是历史大趋势，先生以文言文改变为白话文为例作说明，然后指出："文化的改革如长江大河的流行，无法遏止，假使能够遏止，那就成为死水，纵不干涸，也必腐败的。当然，在流行时，倘无弊害，岂不更是非常之好？然而在实际上，却断没有这样的事。"文化改革需要付出代价，一帆风顺只是实现不了的良好愿望，但历史潮流不可阻挡："回复故道的事是没有的，一定有迁移；维持现状事也是没有的，只可权大小"，"维持现状说听去好像很稳健，但实际上却是行不通的，史实在不断的证明着它只是一种'并无其事'"。任何"现状"都是在一定条件下形成的，随着条件的变化而变化。一旦旧文化负面的东西积累过多，超越大多数人所能忍受的临界点，只需一根导火索，改革乃至革命的大时代就不可避免地到来了。

大时代所进行的改革或革命，不仅是经济体制和政治体制改革，还有文化改革。鲁迅致力于国民性改革，本质上就是文化改革，在所有改革中它最难，却又最根本、最重要。1918 年，先生就在《新青年》上发表的《随感录　三十八》(《热风》) 中指出："民族根性造成之后，改变都不容易的"，"我们几百代的祖先里面，昏乱的人，定然不少：有讲道学的儒生，也有讲阴阳五行的道士，有静坐炼丹的仙人，也有打脸打把子的戏子。所以我们现在虽想好好做'人'，难保血管里的昏乱分子不来作怪"。难，却并非没有希望，先生指出："但我总希望这昏乱思想遗传的祸害，不至于有梅毒那样猛烈，竟至百无一免。即使同梅毒一样，现在发明了六百零六，肉体上的病，即可医治；我希望也有一种七百零七的药，可以医治思想上的病。这药原来也已发明，就是'科学'一味。"这科学，包括自然科学和社会科学。

1925 年，先生在《通讯》(《华盖集》) 中说："我想，现在的办法，首先还得用那几年以前《新青年》上已经说过的'思想革命'。还是这一句话，虽然未免可悲，但我以为除此没有别的办法。""思想革命"与"文化的改革"同意，"未免可悲"是说没有达到理想的效果。怎么办？只有继续推进。同年，先生在《忽然想到　四》(《华盖集》) 中指出："幸而谁也不敢十分决定说：国民性是决不会改变的。在这'不可知'中，虽可有破例——即其情形为从来所未有——的灭亡的恐怖，也可以有破例的复生的希望，这或者可作改革者的一点慰藉罢。"对国民性改革把握得不好确有危险，但为什么不能好好把握，通过改革国民性，给中华民族带来复生的希望呢？改革者应该有这样的信心。

二、"单是话不行，要紧的是做"

针对"文人的无聊"和"无聊的文人"，鲁迅强调革命的文学家要务实。1925 年，他在《杂感》(《华盖集》) 中，以散文诗的形式抒写了他的时空观："仰慕往古的，回往古去罢！想出世的，快出世罢！想上天的，快上天罢！灵魂要离开肉体的，赶快离开罢！现在的地上，应该是执着现在，执着地上的人们居住的。"先生列举了"仰慕往古""想出世""想上天"和"灵魂要离开肉体"的四类人群后，明确提出应该"执着现在，执着地上"，时间上"执着现在"——变革的时代，空间上"执着地上"——中国大地。

（一）"梦着将来，而致力于达到这一种将来的现在"

1928 年，鲁迅在《文艺与革命》(《三闲集》) 中，批评一些"革命文学家"不敢正视现实："现在所号称革命文学家者，是斗争和所谓超时代。超时代其实就是逃避，倘自己没有正视现实的勇气，又要挂革命的招牌，便自觉地或不自觉地必然地要走入那一条路的。身在现世，怎么离去？这是和说自己用手提着耳朵，就可以离开地球者一样地欺人。""超时代"是当时革命文学运动中部分人提出的文学主张，钱杏邨在《太阳月刊》1928 年 3 月号发表的《死去了的阿 Q 时代》中说："无论从那一国的文学去看，真正的时代的作家，他的著作没有不顾及时代的，没有不代表时代的。超越时代的这一点精神就是时代作家的唯一生命！"并批评鲁迅的著作"没有超越时代"。其实，稍作思考便可看出其逻辑混乱，"顾及时代""代表时代"并不是"超时代"，"超时代"是站不住脚的。

1932 年，先生在《今春的两种感想》(《集外集拾遗》) 中谈了人的眼光大小问题："我们的眼光不可不放大，但不可放的太大。"先生批评道："我们常将眼光收得极近，只在自身，或者放得极远，到北极，或到天外，而这两者之间的一圈可是绝不注意的。"眼光"收得极近"和"放得极远"是走两个极端，共同特点是回避现实。为什么要回避现实呢？先生分析道："在中国做人，真非这样不成，不然就活不下去。例如倘使你讲个人主义，或者远而至于宇宙哲学，灵魂灭否，那是不要紧的。但一讲社会问题，可就要出毛病了。北平或者还好，如在上海一讲社会问题，那就非出毛病不可，这是有验的灵药，常常有无数青年被捉去而无下落了。"回避现实，是因为看到那些抨击时弊的人遭受压制甚至迫害。但如果大家都回避现实，都不去做改良社会的工作，社会就不可能进步，先生提出："我希望一般人不要只注意在近身的问题，或地球以外的问题，社会上实际问题是也要注意些才好。"可见，先生早就是"问题导向"的倡导者和践行者。

鲁迅一贯主张实干，反对空谈，1934 年，他在《门外文谈》（《且介亭杂文》）中指出："总之，单是话不行，要紧的是做。要许多人做：大众和先驱；要各色的人做：教育家，文学家，言语学家……。这已经迫于必要了，即使目下还有点逆水行舟，也只好拉纤；顺水固然好得很，然而还是少不得把舵的。"改革一开始往往不被很多人所理解，改革者要发扬逆水行舟的纤夫精神，冲破阻力奋勇向前。顺利时也不能掉以轻心，要摸着石头过河，不时看看方向是否正确。先生提醒说："这拉纤或把舵的好方法，虽然也可以口谈，但大抵得益于经验，无论怎么看风看水，目的只有一个：向前。"他人的言传身教固然重要，但受制于他人知识和经验积累的局限，真才实学离不开自己在实践中感悟。什么是好方法？能够实现既定目标的就是好方法，白猫黑猫、土猫洋猫，抓住老鼠就是好猫。

1934 年 12 月，先生在给萧军、萧红的信中，针对他们所谈"文化团体都在停滞——无政府状态中"，回说："一点不错。议论是有的，但大抵是唱高调，其实唱高调就是官僚主义。我的确常常感到焦烦，但力所能及的，就做，而又常常有'独战'的悲哀。不料有些朋友们，却斥责我懒，不做事；他们昂头天外，评论之后，不知那里去了。""唱高调就是官僚主义"，揭示了唱高调的实质。任何事都是靠实干做成的，唱高调只会坏事。有些人之所以还唱，是因为在形式主义、官僚主义盛行之际，它能博得"昂头天外"的官僚主义者的欢心。但空谈毕竟就是空谈，看上去口若悬河，头头是道，但不解决任何实际问题。空谈不会一直有市场，在事实面前它终将现出原形，落荒而逃。

1933 年，先生在《听说梦》(《南腔北调集》) 中指出："空头的梦，说了出来，也无非教人都进这空头的梦境里去。然而要实现这'梦'境的人们是有的，他们不是说，而是做，梦着将来，而致力于达到这一种将来的现在。"凡梦皆空，只说不做不可能梦想成真。只有向着理想的目标从现在做起，才能一步一步把梦想变为现实。1936 年，先生在《答托洛斯基派的信》中说："那切切实实，脚踏在地上，为着现在中国人的生存而流血奋斗者，我得引为同志，是自以为光荣的。"这分明告诉我们，先生眼中的共产党人分两种，一种是少数——他在上海接触到的爱唱高调、讲空话的"有些朋友们"，一种是多数——他在上海虽然也接触到，但更多的是他已经了解到却尚未接触到的"为着现在中国人的生存而流血奋斗者"，他们是以"毛泽东先生们"为代表的"切切实实，脚踏在地上"的革命者，先生不仅赞赏他们，而且"引为同志"。那时中国共产党成立 15 年，经过 1935 年的遵义会议，确立了毛泽东在中共中央和红军的领导地位，之后的中国革命历史逐渐开创了新局面。经过延安整风批判主观主义、宗派主义和党八股，形成了理论联系实际、密切联系群众和批评与自我批评三大作风，保证了新民主主义革命的胜利。

（二）"巨大的建筑总是一木一石叠起来的"

1929 年，鲁迅在《〈近代世界短篇小说集〉小引》(《三闲集》)中，谈怎么看待短篇小说："以一篇短的小说而成为时代精神所居的大宫阙者，是极其少见的。但至今，在巍峨灿烂的巨大的纪念碑底文学之旁，短篇小说也依然有着存在的充足的权利。"短篇小说"虽然细小，所得却更为分明"；加上人们忙于生活无暇读长篇，读短篇"只顷刻间，而仍可借一斑略知全豹"。"中国于世界所有的大部杰作很少译本，翻译短篇小说的却特别的多者，原因大约也为此。"当然，从译者来检查，贪图用力少、介绍多，也在所难免，但更重要的是，"也有一点只要能培一朵花，就不妨做做会朽的腐草"的意思。满园春色由朵朵盛开的鲜花组成，而每一朵鲜花的生长，都离不开包括腐草化成的肥沃土壤。

1934 年，先生在《忆韦素园君》(《且介亭杂文》) 中，这样评价未名社的杰出代表韦素园："素园并非天才，也非豪杰，当然更不是高楼的尖顶，或名园的美花，然而他是楼下的一块石材，园中的一撮泥土，在中国第一要他多。他不入于观赏者的眼中，只有建筑者和栽植者，决不会将他置之度外。"没有一块块石材，何来一幢幢高楼；没有一撮撮泥土，何来争妍斗奇的花朵。1924 年，先生在《未有天才之前》(《坟》) 中，曾专门谈泥土精神："想有乔木，想看好花，一定要有好土；没有土，便没有花木了；所以土实在较花木还重要。"先生进一步论述道："我想，天才大半是天赋的；独有这培养天才的泥土，似乎大家都可以做。做土的功效，比要求天才还切近；否则，纵有成千成百的天才，也因为没有泥土，不能发达，要像一碟子绿豆芽。""马中赤兔、人中吕布"那样的天才只是极少数，虽然与这些人的奋发努力和历史机遇有关，但一般来说离不开天赋。其实，绝大多数人能成为培育花木的泥土，就是有用之才。

先生同时认为，做土也不容易："做土要扩大了精神，就是收纳新潮，脱离旧套，能够容纳，了解那将来产生的天才。"中国人要成为现代化的新人，关键是"扩大了精神"，条件是学习借鉴外国新文化，传承民族文化精华。否则，即使有天才产生，多数人跟不上他们提出的新思想，又有什么用呢？做土"又要不怕做小事业"，人年少时都可能有过做一番大事业的梦想，但成年后绝大多数人都会明白，自己只能做小事业。既然如此，为什么要好高骛远？文章的最后，先生再强调泥土的重要和做土之不易："泥土和天才比，当然是不足齿数的，然而不是坚苦卓绝者，也怕不容易做；不过事在人为，比空等天赋的天才有把握。这一点，是泥土的伟大的地方，也是反有大希望的地方。"先生期望中的"泥土"，是需要艰苦努力才能成就的，但毕竟是"做小事业"，事在人为，人人都有可能。

1935年6月，先生在给广州市立美术学校学生赖少麒的信中说："太伟大的变动，我们会无力表现的，不过这也无须悲观，我们即使不能表现他的全盘，我们可以表现它的一角，巨大的建筑，总是一木一石叠起来的，我们何妨做做这一木一石呢？我时常做些零碎事，就是为此。"上下几千年文人墨客无数，有能力表现"伟大变动"者寥若晨星，非常人能及，但这又何须悲观呢？不能表现"伟大变动"的全部，表现它的一角还是可能的，对绝大多数人而言，能表现小小的一角就很不错了。做叠起巨大建筑的一木一石，对大多数人而言，与其说是自谦，不如说是保持头脑清醒基础上的自信。

1935年6月，先生在给曹靖华的信中说："中国事其实早在意中，热心人或杀或囚，早替他们收拾了，和宋明之末极像。但我以为哭是无益的，只好仍是有一分力，尽一分力，不必一时特别激愤，事后却又悠悠然。""有一分力，尽一分力"，即使面对白色恐怖，在一定程度上也是可能做到的。同年6月，先生在给萧军的信中，说了同样的意思："出刊物而终于不出的事情，我是看惯了的，并不为奇。所以我的决心是如果有力，自己来做一点，虽然一点，究竟是一点。这是很坏的现象，但在目前，我以为总比说空话而一点不做好。"做一点是一点，远胜说空话。1929年，先生在《叶永蓁作〈小小十年〉小引》(《三闲集》)中，谈及一个人所设定的奋斗目标大小与自己可能为之作出努力和贡献大小之间的关系："志愿愈大，希望愈高，可以致力之处就愈少，可以自解之处也愈多。"目标设定过高，真正能为之作出贡献的可能性越小，而做不到又可原谅自己。反之，目标设定小一点，为之奋斗的有效性就会增加，这样的做小事其实就是为做大事作出了贡献。

（三）"傻子"精神："我给你打开一个窗洞来"

鲁迅高度评价那些踏踏实实从事文学创作和译作的作家和翻译家。1934 年，他在《忆韦素园君》中，怀着深情回忆道："未名社的同人，实在没有什么雄心和大志，但是，愿意切切实实的，点点滴滴的做下去的意志，却是大家一致的。而其中的骨干就是素园。"这里的所谓"雄心和大志"，是指不切实际的目标，为未名社同仁所不取。1936 年，先生在《曹靖华译〈苏联作家七人集〉序》(《且介亭杂文末编》)中，批评翻译界"一哄而起"现象，"喧传有好几位名人都要译《资本论》"，"已经满六年，还不见有一章发表"。接着说："然而也有并不一哄而起的人，当时好像落后，但因为也不一哄而散，后来却成为中坚。靖华就是一声不响，不断的翻译着的一个。"先生具体列举了曹靖华"精研俄文"、默默辛劳，在译作方面取得的成绩。由曹靖华讲到未名社："靖华是未名社中之一员；未名社一向设在北京，也是一个实地劳作，不尚叫嚣的小团体。"先生对韦素园、曹靖华乃至整个未名社的赞赏，都突出了他们的务实精神。

1925 年底，先生写的散文诗《聪明人和傻子和奴才》(《野草》），塑造了傻子这个实干家典型。一开始，奴才向聪明人诉苦，说自己"所过的简直不是人的生活"。聪明人听后表现出很难受的样子，奴才得到同情就继续诉苦，聪明人似乎难受得"要下泪"。奴才有点激动起来："先生！我这样是敷衍不下去的。"聪明人这才露出真相说："我想，你总会好起来。"这就使奴才原有一丁点想改变现状的念头，也打消了。不几日，奴才又不平起来，再寻人去诉苦。这回，他遇到的是傻子。听了奴才的诉苦，傻子的态度与聪明人完全不同，他大叫起来："混账！"这愤怒使奴才得到了鼓励，他继续诉苦："先生，我住的只是一间小破屋，又湿，又阴，满是臭虫，睡下去就咬得真可以。秽气冲着鼻子，四面又没有一个窗……"傻子听后问奴才："你不会要你的主人开一个窗的么？"奴才立即答道："这怎么行？……"傻子以为这是指方法行不通，便对奴才说："那么，你带我去看去！"傻子跟奴才到他屋外，动手就砸那泥墙。这出乎奴才预料的果断举动，使奴才与傻子发生了激烈冲突，叫起来："先生！你干什么？"傻子说："我给你打开一个窗洞来。"奴才大惊失色道："这不行！主人要骂的！"傻子说："管他呢！"他照砸不误。

傻子"砸泥墙、开窗洞"的行为，很容易使人联想到先生在《〈呐喊〉自序》中，那段关于毁坏"铁屋子"的著名论述，其核心思想是，总要有人敢为天下先，拿出改变旧世界的实际行动，傻子就是这样的战士。对于他的"战斗"，奴才既想不通，又害怕，全然不顾傻子是真的在帮他，反诬傻子是强盗。对于奴才，聪明人可能似真似假地"哀其不幸"，却绝不"怒其不争"，更不会拿出实际行动帮助奴才。而傻子的特点则在于"必争",拿出改变受苦人命运的实际行动。先生通过这篇文章,给知识分子提出了一个重大的人生课题:面对占中国人口大多数的劳苦大众,做披着"好人"外衣,却没有实际行动的"聪明人";还是做不惧黑暗势力的淫威,敢于斗争、崇尚实干的"傻子"? 先生赞赏像"傻子"那样的实干家。

1927 年,鲁迅在《魏晋风度及文章与药及酒之关系》(《而已集》) 中,针对一些文人自以为空谈是仿效魏晋风度,分析道:"何晏王弼阮籍嵇康之流,因为他们的名位大,一般的人们就学起来,而所学的无非是表面,他们实在的内心,却不知道。因为只学他们的皮毛,于是社会上便很多了没意思的空谈和饮酒。许多人只会无端的空谈和饮酒,无力办事,也就影响到政治上,弄得玩'空城计',毫无实际了。在文学上也这样,嵇康阮籍的纵酒,是也能做文章的,后来到东晋,空谈和饮酒的遗风还在,而万言的大文如嵇阮之作,却没有了。"先生对汉末魏初的文章多有好评,认为那时的文章"清峻,通脱"。阮籍嵇康那样的人,之所以表面好空谈和饮酒,是"因为他们生于乱世,不得已,才有这样的行为,并非他们的本态"。学习和借鉴古人,前提是深入研究,准确、全面地了解古人,得其精髓,而非看其表面,阮籍嵇康他们还是实干的,留下了传世之作。

先生认为,反对空谈,主张实干,关键是每个人要从自己做起。1930 年,他在《"硬译"与"文学的阶级性"》(《二心集》) 中,谈到一些人批评西方学术和文学作品的日文译本译得不好,中国的翻译界再把它转译成中文，"试问这作品岂不是要变了一半相貌么？"而作这种批评的人，是具有直接翻译能力的，却不做或很少做翻译工作。鲁迅是转译者之一，他说："所以暂时之间，恐怕还只好任人笑骂，仍从日文来重译，或者取一本原文，比照了日译本来直译罢。我还想这样做，并且希望更多有这样做的人，来填一填彻底的高谈中的空虚"。先生并不否定直译比转译好，问题是，说得再有道理却不去实做，有什么意义呢？

三、纠治形式主义、官僚主义是提升上海城市品格的基本保证

今天，我们一方面幸运地享受着改革开放成果，一方面却也在百年未有之大变局中面对严峻挑战。在挑战中抓住机遇，关键是深化改革。40 多年改革发展史告诉我们，改革，尤其是文化改革，比我们想象的要复杂和艰巨得多。深化改革要求我们传承务实的优良传统，有效地反对形式主义、官僚主义。今读鲁迅关于"'切切实实、足踏在地上'的务实精神"的论述，令人感慨万千。上海是中国共产党诞生地，1949 年 5 月 27 日上海解放，5 月 29 日新华社发表毛泽东亲自修改批准的社论《祝上海解放》，称赞上海是"近代中国的光明的摇篮"。① 中国共产党无产阶级先锋队的性质，使它诞生之时就种下了包括务实在内的优良传统的基因。

（一）毛泽东："我们要在党内发动一个启蒙运动"

中国共产党建党 100 多年来，根本的历史经验是两条，即实事

---

① 转引自熊月之：《光明的摇篮》，上海人民出版社 2021 年版，第 1 页。

求是和群众路线。这两条来之不易，是在与形式主义、官僚主义的不懈斗争中形成的。形式主义、官僚主义的一度横行，曾给党带来极大危害；实事求是的思想路线和群众路线的形成和贯彻，则成为党从胜利走向胜利的法宝。党成立之初，形式主义、官僚主义问题不突出。随着革命形势发展，党员数量迅速增加，不免混入一些思想不纯、作风不良分子，形式主义、官僚主义渐渐滋长。1926 年，毛泽东在兴国调查中了解到，兴国第十区苏维埃政府的弊病，第一个就是官僚主义。同年，中共中央局给江西地方组织写信，要求他们"严厉取缔党中机会主义做官热的倾向"。1930 年 5 月，毛泽东在《反对本本主义》中严肃批评形式主义："不根据实际情况进行讨论和审察，一味盲目执行，这种单纯建立在'上级'观念上的形式主义的态度是很不对的。为什么党的策略路线总是不能深入群众，就是这种形式主义在那里作怪。""唯上"的"单纯建立在'上级'观念上的形式主义"，根子是官僚主义。

1942 年开始的历时 3 年多的延安整风，在党的作风建设史上具有里程碑意义。毛泽东在整风开始时发表的《整顿党的作风》，着重从批评教条主义角度批评形式主义，指出："如果我们身为中国共产党员，却对于中国问题熟视无睹，只能记诵马克思主义书本上的个别的结论和个别的原理，那末，我们在理论战线上的成绩就未免太坏了。""马克思列宁主义是从客观实际产生出来又在客观实际中获得了证明的最正确最科学最革命的真理；但是许多学习马克思列宁主义的人却把它看成是死的教条，这样就阻碍了理论的发展，害了自己，也害了同志。"当年以"马克思主义"名义攻击鲁迅的创造社、太阳社的那些"革命文艺家",不正是犯了毛泽东所批评的错误吗?令人瞩目的是,毛泽东提出如下要求:"我们要在党内发动一个启蒙运动,使我们同志的精神从主观主义、教条主义的蒙蔽中间解放出来。"①

作了《整顿党的作风》一周后,毛泽东又作了《反对党八股》,他说:"党八股也就是一种洋八股。这洋八股,鲁迅早就反对过的。"②1933年,鲁迅在《透底》(《伪自由书》)中说:"八股原是蠢笨的产物。一来是考官嫌麻烦——他们的头脑大半是阴沉木做的,——甚么代圣贤立言,甚么起承转合,文章气韵,都没有一定的标准,难以捉摸,因此,一股一股地定出来,算是合于功令的格式,用这格式来'衡文',一眼就看得出多少轻重。二来,连应试的人也觉得又省力,又不费事了。这样的八股,无论新旧,都应当扫荡。"洋八股是五四运动以后,一些浅薄的知识分子发展起来的东西,并经过他们的传播,长期存在于革命队伍之中,形式似乎新了一点,但"蠢笨"的实质未变。先生批判道:"八股无论新旧,都在扫荡之列","例如只会'辱骂''恐吓'甚至于'判决',而不肯具体地切实地运用科学所求得的公式,去解释每天的新的事实,新的现象,而只抄一通公式,往一切事实上乱凑,这也是一种八股"。新八股、新教条就是党八股。之所以说它"蠢笨",是因为它不讲科学。毛泽东指出:"从历史来看,党八股是对于五四运动的一个反动。""新八股、新教条,在我们许多同志的头脑中弄得根深

---

①②《毛泽东选集》第三卷,人民出版社1991年版,第817、827、830、831页。

蒂固，使我们今天要进行改造工作还要费很大的气力。"[1] 以后的历史完全证明了这个判断。

毛泽东的以上论述，与前述 1925 年鲁迅提出的"现在的办法，首先还得用那几年以前《新青年》上已经说过的'思想革命'"，多么相似！不同的是时间，鲁迅说这个话是在五四运动 6 年之后，毛泽东说这个话则是在五四运动 23 年之后，启蒙有多难、任务有多艰巨啊！总体而言，革命战争时期，确立了毛泽东的领导地位之后，形式主义、官僚主义虽时有发生，但大多数党员基本上能够做到理论联系实际和密切联系群众。客观上这与严酷的斗争环境有关，主观上这是党的思想作风建设取得的成果。新中国成立后，执政党的地位使得思想作风建设面临前所未有的严峻考验，党对革命党到执政党的转变可能产生的问题有着清醒认识。令人警醒的是，尽管党一次次开展大大小小的整风，但形式主义、官僚主义仍时有滋长。

改革开放以来，邓小平、江泽民、胡锦涛清醒地意识到新形势下党的作风建设的重要性，反复强调反对形式主义、官僚主义。40 多年来，特别是党的十八大以来，针对形式主义、官僚主义，党中央出台了一系列重要制度，采取了一系列重要举措。以习近平同志为核心的党中央，"一份份剑指形式主义、官僚主义突出问题的重磅文件接连出台，直击痛点，靶向攻坚，既强力治标，亦致力治本"。[2]2013 年 6 月，习近平总书记在党的群众路线教育实践活动

---

[1]《毛泽东选集》第三卷，人民出版社 1991 年版，第 817、827、830、831 页。
[2] 以上内容部分参考了《整治形式主义官僚主义教育读本》(本书编写组编写，中国方正出版社 2020 年版) 有关内容。

工作会议上的讲话中指出："党内脱离群众的现象大量存在，集中表现在形式主义、官僚主义、享乐主义和奢靡之风这'四风'上。"讲话在详细而尖锐地分别指出了"四风"的具体表现后指出："如果任由这些问题蔓延开来后果不堪设想，那就有可能发生毛泽东同志所形象比喻的'霸王别姬'了。"

经过坚决整治，享乐主义和奢靡之风得到遏制，但反对形式主义、官僚主义却未取得理想效果。习近平总书记在 2017 至 2020 年的有关讲话中反复强调反对形式主义、官僚主义，指出："当前形式主义、官僚主义依然突出，又有新的表现形式。""形式主义、官僚主义害死人！""形式主义、官僚主义同我们党的性质宗旨和优良作风格格不入，是我们党的大敌，人民的大敌。"[1] 从 2012 年到 2020 年，整整 8 年时间。党中央旗帜鲜明，态度坚决，一方面投入大量精力坚决予以整治，另一方面不断加强思想教育和制度建设，在某些方面确实取得了成效，但形式主义、官僚主义"依然突出"，值得我们深思。解决形式主义、官僚主义问题之所以难，与利益驱动密切相关，也就是搞形式主义、官僚主义的人往往得利。形式主义、官僚主义总是披上"特别正确"和"特别忠诚"的外套，以当年鲁迅笔下的所谓"正人君子"的面貌出现；不把主要精力用于解决改革发展中的突出问题，而以给领导留下"好印象"为工作目标。

解决形式主义、官僚主义问题，首先还是要把毛泽东 70 多年

---

① 中共中央党史和文献研究院编：《习近平关于力戒形式主义官僚主义重要论述选编》，中央文献出版社 2020 年版，第 20、22、25、28、29、32 页。

前提出的启蒙工作做下去，同时要加强干部管理，尤其是干部任用。我们的一切工作能否做到科学和民主，起决定作用的是干部任用能否做到科学和民主。从科学的角度看，干部任用的基础是考察和考核，有了客观公正的考察和考核，才有可能坚持用人的需求导向、价值观导向和业绩导向。客观公正的考察和考核，有赖于传统的组织人事工作的有效方法和人力资源管理的专业方法，两者缺一不可，都要摆脱任人唯亲的干扰。这样的党管干部才能识别形式主义、官僚主义的伪装，发现德才兼备、默默做出实绩的优秀人才。从民主的角度看，不仅要不断完善干部任用的民主程序，而且要注重民主程序运作质量，警惕和防止那种投机取巧、借用民主程序掩盖个人说了算（"一把手"说了算）的做法。真正做到客观公正任用干部，是解决形式主义、官僚主义顽疾的不二法门。

（二）邓小平："具体解决、真正解决自己的实际问题"

1941 年 5 月，毛泽东作了《改造我们的学习》的报告，与《整顿党的作风》和《反对党八股》一起，是指导延安整风的基本著作之一。我在学习中体会到，不仅我们的学习需要改造，而且工作方式也需要改造，并把两者结合起来。改造我们的学习和工作方式，是反对形式主义、官僚主义的一个重大课题。这里，我想用邓小平在 20 世纪 60 年代初和改革开放初提出的很好理解、却又切实地给人以正确指导的有关论述，侧重从改造工作方式角度来作解读。

中国共产党历史上的重要工作，在很多时候曾经主要是以政治运动方式开展的。这固然有其历史的必要理由，但不能由此忽视经常性工作。我们不仅要有突击性工作，还要有经常性工作，而且随着制度建设的加强，应花主要精力做好经常性工作。1961 年，邓小平有针对性地指出："我们主要是做细致的工作，深入的工作"，"最容易的工作是开大会，发个一般号召，敲锣打鼓，搞得热热闹闹，那个工作究竟见多少效？"他指出："这几年，经常的细致的工作忽略了。这是党的领导方面的问题"，"大家都去搞一般工作，丢掉了我们各行各业应该经常死死抓住不放的事情"，"现在党的工作、群众工作要着重把经常工作建立起来"，"经常工作的制度要恢复，没有制度工作搞不起来"。[①]邓小平所说的"经常的细致的工作"，并非无关紧要的琐碎事务，而是那些"各行各业应该经常死死抓住不放的事情"。什么事情？就是我们现在所说的中心工作、经济建设。如果上级组织满足于一个接一个地发一般号令，基层组织满足于学习领会这些号令，至多用号令套裁基层单位的实际工作，就没有足够精力去做"应该经常死死抓住不放的"中心工作、经济建设了，就容易滑进形式主义、官僚主义泥潭。

1979 年，邓小平指出："现在要提倡一种方法，就是要每一个生产队，每一个工厂，每一个学校，具体地解决自己的实际问题。我们过去搞的一些运动，比如学理论，学来学去，就是不结合实际，结果大家厌烦了。当然，不是说政治工作不做了。现在有人认为取消政治部就是不做政治工作了。党是搞什么的？工会是搞什么的？共青团是搞什么的？妇联是搞什么的？还不都是做政治工作的？政治工作是要做的，而且是要好好地做。但是，政治工作

[①]《邓小平文选》第一卷，人民出版社 1994 年版，第 288—289、293 页。

要落实到经济上面，政治问题要从经济的角度来解决。"① "具体地解决自己的实际问题"，是一个切中时弊的方法论命题，和邓小平在 60 年代初提出的不能丢掉"各行各业应该经常死死抓住不放的事情"，一脉相承。如果基层单位的理论学习脱离实际，不注重指导解决本单位存在的实际问题，学得再多、再认真、又有什么实际意义？ 1980 年，邓小平在党的十一届五中全会上，专门作了题为《坚持党的路线，改进工作方法》的讲话，指出："有些事情，有的地方只会照搬，上面没有指示就不敢动，这能叫解放思想？我们多次讲过，就是一个生产队，也应该解放思想，开动脑筋，解决本生产队的具体问题。我看，一个生产队、一个工厂、一个车间、一个班组的党组织，如果能够面对自己单位的具体问题，走群众路线，同群众商量，提出很好的办法，由共产党员起模范作用，真正解决这些问题，那末，那里的党组织对四个现代化就做出了很可贵的贡献。"② 这段论述从解放思想的高度谈了基层单位要注重问题导向，"真正解决"存在的具体问题。邓小平上述关于改造我们的学习和工作方式的论述，与鲁迅关于发扬"泥土"精神和"不怕做小事业"的论述一脉相承。许多人不屑于做小事，是形式主义、官僚主义一度盛行的表现。

但是邓小平提出的"具体解决、真正解决自己的实际问题"的要求，在相当一部分地区和单位贯彻得并不理想。历史和现实都告诉我们，一味怪罪形式主义、官僚主义太顽固无济于事，还是要通

① 《邓小平文选》第二卷，人民出版社 1994 年版，第 195 页。
② 《邓小平文选》第二卷，人民出版社 1994 年版，第 280 页。

过改造我们的工作方式来改变现状。对此，我在多年实践中作了一些探索，取得了一些实效。譬如政治理论学习，现在普遍实行了党委理论学习中心组学习制度，怎么学才能真正做到理论联系实际？不是只要在制度中提出要求就能做到，而是制度本身就要使理论联系实际具有可操作性。我设计了以"专题研讨"为主要方式的中心组学习制度，在学习时间安排上，规定用三分之一左右时间用于学习领会理论和路线方针政策，以及上级党委的决议、领导同志讲话精神；用三分之二左右时间用于联系实际的专题研讨。这里的关键是研讨专题的确定。确定原则为：研讨专题是本区域或本单位改革发展中遇到的重点、难点问题。确定方法为：每年末，在逐个征求领导班子每一个成员意见的基础上，由党委会讨论决定，下发新一年党委理论学习中心组专题研讨计划。实施方法为：每一个专题由领导班子分管领导负责，组成课题组，深入调查研究，形成课题报告，提交中心组讨论。这种中心组学习方式，比较好地摆脱了形式主义、官僚主义的干扰，为"具体解决、真正解决自己的实际问题"提供了制度保证。

结语　中国人的现代化靠什么？

1936 年 10 月 19 日，鲁迅先生逝世，停灵于上海万国殡仪馆。灵柩上覆盖着一面白底黑字的大旗，上面是爱国民主人士、上海各界救国联合会主席沈钧儒所书"民族魂"三个大字，代表了中国人民的心声。连续三天，前来瞻仰遗容的人从早到晚络绎不绝，除了上海各界人士，还有 40 多个外省团体的代表。23 日，先生安葬于上海万安公墓，自发送葬的有七八千人。

本结语，对鲁迅生前最后一段日子作一个简略回顾，对他逝世前一个月——1936 年 9 月写的七篇"立此存照"，和他 1935 年秋末写的诗（先生写的最后一首诗）《亥年残秋偶作》（《集外集拾遗》），作一个扼要解读。对鲁迅作出"中国现代文化的主要创立者"的评价，分析鲁迅精神和整个鲁迅"立人"思想，对于中国人实现自身现代化，对于提升上海城市品格、增强上海软实力，对中华民族伟大复兴的重大价值。

一、鲁迅的最后岁月（1936 年 8 月至 10 月）

许寿裳的《亡友鲁迅印象记》，专门有一节《病死》，介绍鲁迅最后岁月的身体情况。1936 年春夏之交，先生病重，5 月 29 日许寿裳去看望他时，"才知病势沉重，胃口不开，神色极惫，不愿动弹，两胫瘦得像败落的丝瓜，看了真叫人难受"。31 日再去看望他时，觉得他"似乎已略有转机"，但当天医生前往诊断，却宣告他病危。6 月开始，先生精神委顿，连写日记的力气也没了，直到月底。之后，病体渐渐恢复，似转危为安。对此，先生本人日记留下了以下记述：5 月 18 日开始，持续发热，20 日起频繁地请日本医生须藤五百三上门诊治，29 日"用强心剂一针"。31 日"史君（史沫特莱，美国记者、作家）引邓医生（托马斯·邓恩，美籍英国人，肺痨科专家）来诊，言甚危"。6 月 5 日起停日记至月底，6 月 30 日记载："自此以后，日渐委顿，终至艰于起坐，遂不复记。其间一时颇虞奄忽，但竟渐愈，稍能坐立诵读，至今则可略作数十字矣。但日记是否以明日始，则近颇懒散，未能定也。"7 月 1 日起，先生恢复记日记。整个七月，病体时好时坏，以治疗和养病为主，除阅读来信外，很少工作（只写了两封信）。8 月 1 日，去须藤处看病，须藤"云肺已可矣，而肋膜间尚有积水。衡体重三八·七启罗格兰，即八五·八磅（合 38.9 公斤）"。之后，先生逐渐进入相对正常的工作状态。10 月 17 日，病情突然急转直下，据先生日记载："下午同谷非（胡风的笔名）访鹿地（鹿地亘，日本作家）君。"当时鹿氏正在胡风协助下翻译《鲁迅杂感选集》，先生前往为之释疑，归途受凉，至下半夜起骤发支气管炎及气胸，18 日凌晨气喘不止，病情急剧恶化，经抢救无效，19 日清晨 5 时 25 分，与世长辞。

　　先生去世后，须藤发表了一篇《医学者所见的鲁迅先生》，并附录《鲁迅先生病状经过》。许广平看了，觉得颇有疑问，她告诉周建人，这份材料同实际治疗经过并不相符。长期以来，一直有人怀疑须藤掩盖自己误诊的责任。1984 年 2 月 22 日，上海鲁迅纪念馆将馆藏的鲁迅 X 光胸片请 23 位医学专家分析研究，开了一次"读片会"。次日《解放日报》作了报道："大家认为鲁迅先生的直接致死原因，是左侧肺大泡破裂，使气体进入胸膜腔引起自发性气胸，压迫肺和心脏而引起死亡。"这就证实了须藤误诊。因为，如果死于肺结核那是属正常死亡，而自发性气胸却是可以抢救的。可惜，这种误诊造成的遗憾，无法弥补。

1936 年 8 月至 10 月的两个多月，是鲁迅的最后岁月，是他工作 30 多年的最后一段时间。除了 10 月 8 日去八仙桥青年会参观第二回全国木刻流动展览会，并与青年木刻家座谈，10 月 17 日去鹿地亘处谈本人作品翻译外，他的主要工作仍是在家写作。这两个多月间，重病中的先生写了长长短短 16 篇文章：《答徐懋庸并关于抗日统一战线问题》《半夏小集》《答世界社信》《"这也是生活"……》《死》《女吊》《关于太炎先生二三事》《曹靖华译〈苏联作家七人集〉序》《因太炎先生而想起的二三事》和《"立此存照"（一至七）》，其中，除了《答世界社信》编入《集外集拾遗补编》外，都编入《且介亭杂文末编》。上述文章包括各种体裁，有杂文、回忆散文和散文诗等。这两个多月，先生还写了 67 封信（按收入《鲁迅全集》的计）。文章和书信的内容，主要仍是他一贯的以"改革国民性"为重点的抨击社会黑暗面；有的受时局影响，与抗日战争有直接关联。关于现代文化的健康发展，是先生关注的重大问题。

学过医的鲁迅，对自己的病况自然是有点数的，但仍抱一定程度上的乐观。1936 年 6 月 25 日，他在给曹白的信中，回答"周先生究竟怎么样"，说："这是未来之事，谁也难于豫言。据医师说，这回修缮以后，倘小心卫生，1 不要伤风；2 不要腹泻，那就也可以像先前一样拖下去，如果拖得巧妙，再活一二十年也可以的。"7 月 11 日，他在给王冶秋的信中，说自己的治病情况："期间几乎要死，但终于好起来，以后大约可无危险。"9 月 3 日，他在给母亲的信中，告诉母亲自己生的是肺病，"初到上海后，也发过一回，今年是第四回，大约因为年纪大了之故罢，一直医了三个月，还没有能够停药，因此也未能离开医生"。以后会怎样？"肺病是不会断根的病，全愈是不能的，但四十以上的人，却无性命危险，况且一发即医，不要紧的，请放心为要。"以上告知，虽带有安慰母亲的成分，但似乎也是自己的基本判断（这个判断明显受须藤的影响）。

以上介绍的只是一方面的情况，且往往是在信中即兴的、带有请他人放心的意思，还有另一种情况。1936 年 9 月 5 日，也就是上述先生给母亲的信后的两天，他写下了《死》(《且介亭杂文末集》)，并在 9 月 20 日《中流》半月刊发表，文中写道："从去年起，每当病后休养，躺在藤躺椅上，每不免想到体力恢复后应该动手的事：做什么文章，翻译或印行什么书籍。想定之后，就结束道：就是这样罢——但要赶快做。这'要赶快做'的想头，是为先前所没有的，就因为在不知不觉中，记得了自己的年龄。"这是冷静思忖后的文字，"记得了自己的年龄"其实包含了病情，只是不便向外界透露。说明即使先生没有预计到 1936 年 10 月就会去世，但对"来日无多"还是有思想准备的。所以可断定，1936 年

8月至10月这两个多月，先生是以抱定的"赶快做"的态度写作的，会尽可能把自己认为最重要的东西写出来，留下来。吴海勇说："在生命的最后数月里，鲁迅再度爆发出蓬勃的创造力。"① 确实如此。

二、"立此存照"："揭发自己的缺点，意在复兴，在改善"

对鲁迅1936年8月至10月期间的作品很值得研究。这里，仅对先生8月至9月写的七篇《"立此存照"》作一个简要解读。"立此存照"按字面的一般解释是：写下字据保存下来，以作凭证。先生的《"立此存照"》，是摘录当时报刊或书籍上的一段或几段话，加以评论，让人们（特别是后来的人们），透过一个个或大或小的事件，从不同角度了解当时的上海和中国社会，并思考现代人生。这是先生大病初愈，集中一些精力翻阅报刊或书籍，有的文章引起他的注意，有感而发。

（一）"我们既然生着人头，努力来讲人话罢"

我们先来看除《"立此存照"（三）》之外的六篇。《"立此存照"（一）》，摘录了8月25日《大公报》上一篇题为《太学生应试》的短文，内容为太学生对两个策论式的命题"很有些人摸不着头脑"，而试官的评语也不得要领。先生评论道："寥寥三百余字耳，却已将学生对于旧学之空疏和官师态度之浮薄写尽，令人觉自言'歇后郑五作宰相，天下事可知'者，诚亦古之人不可及也。""歇

① 吴海勇：《枭声或曰花开花落两由之》，花城出版社2006年版，第17页。

后郑五作宰相，天下事可知"句，其义出自《唐书·郑綮传》："綮善为诗，多侮剧刺时，故落格调，时号郑五歇后体。"郑五即郑綮，唐代曾任庐州刺史，后来被任为宰相；"歇后"，就是结末的语词不说出来。先生认为当时的太学生对中国传统文化的相关知识知之甚少，而教师的点评也不够认真，连唐代"郑五歇后体"的水平都达不到。

《"立此存照"（二）》，摘录了 8 月 9 日《申报》的一则消息，说的是"本地人盛阿大，有一养女，名杏珍，年十六，于六日忽然失踪，盛在家检点衣物，从杏珍之箱箧中发现他人寄与之情书一封"。先生全文引用了情书后，继续援引消息："盛遂将信呈交捕房，不久果获诱拐者。"先生评论道："案这种事件，是不足为训的。但那一封信，却是十足道地的语录体情书，置之《宇宙风》中，也堪称佳作，可惜林语堂博士竟自赴美国讲学，不再顾念中国文风了。"语录体，是我国古代一种记录传道、授业时的问答口语而不重修饰的文体，当时林语堂提倡"幽默""性灵"文学和语录体诗文，《宇宙风》是林语堂等编辑的刊物。这是先生对脱离救亡现实的文风的讽刺与批判。

《"立此存照"（四）》，引用小品文半月刊《越风》第 17 期载高越天作《贰臣汉奸的丑史和恶果》，谈及"他们在当时昧了良心努力讨好清廷，结果还是'鸟尽弓藏，兔死狗烹'，真是愚不可及"。高文引用《雪庵絮墨》，述清朝对开国功臣皆配享太庙，而无汉人之耿精忠、尚可喜、吴三桂、洪承畴四名，且洪承畴由乾隆列之为《贰臣传》之首，于是诚曰："似这样丢脸的事情，我想不独含冤泉下的洪经略（官名）要大吃一惊，凡一班吃里爬外，枪口向内的狼鼠之辈，读此亦当憬然而悟矣。"先生反诘道："如果当时并不'鸟尽弓藏，兔死狗烹'，而且汉人也配享太庙，洪承畴不入《贰臣传》，则将如何？"真可谓一语中的。先生指出："因为卫国和经商不同，值得与否，并不是第一着也。"当忠臣还是做汉奸是否值得，不以对当事者本人是否有利为评价标准。在日寇加紧发动全面侵华战争的时局下，先生提出这个问题，具有重大现实意义。

《"立此存照"（五）》，先生引用 9 月 15 日《大公报》载《张资平在女学生心中》，指出了该文自相矛盾并评论道："原意大约是要写他的'颇为精明方正的'，但恰恰画出了开乐群书店赚钱时代张资平老板面孔。最妙的是'一手里经常夹着一个大皮包'，但其中'只有恋爱小说的原稿与大学里讲义'：都是可以赚钱的货色，至于'没有支票账册'，就活画了他用不着记账，和开支票付钱。所以当书店关门时，老板依然'一付团团的黝黑的面孔'，而有些卖稿或抽版税的作者，却成了一付尖尖的晦气色的面孔了。"这是先生对出于赚钱目的而大量创作格调低下的三角恋爱小说作者的批判。

《"立此存照"（六）》，先生引用了 1936 年 4 月上海蟫隐庐印行的《流寇陷巢记》中的内容。先生介绍说："崇祯八年（1635）新正，张献忠之一股陷安徽之巢县，秀水人沈国元在彼地，被斫不死，改名常，字存仲，作《再生纪异录》。今年春，上虞罗振常重校印行，改名《流寇陷巢记》，多此一改，怕是生意经了。"先生引用了该书的两段。一段描写被民众称为"贼锋甚锐"的起义军入县城时，与民众"各以'来了'二字，互相惊怖"。先生由此联系自己的相关作品道："《热风》中有《来了》一则，臆测而已，这却是具象的描写；而贼自己也喊'来了'，则为《热风》作者所没有想到的。"《来了》是 1919 年先生发表在《新青年》上的《随感录 五十六》(《热风》）的标题，批判没有"主义"的血腥争斗："来的如果是主义，主义达了还会罢；倘若单是'来了'，他便来不完，来不尽，来的怎样也不可知"，"大家都单怕'来了'，同我一样"。不以追求社会进步为目的的"来了"，遭殃的是平民百姓。

接着，先生引用了《流寇陷巢记》中描写起义军杀戮的内容："有相携而蹶者，有痛楚而呻者，有襁负而至者，一闻贼来，无地可人，真人生之绝境也。"先生对此评论道："非经宋元明三朝的压迫，杀戮和麻醉，不能到这田地。民觉醒于四年前之春（即 1932 年一·二八事变），而宋元明清之教养亦醒矣。"先生反复揭露中国历史上对民众的杀戮之残酷，对民众的麻醉之严重。值得欣慰的是，中华民族的优秀基因尚存，在强敌入侵的危亡之际，中国人民终于觉醒了，宋元明清封建专制统治下的奴化教育到了穷途末路，五四新文化锻造的新精神在反侵略的战火中得以弘扬。

《"立此存照"（七）》，9 月 27 日，先生偶然看到《申报·儿童专刊》刊载的《救救孩子！》，同时看到署名梦苏写的《小学生们应有的认识》，该文主张中国人杀外国人应加倍治罪，认为"这才是大国民的风度"。先生首先讽刺道："这'大国民的风度'非常之好，虽然那'总禁不住''同情的愤慨'，还嫌过激一点，但就大体而言，是极有益于敦睦邦交的。不过我们站在中国人的立场上，却还'希望'我们对于自己，也有这'大国民的风度'，不要把自国的人民的生命价值，估计得只值外侨的一半，以至于'罪加一等'。"先生怒不可遏地评论道："主杀奴无罪，奴杀主重办的刑律，自从民国以来（呜呼，二十五年了！）不是早已废止了么？"文章最后呼吁："真的要'救救孩子'。这'于我们民族前途的关系是极大的'！""而这也是关于我们的子孙。大朋友，我们既然生着人头，努力来讲人话罢！"国民党政府于 1935 年 6 月颁布《邦交敦睦令》，严禁"排日"，称"对于友邦，务敦睦谊，不得有排斥及挑拨恶感之言论行为"，"以妨国交"。邦交确与"国民风度"有关，但怎么理解"国民风度"？把中国人看得比外国人低一等，这是卑躬屈膝、自贬人格和国格。倡导用这种主奴文化的遗毒来教育我们的孩子，十分危险。先生与自己 1918 年创作的中国第一部白话小说《狂人日记》（《呐喊》）的结尾遥相呼应，再次呐喊："真的要'救救孩子'。"这才是回到五四的"人话"，意味深长。

（二）"自做工夫，来证明究竟怎样的是中国人"

《"立此存照"（三）》，是七篇中篇幅最长的一篇，从"所谓'辱华影片'事件"谈起："饱暖了的白人要瘙痒的娱乐，但菲洲（即非洲）食人蛮俗和野兽影片已经看厌，我们黄脸低鼻的中国人就被搬上银幕来了。于是有所谓'辱华影片'事件，我们的爱国者，往往勃发了义愤。""辱华影片"是指美国导演冯史丹堡（通译斯登堡）执导的电影《上海快车》。先生引用了 9 月 20 日《大公报》载记者萧云写的《冯史丹堡过沪再志》。该文批评《上海快车》"无理侮蔑他人"，但又说这是斯登堡五年前对中国情况不了解时拍的片子，"并非有意"侮辱中国，现在他看过中国了，如果回好莱坞后就不会再拍《上海快车》那样的作品了。但事实如何呢？先生引用了同一天《大公报》载记者弃扬写的《艺人访问记》。该文披露斯登堡此次来沪坦陈："许多访问者都以《上海快车》来质问我，实际上，不必掩饰是确有其事的。现在是更得了一个真切的印象。"他还举了一个南京的例子——"为了招待外宾而把茅棚拆除的故事"。弃扬认为："这是很值得我们的敬佩的。"

先生评论道："原来他不但并不悔改，倒更加坚决了，怎样想着，便怎么说出，真有日耳曼人的好的一面的蛮风，我同意记者之所说：'值得我们的敬佩'。"先生说："我们其实也并无好的人事给他看。"他引用了9月19日报载与"九一八纪念日"相关的消息，包括北平"警宪戒备极严，晨六时起，保安侦缉两队全体出动，在各校公共场所冲要街巷等处配置一切，严加监视，所有军警，并停止休息一日。全市空气颇呈紧张，但在平安中渡过"；包括"丰台日军突将二十九军驻防该处之冯治安（国民革命军将领）部包围，勒令缴械，入夜尚在相持中。日军已自北平增兵赴丰台，详况不明。查月来日方迭请宋哲元（国民革命军将领）部将冯部撤退，宋迄未允"。

先生有感而发："其实，中国人是并非'没有自知'之明的，缺点只在有些人安于'自欺'，由此并想'欺人'。"明知故犯，甚至以丑骄人，或者想尽办法掩盖，先生举例说："譬如病人，患着浮肿，而讳疾忌医，但愿别人胡涂，误认为他为肥胖。妄想既久，时而自己也觉得好像肥胖，并非浮肿；即使还是浮肿，也是一种特

292

别的好浮肿，与众不同。如果有人，当面指明：这非肥胖，而是浮肿，且并不好，病而已矣。那么，他就失望，含羞，于是成怒，骂指明者，以为昏妄。然而还想吓他，骗他，又希望他畏惧主人的愤怒和骂詈，惴惴的再看一遍，细寻佳处，改口说这确实是肥胖。于是他得到安慰，高高兴兴，放心的浮肿着了。"讳疾忌医，毛病只会越来越重，直至无药可救，害己又害人。

文章的结束语是："不看'辱华影片'，于自己是并无益处的，不过自己不看见，闭着眼睛浮肿而已。但看了而不反省，却也并无益处。"

鲁迅作品的鲜明特点是它的批判性，矛头主要指向中国存在的落后面，不仅批判外在的不合理的社会制度，更注重刀刃向内，批判由这种制度造成的国民性弊端。为什么这样做呢？1936 年 3 月4 日，先生在给尚在日本留学的尤炳圻的信中指出："我们生于大陆，早营农业，遂历受游牧民族之害，历史上满是血痕，却竟支撑以至今日，其实是伟大的。但我们还要揭发自己的缺点，这是意在复兴，在改善。"答案是再明白不过的。1936 年 11 月，姚克在悼念鲁迅的文中，谈及先生生前对他说的这样一段话："不错，中国的文化也有美丽的地方，但丑恶的地方实在太多，正像一个美人生了遍体的恶疮。若要遮她的面子，当然只好歌颂她的美丽，而讳隐她的疮。但我以为指出她的恶疮的人倒是真爱她的人，因为她可以因此自惭而急于求医。"[1] 这是对真爱的形象比喻。

---

① 李新宇、周海婴主编：《鲁迅大全集》第十卷，长江文艺出版社 2010 年版，第 467 页。

三、暗夜里的希望：诗《亥年残秋偶作》新解

《亥年残秋偶作》（《集外集拾遗》），是鲁迅应许寿裳之索书写的一首诗，作于 1935 年（乙亥）秋末。诗曰：

> 曾惊秋肃临天下，敢遣春温上笔端。
> 尘海苍茫沉百感，金风萧瑟走千官。
> 老归大泽菰蒲尽，梦坠空云齿发寒。
> 竦听荒鸡偏阒寂，起看星斗正阑干。

1944 年 5 月，许寿裳在《〈鲁迅旧体诗集〉跋》中说："《亥年残秋偶作》系为余索书而书者"，"此诗哀民生之憔悴，状心事之浩茫，感慨百端，俯视一切，栖身无地，苦斗益坚，于悲凉孤寂中，寓熹微之希望焉"。

"曾惊秋肃临天下，敢遣春温上笔端。"回顾自己从年轻时留学日本弃医从文，30 年过去了，一直惊心于祖国陷于危亡的境地，像秋天肃杀之气降临天下。身处这样的时代，我怎敢让自己的笔端流露出春天般温暖的赞美之辞呢？此种心境，1907 年先生在《摩罗诗力说》（《坟》）中就表露过："人有读古国文化史者，循代而下，至于卷末，必凄以有所觉，如脱春温而入于秋肃。""脱春温而入于秋肃"的心境，由失去了春温而笼罩着阵阵秋肃之气的社会环境导致。文由心出，读到此处，对先生作品形成鲜明的批判风格，以揭露社会黑暗、批判国民性弊端为使命，就更好理解了。

"尘海苍茫沉百感，金风萧瑟走千官。"尘海，广大的人世；金

风，秋风，古人用五行来配季节，以秋为金。走千官，无数官员在逃跑，实指当时国民党政府在日本侵略者压迫下，把大批官员撤出华北。在这苍茫的人世间，百感交集。30年来，自己以"立人"为核心内容的思想，有的通过自己的作品得以表达，有的却只能深深埋藏在心里。1927年，先生在《〈野草〉题辞》中写道："当我沉默着的时候，我觉得充实；我将开口，同时感到空虚。"从自我反顾中回到现实社会，日本帝国主义的全面侵华战争步步紧逼，而国民党政府却软弱无能，眼看着萧瑟秋风中，不要说民众难以安身，连华北的政府官员们也随着河北省和国民党北平、天津党部被撤销，纷纷南逃。华北告急！中国告急！

"老归大泽菰蒲尽，梦坠空云齿发寒。"菰，草本植物，生长在浅水里，嫩茎叫茭白，果实叫菰米，都可以吃；蒲，草本植物，生长在浅水或池沼中，叶长而尖，可用来编席、蒲包和扇子。菰蒲意指水边可以泊船之处。国势衰退，生灵涂炭，或许当自己老去时，会像菰蒲被伐尽后船无处停泊，无以归宿？梦见自己突然坠落云层里，高处不胜寒。

"竦听荒鸡偏阒寂，起看星斗正阑干。"竦听，凝神听着；荒鸡，夜里鸣叫的鸡；星斗，这里指北斗星；阑干，横斜，古乐府《善哉行》曰："北斗阑干。"北斗横斜，指天快亮了。半夜里，自己从梦中醒来，警觉地想听听有没有早起的鸡啼声，偏偏寂静无声。起来看看，北斗七星正在横斜，分明是天快亮了。自己多么期盼民众觉醒，却没有得到这方面的信息。可这是黎明前的黑暗，雷鸣前的寂静，他们的觉醒时刻很快就会到来。

确如先生预言，没过多久，在伟大的抗日战争中，中华民族实现了伟大的觉醒。当然，这个觉醒不是完成式，中华民族的进一步觉醒还有很长的路要走。

四、鲁迅是中国现代文化的主要创立者

北京师范大学教授王富仁指出："中外很多研究者认为鲁迅后期的思想变得单薄了，我的观点恰恰相反，我认为，恰恰是在这一时期，他的思想变得异常的丰富和复杂。没有任何一个历史时期，像这个时期的鲁迅一样，既那么坚决、坚定地反抗着政治专制、文化专制对他的压迫，也那么坚决、坚定地抵制着那些左翼青年用空洞的理论口号对他的人身攻击和思想骚扰；既那么坚决、坚定地拒斥了中国现代学院派知识分子的新绅士文化，也那么坚决、坚定地拒斥了迎合小市民庸俗趣味的中国现代的小市民文化。这说明他这时的思想仍是一个文化的空间，并且是一个较之此前更广大、更有严密结构形式的空间。"[1] 鲁迅后期的思想，就是他定居上海十年（1927—1936 年）的思想。"他的思想变得异常的丰富和复杂"，与这个时期的上海"变得异常的丰富和复杂"相关；更重要的是，这个时期的鲁迅经过之前"《野草》时期（1924—1926 年）"严格的自我解剖，形成了比较完整的人生哲学，到上海后，在与共产党人交往和与左翼文人"左"倾思潮的论争中接受了马克思主义，完善和发展了"立人"思想，达到了一个新的思想和艺术高峰。

---

[1] 王富仁、赵卓：《突破盲点：世纪末社会思潮与鲁迅》，中国文联出版社 2001 年版，第 129—130 页。

（一）我们需要孔夫子，更需要鲁迅

如何评价鲁迅和他体现在文学作品中的思想？我的回答是：鲁迅是中国现代文化的主要创立者。1937年10月19日，毛泽东在延安陕北公学纪念鲁迅逝世周年大会上，发表了题为《论鲁迅》的讲话，指出："鲁迅在中国的价值，据我看要算是中国的第一等圣人。孔夫子是封建社会的圣人，鲁迅则是现代中国的圣人。"①这是从文化角度对孔夫子和鲁迅至高无上的评价。孔夫子的伟大，在于他是中国古代文化的主要创立者，这早已成为公认。鲁迅呢？近百年来，对他的评价很多，各有千秋。除了上述毛泽东的评价和沈钧儒书写的"民族魂"三个字，被引用最多的可能是郁达夫的评论了。先生逝世后，郁达夫说："鲁迅虽死，精神当与我中华民族永在。""如问中国自有新文学运动以来，谁最伟大？谁最能代表这个时代？我将毫不踌躇地回答：是鲁迅。""当我们见到局部时，他见到的却是全面。当我们热衷去掌握现实时，他已把握了古今与未来，要全面了解中国的民族精神，除了读《鲁迅全集》以外，别无捷径。"②鲁迅的伟大，究竟体现在何处呢？我经过反复思忖，提出了上述观点，即鲁迅是中国现代文化的主要创立者。

孔夫子为主要创立者的中国古代文化，灿烂辉煌，是中华民族赖以生存发展的文化基因。《论语》和其他儒家文化原典所体现的儒家思想精华，具有超越时空的生命力，在现代乃至将来，仍有它的不朽价值。但毋庸讳言，中国古代文化毕竟是"古代"，不要说

---

① 《毛泽东文集》第二卷，人民出版社1993年版，第43页。
② 郁达夫：《回忆鲁迅》，上海文艺出版社2006年版，第103、111、104页。

封建专制统治者及其御用文人在"尊孔"旗号下，夹杂了不少糟粕，甚至使之成为"伪儒学"；即使儒学原典，也不可避免地存在时代局限性。现代中国人不可能简单地回到古代，全盘复古的路是一条偏离人类进步潮流的死路。我们所需要的是先生在《文化偏至论》(《坟》)中所提出的，"外之既不后于世界之思潮，内之仍弗失固有之血脉"的中国现代文化。

晚清时期，一批有识之士就开始了对创立中国现代文化的探索。五四新文化运动，创立中国现代文化取得重大突破，陈独秀、李大钊、鲁迅、胡适等是杰出代表。五四后，新文化运动的队伍开始分化，其主要代表人物，有的成为政治家（如陈独秀、李大钊），有的成为社会活动家（如胡适），有的偏离了正确方向（如鲁迅二弟、文学家周作人）。唯有鲁迅，继续着创立中国现代文化的伟大事业，通过艰苦卓绝的创作，登上中国现代文化的高峰。在此过程中，郭沫若、茅盾和一批优秀的青年作家，也为中国现代文化的创立作出了贡献。但从总体上看，没有一人可与鲁迅比肩。直至今日，仍没有一人达到鲁迅的高度。中国社会科学院研究员张梦阳指出："20 世纪中国，就文化界而言，称得上思想家的，仅鲁迅一人。"[①] "中国现代文化的主要创立者"这一称号，先生当之无愧。

先生创立中国现代文化，起步于 1907 年他留日期间，五四时期是一个高峰，完成则是在上海十年。梁伟峰认为："鲁迅对上海

---

① 张梦阳：《悟性与奴性——鲁迅与中国知识分子的"国民性"》，河南人民出版社 1997 年版，第 243 页。

的选择是上海的幸运。上海开埠后百年里，一直吸引着全国各地的文化创造人才，上海数量众多的文化移民也创造出不凡的文化业绩。在上海文化创造的天空中已经镶嵌着无数颗大大小小的或有名或无名的星辰，各自散发属于自己的那份光辉，但鲁迅应该是其中最耀眼的荦荦大者。""鲁迅作为思想和文化巨人，其完成是在上海。仅此一点，就可以把鲁迅与上海的历史和文化形象牢不可分地连接在一起了。对于上海文化自身发展而言，鲁迅对上海的选择和对上海文化的解剖，弥足珍贵，富有历史启示和城市文化人格建设的深远意义。"尤其值得注意的是，梁伟峰指出了鲁迅文化的"清冷"特质："在鲁迅那个时代，他以及他所代表的上海左翼文化，曾在一定程度上弥补了上海社会文化中高级文化的缺失，对上海文化的市民性的商业、世俗取向起到了反拨和牵制作用，制约着上海文化中的恶俗化成分的弥漫。在这个意义上说，鲁迅虽然堪称最耀眼的上海文化创造星宿，但它始终散发着清冷之光。即使在今天，凝视这散发清冷之光的星宿，感受这种清冷，也仍然能够让谈到上海文化时常常浮躁夸耀的人们，心情一转而变为清凉。"①

中国现代文化与中国古代文化一脉相承，却又超越了它。超越，主要体现在它的现代性，既是内容的现代性，又是形式的现代性。人们读鲁迅作品，往往会产生一种"就像是对着当下中国人讲的"那种感叹，甚至震撼，就因为它是中国现代文化的缘故。这里，需要提出对"国学"怎么诠释。现在谈国学，人们往往是指中

---

① 梁伟峰：《文化巨匠鲁迅与上海文化》，上海文化出版社 2012 年版，第 258 页。

国古代文化，严格地说这是经不起推敲的。国学，顾名思义是指中国文化，怎么能只认可中国古代文化，而把中国现代文化排斥在外呢？随之而来，相较中国古代文化热，人们对中国现代文化的关注要冷淡得多。习近平总书记指出："现代化的本质是人的现代化。"[1] 中国人的现代化，固然仍需要中国古代文化精华的滋养，但无疑更需要中国现代文化精华的滋养。

不少鲁迅研究者提出，我们不仅需要孔夫子，而且需要鲁迅。首都师范大学教授王景山指出："现在好像存在'重孔轻鲁'的一股风。'维稳'当然要借重孔子，但'改革'则必需鲁迅。"[2] 维护社会稳定是现代社会必须追求的目标，没有稳定什么事也办不成，包括改革，稳定是推进改革的基本条件之一。但同时必须认识到，我们正处于一个深化改革的时代，没有改革的深化，社会就没有活力和创造力，也不可能有国家的长治久安。在这个意义上可以说，改革比稳定更重要。也正是在这个意义上，可以说我们需要孔夫子，更需要鲁迅。钱理群认为，鲁迅是一位具有原创性的现代思想家和文学家，"他的思考的最大特点是，始终立足于中国的土地，从中国的现实问题出发；而对问题的开掘，又能够探测到历史和人性的深处与隐蔽处。因此，他的思想与文学就既有极强的现实性，又具有超越性和超前性；而且不是某种外来思想或传统思想的搬弄，而是真正的'中国的与现代的'，并且创造了自己独特的话

[1]《习近平新时代中国特色社会主义思想学习纲要》，学习出版社、人民出版社 2019 年版，第 59 页。

[2] 王景山:《鲁迅五书心读》，首都师范大学出版社 2013 年版，第 7 页。

语体系","这是一个民族精神的源泉"。①

这些年来,反映解放战争的文学作品和影视作品很多。小米加步枪的共产党军队,为什么能打败在美国军援下"武装到牙齿"的国民党军队?人们多从思想、政治、经济和军事角度作了分析。值得深究的是,思想、政治、经济和军事的背后是什么?是文化。共产党克敌制胜的法宝,一为实事求是,一为群众路线。支撑实事求是的文化基因是科学,支撑群众路线的文化基因是民主,而科学和民主恰恰是五四新文化运动的主题。在带有根本性的意义上说,共产党胜在文化。新中国成立后取得的成就,尤其是改革开放以来取得的举世瞩目的成就,基本经验也是坚持了实事求是和群众路线。现实同样如此,所有成绩的取得都离不开实事求是和群众路线,所有错误的存在都是背离实事求是和群众路线结下的苦果。当下,形式主义、官僚主义问题仍然突出。形式主义背离实事求是,官僚主义背离群众路线。深层次的原因在文化,在100多年前五四新文化运动提出的科学和民主没有扎根。不从根子上下功夫,形式主义、官僚主义不可能有效纠治,党的优良传统不可能得到传承。

科学和民主说起来简单,真要理解和付诸实践并不容易,这是因为反科学和反民主的封建文化残余根深蒂固,非得经过五四就提出的艰巨的思想革命才能见效。党的二十大鲜明地提出了"自我革命",形式主义、官僚主义无疑是自我革命要去打倒的"大敌"。怎么才能在人们、主要是各级干部的内心深植科学和民主基因,取

① 钱理群:《鲁迅作品十五讲》,北京大学出版社2003年版,前言第1页。

得与形式主义、官僚主义斗争的胜利？靠孔夫子显然解决不了问题，而要靠鲁迅——鲁迅精神才是制形式主义、官僚主义于死地的利器。

（二）鲁迅精神·上海城市品格与提升上海软实力

现在盛行的"软实力"一词，是 20 世纪 90 年代初，美国政治学家约瑟夫·奈首先提出来的。《辞海》对"软实力"的解释是："与'硬实力'相对。指一个国家或地区的文化、价值观念、社会制度、发展模式在向外传播中所产生的影响力和感召力。具有非垄断性和扩散性的特征。其能量的大小取决于国际社会对某一文化的认同程度，一个国家的文化价值得到认同的程度越高，该国的软实力就越强盛。"这是偏重于从外界认可角度作出的解释，很重要，软实力的强弱不是自己认可就算数的，而是相比较而言的。但提升软实力，主要是内生需要，从根本上说，无论一个国家、一个地区，还是一个单位、一个人，强和弱，取决于软实力。软实力本质上是文化实力。城市品格是软实力的重要体现，提升上海"开放、创新、包容"的城市品格，是提升上海软实力的必然要求。

2022 年 6 月召开的中国共产党上海市第十二次代表大会，时任中共中央政治局委员、上海市委书记李强，在报告中提出了"加快建设具有世界影响力的社会主义现代化国际大都市"的奋斗目标。为此，相应提出了"全面提升城市软实力"。提升"开放、创新、包容"上海城市品格，是提升软实力的必然要求。要求成为现实，需要中国现代文化的滋养。鲁迅在上海十年，完成了他对中国现代文化的创立，这是上海的荣耀和荣幸。郁达夫指出："没有伟大的人物出现的民族，是世界上最可怜的生物之群，有了伟大的人物，而不知拥护，爱戴，崇敬的国家，是没有希望的奴隶之邦。"①在中华民族文化发展史上，不仅在古代出现了孔夫子这样的伟大人物，而且在现代出现了鲁迅这样的伟大人物。我们完全有理由为之自豪和自信。现在的问题是：我们做到了对孔子、对鲁迅应有的拥护、爱戴和崇敬了吗？在改革开放40多年后的今天，可以说在一定程度上做到了，但远未做到位。真正的拥护、爱戴和崇敬，理应体现在对他们精神的理解，用他们的思想来克服自己或多或少存在的素质方面的弊端，加快实现自身现代化。本书联系提升上海城市品格，对鲁迅精神作了全面梳理，旨在能对提升上海城市品格和软实力有些许裨益。

中华人民共和国成立后，上海成为建设鲁迅纪念设施的重地。1950年即建鲁迅纪念馆，是新中国成立后第一个人物性纪念馆和第一个名人纪念馆，被列为国家一级博物馆。1951年鲁迅故居面向公众开放，周恩来题写馆名。1956年鲁迅墓由上海万国公墓迁葬于虹口公园（后改名为鲁迅公园），毛泽东题写碑名。鲁迅纪念馆和鲁迅墓为全国重点文物保护单位，鲁迅故居为上海市重点文物保护单位。上海在鲁迅作品出版方面做了大量工作。1951年上海出版公司出版《鲁迅日记》第一个影印本，1961年上海人民美术出版社出版《鲁迅诗稿》，1986年至1993年上海古籍出版社陆续出齐《鲁迅辑校古籍手稿》，1987年上海书画出版社出版《鲁迅

① 郁达夫:《回忆鲁迅》，上海文艺出版社2006年版，第103、104、111页。

辑校石刻手稿》，1996 年上海古籍出版社出版《两地书真迹》。上
海涌现了一批鲁迅研究专家，上海出版机构，出版了许多鲁迅研究
专著。1996 年，鲁迅博物馆研究馆员、作家王得后曾经预言："未
来的社会需要鲁迅思想，鲁迅文化。鲁迅思想，鲁迅文化的主要观
念和基本原则，将更普遍更有力地为人们所认同。这是鲁迅研究更
深入更发展的世纪，大有可为的世纪，也会产生很多很深的新的分
歧，但根本点将更深入人心。"①21 世纪已经过去 20 多年，上述预
言的实现似乎还不太明显，但从趋势看，应该会越来越明显吧。上
海完全有可能在鲁迅研究方面取得更丰硕的成果，完全应该在弘扬
鲁迅精神方面，走在全国前列。

---

① 王得后：《鲁迅教我》，福建教育出版社 2006 年版，第 86 页。

附录一　鲁迅在上海（1927—1936）大事记

1927年

10月2日，偕许广平"午后抵上海，寓共和旅馆"[1]。

10月5日，第一次"往内山书店买书"。不足一个月，九次光顾该店。后与内山完造结为好友。

10月8日，"上午从共和旅店移入景云里寓"。

10月25日，应邀"至劳动大学演讲约一小时"，题为《关于知识阶级》（《集外集拾遗补编》）。

11月2日，应邀"往复旦大学演讲，午后去讲一小时"，题为《革命文学》，刊于1928年5月9日上海《新闻报》。

11月16日，应邀"下午往光华大学讲"，内容为文学与社会问题，记录稿发表于《光华周刊》第二卷第七期。

12月21日，应邀午后"至暨南大学演讲"，题为《文艺与政治的歧途》（《集外集》）。

12月，所编《语丝》第四卷第一期在上海出版发行。1929年1月起，该刊由柔石接编。

12月，受聘为国民政府大学院第一批特约撰述员。

12月，《唐宋传奇集》上册印成，下册于1928年2月印成。

---

[1] 鲁迅在上海的"大事"，许多在日记中留下了记载，本大事记引用内容，如无特别说明，均见《鲁迅日记》。

1928年

2月11日，"夜译《近代美术史潮论》初稿讫。"自1927年底起译，是日毕。

4月3日，"译《思想·山水·人物》迄"。3月16日记载，夜译该书"至晓"。

5月15日，"陈望道来，同往江湾实验中学校讲演一小时，题曰《老而不死论》"。

6月，与郁达夫合编《奔流》月刊在上海创刊，主持该刊的编辑工作，并作为主要撰稿人之一。1929年底该刊停刊。

9月，《朝花夕拾》由未名社初版，鲁迅生前共印行七版次。

10月，《而已集》由上海北新书局初版，鲁迅生前共印行七版次。

1929年

4月22日，"夜半译《艺术论》毕"。

5月15日，北上探母病，"午后一时抵北平"。

5月22日，应邀"晚往燕京大学讲演"，题为《现今的新文学的概观》（《三闲集》）。

6月，与柔石等合编《朝花旬刊》在上海创刊，当年9月停刊。

9月27日，"晨八时广平生一男"。

10月12日，"夜译《艺术论》毕"。

12月4日，应邀"往暨南学校演讲"，题为《离骚与反离骚》，发表于《暨南校刊》第廿八至卅二期合刊。

1930年

1月，与冯雪峰等合编《萌芽月刊》在上海创刊，出至第一卷第五期被当局查禁。

2月13日，"晚邀柔石往快活林（南京路河南路附近的一家西餐馆）吃面，又赴法教堂"。参加中国自由运动大同盟成立大会，为该盟发起人之一。

3 月 2 日，"往艺术大学参加左翼作家连盟（联盟）成立会"。为三人主席团成员之一，在会上发表了题为《对于左翼作家联盟的意见》(《二心集》)。

3 月 13 日，应邀"下午往大夏大学乐天文艺社演讲"，题为《象牙塔和蜗牛庐》(内容大意见《二心集·序言》)。

3 月 19 日，被国民党浙江省党部呈请通缉"反动文人鲁迅"后，避居内山书店，4 月 1 日回家，6 日再度避居，至 4 月 19 日回寓。这是在上海的第一次避难。

5 月 7 日，"晚同雪峰往爵禄饭店"，应约与中共中央领导人李立三会见。李立三希望鲁迅发表宣言支持"立三路线"，先生不同意。

5 月 12 日，"夜同广平携海婴迁入北四川路楼寓（即拉摩斯公寓）"。

10 月 4 日，"今明两日与内山君同开版画展览会于购买组合（日本对供销合作社的称呼）第一店楼上"。指与内山完造联合举办的世界版画展览会。

11 月 20 日，"夜开始修正《中国小说史略》"，至 25 日，"夜改订《中国小说史略》讫"，付北新书局重排，是为该书第三版。

12 月 26 日，"夜译《溃灭》(后改为《毁灭》)讫"。

1931年

1 月 20 日，"下午偕广平携海婴并许妈（女佣）移居花园庄"。因柔石等被捕（1 月 17 日），携眷移此避居，至 2 月 28 日回寓。这是在上海的第二次避难。

7 月 17 日，"下午为增田君讲《中国小说史略》毕"。是年 3 月，增田涉来沪向鲁迅请教有关《中国小说史略》等问题，先生每日下午以日语为其讲解三小时左右，本日告一段落。

7 月 20 日，应邀"往暑期学校演讲一小时，题为《上海文艺之一瞥》(《二心集》)"。

8 月 17 日，"请内山嘉吉（日本美术教师，内山完造之弟）教学生木刻术，为作翻译，自九至十一时"。这是中国现代第一个木刻技法讲习会，共6 天。

9 月 12 日，"夜始校《朝花夕拾》"。校对后付上海北新书局重印，为该书第三版。

11 月 6 日，"与冯余声（左联成员）信并英文译本《野草》小序（《二心集》）一篇"，该书译稿毁于一·二八事变，未出版。

1932年

1 月 28 日，遇一·二八事变，"下午附近颇纷扰"，受战火威胁。29 日，"遇战事，终日在枪炮声中"。30 日，"下午全寓中人员俱迁避内山书店"。2 月 6 日迁至英租界内山书店支店，3 月 19 日回寓。这是在上海的第三次避难。

4 月 14 日，"夜始编杂感集"，整理 1928 年至 1931 年间杂文稿，编为《三闲集》和《二心集》。9 月，《三闲集》由上海北新书局初版，作者生前共印行四版次。10 月，《二心集》由上海合众书店初版。

11 月 11 日，去北平探母病，13 日抵前门站。

11 月 22 日，应邀"往北京大学第二院演讲四十分钟"，题为《帮忙文学与帮闲文学》(《集外集拾遗》)。应邀"次往辅仁大学演讲四十分钟"，题为《今春的两种感想》(《集外集拾遗》)。

11 月下旬，瞿秋白夫妇到寓中避难，年末前离开。1933 年 7 月 10 日瞿秋白夫妇再来寓避难。瞿秋白编辑的《鲁迅杂感选集》由上海北新书局以"青光书局"名义出版。

深秋，在寓所秘密会见红军将领陈赓。

12 月 14 日，"自选旧日创作为一集，至夜而成，计二十二篇，十一万字，并制序"。"一集"即《鲁迅自选集》，1933 年 3 月上海天马书店初版。

1933年

1 月 6 日，"邀三弟同至中央研究院人权保障同盟（即中国民权保障同盟）干事会"。11 日，又至中央研究院开人权保障同盟会，研究成立上海分会等事宜。17 日，再"往人权保障大同盟开会（该盟上海分会成立大会），被举为（上海分会）执行委员"。之后还参加了该盟的不少活动。

2月17日，乘车赴宋庆龄夫人宅午餐，同席为萧伯纳（等）七人。

4月11日，"是日迁居大陆新村新寓"。

4月，《两地书》由上海青光书局初版，鲁迅生前共印行四版次。

5月6日，"得为守常（李大钊，字守常）募捐公函"。于11日捐款50元。29日，夜作《〈守常全集〉题记》（《南腔北调集》）。

6月20日，午后"往万国殡仪馆送杨杏佛（杨铨，字杏佛）殓"，返后作《悼杨铨》诗（《集外集拾遗》）。

10月，《伪自由书》由上海北新书局以"青光书局"名义出版，次年2月被当局查禁。

1934年

3月，《南腔北调集》由上海同文书店初版。鲁迅生前共印行三版次。

8月23日，"下午居千爱里"，内山书店职员张荣甫、周根康因从事进步活动被捕，鲁迅避居于千爱里内山完造家，9月18日返寓。这是在上海的第四次避难。

12月，《准风月谈》由上海联华书局以"兴中书局"名义出版，次年1月再版，鲁迅生前共印行三版次。

1935年

1月8日，"得赵家璧信并编《新文学大系》约一纸"。"约一纸"即赵家璧请鲁迅选《中国新文学大系小说二集》的出版合同。之后，先生投入不少精力于此书编选并作序。

2月15日，始译果戈理长篇小说《死魂灵》，9月28日第一部译讫。1936年2月25日始译第二部，译至第三章未完病逝。

5月，《集外集》由上海群众图书公司初版。拟定《集外集拾遗》书名，但未编完，1938年出版《鲁迅全集》时，由许广平编定印入。

年末，《且介亭杂文》《且介亭杂文二集》由鲁迅编定，1937年7月由上海三闲书屋初版。《且介亭杂文末集》，鲁迅生前开始编集，后经许广平编定，

1937 年 7 月由上海三闲书屋初版。

1936年

1 月，《故事新编》由上海文化生活出版社初版，鲁迅生前共印行七版次。

2 月 11 日，同意日本改造社创始人、社长山本实彦提出的向日本介绍一些中国现代文学作品，不久即选出若干左翼青年作家的短篇小说，并作《〈中国杰出小说〉小引》。

4 月 7 日，应赵家璧之请"往良友公司，为之选定苏联版画"。

5 月 31 日，"下午史君（史沫特莱）引邓医生（托马斯·邓恩）来诊，言甚危"。经许广平、冯雪峰请求，同意史沫特莱请邓医生对其病进行了检查，认为鲁迅有罕见的抵抗力，同时确认他的病情严重。

6 月，《花边文学》由上海联华书局初版，同年 8 月再版，鲁迅生前共印行两版次。

10 月 8 日，"午后往青年会观第二回全国木刻流动展览会"。与青年木刻家座谈。

10 月 17 日，"下午同谷非（胡风的笔名）访鹿地君（鹿地亘）"。鹿氏正在胡风协助下翻译《鲁迅杂感选集》，鲁迅前往为之释疑，归途受凉，至下半夜起骤发支气管炎及气胸。

10 月 19 日，逝世。

附录二 人物索引

附录三　主要参考书目

《鲁迅全集》第一至第十八卷，人民文学出版社 2005 年版。

《鲁迅大辞典》，人民文学出版社 2009 年版。

许寿裳：《鲁迅传》，九州出版社 2017 年版。

冯雪峰：《一九二八至一九三六年的鲁迅：冯雪峰回忆鲁迅全编》，上海文化出版社 2009 年版。

朱正：《鲁迅传》，三联书店（香港）有限公司 2008 年版。

黄乔生：《鲁迅年谱》，浙江大学出版社 2021 年版。

林贤治：《鲁迅的最后十年》，东方出版中心 2006 年版。

梁伟峰：《文化巨匠鲁迅与上海文化》，上海文化出版社 2012 年版。

倪墨炎：《鲁迅后期思想研究》，人民文学出版社 1984 年版。

王彬彬：《鲁迅的晚年情怀》，中国书籍出版社 2015 年版。

王锡荣：《"左联"与左翼文学运动》，上海人民出版社 2016 年版。

王瑶：《鲁迅作品论集》，人民文学出版社 1984 年版。

李希凡：《一个伟大寻求者的心声》，上海文艺出版社 1982 年版。

钱理群：《鲁迅作品十五讲》，北京大学出版社 2003 年版。

张梦阳：《中国鲁迅学通史》，广东教育出版社 2005 年版。

王富仁、赵卓：《突破盲点：世纪末社会思潮与鲁迅》，中国文联出版社 2001 年版。

郜元宝：《鲁迅精读》，复旦大学出版社 2006 年版。

汪卫东：《探寻"诗心"：〈野草〉整体研究》，北京大学出版社 2014 年版。

吴海勇:《枭声或曰花开花落两由之》,花城出版社 2006 年版。

姜异新:《一代文宗 刹那锦云——也是鲁迅,也是胡适》,福建教育出版社 2016 年版。

周振甫注:《鲁迅诗歌注》,江苏教育出版社 2006 年版。

赵冰波:《鲁迅诗说》,河南人民出版社 2018 年版。

南京师范学院中文系资料室编:《鲁迅文言论文试译(初稿)》1976 年版。

钱理群、温儒敏、吴福辉:《中国现代文学三十年(修订本)》,北京大学出版社 1998 年版。

王桧林主编:《中国现代史(第四版)上册》,高等教育出版社 2015 年版。

熊月之:《上海城市品格读本》,上海人民出版社 2020 年版。

熊月之:《光明的摇篮》,上海人民出版社 2021 年版。

后记　让鲁迅作品本身来回答
什么是鲁迅精神

2021 年 8 月 6 日，上海人民出版社党委书记、社长、总编辑王为松（现任上海市社会科学界联合会党组书记、专职副主席）约我和鲁迅纪念馆原馆长、上海交通大学教授王锡荣，在学林出版社见面，学林出版社社长刘征、副社长楼岚岚和编辑胡雅君在座。我谈了自己在上海人民出版社和学林出版社支持下，写作"鲁迅'立人'思想今读"系列丛书的情况，系列丛书已出版六本，第七本《应该改换些态度和方法——鲁迅方法论今读》书稿即将杀青，出版后，系列丛书计划就完成了。为松先生提出，能否从"鲁迅与上海"的角度，再写一本关于"鲁迅精神"的书：讲清楚鲁迅这个人与上海这座城市，特别是与习近平总书记归纳的上海城市品格"开放、创新、包容"的关系；当然，鲁迅精神不是局限于上海的，而是面向全中国的；希望这样一本书既具有时代特征，又不失学术品位，经得起历史检验。这是一个很有价值，但颇具挑战性的设想。

首先，对鲁迅后期思想的研究，与前期、中期比，明显要薄弱些。分散的、从某个角度开展的研究不算少（这是就绝对量而言，相对于前、中期还是少的），全面、系统的研究却不多。有的研究受当时特定历史条件影响，偏重于阶级斗争角度。研究相对少，固然为后来者展开研究留下广阔天地，却也少了借鉴。其次，研究鲁迅后期思想，离不开对 20 世纪二三十年代上海历史的研究，我虽然生在上海，一直生活和工作在上海（即使职业生涯最后 11 年在中央企业宝钢工作，宝钢的总部也在上海），却没有专门作过这方面的研究，缺乏这方面的积累。第三，要把研究与上海城市品格联系起来，弄得不好，会把鲁迅后期思想局限于"开放、创新、包容"三个方面，使得研究偏离全面性和系统性。另外，要提出鲁迅后期思想、鲁迅精神对当下上海改革发展的启示，更是一个难以驾驭的课题。

经过片刻斟酌，我还是应允为松先生了。近 20 年来，我反复阅读《鲁迅全集》和大量、不断阅读鲁迅研究专著，对鲁迅"立人"思想及其各个专题作了比较系统的梳理，并思考、从若干角度提出了这些思想对中国人在当下改革发展的实践中，加快实现自身现代化的启示。在这样的基础上，对鲁迅后期思想作相对全面、系统的梳理，还是可能的。对 20 世纪二三十年代上海历史，尤其是文化史的了解，可通过阅读相关专著来弥补。至于鲁迅精神与上海城市品格的关系，由于"开放、创新、包容"都是现代化的基本条件和重要标志，所以这三者确实都是鲁迅精神的重中之重，而鲁迅精神的其他重要内容，也与"开放、创新、包容"密切相连。鲁迅精神对提升上海城市品格的启示，如果要完整地谈，对我来说是一个不可逾越的难题，但从某几个角度谈谈一己之见，还是可能的。

约谈后，我即把此事作为自己的头等大事，回掉了不少社会活

动，集中主要精力潜心研读鲁迅在上海（1927 年 10 月至 1936 年
10 月）创作的所有作品，再回过头来研读先生之前的所有作品。
同时，读了不少相关的鲁迅研究专著和上海现代史，尤其是文化史
方面的专著。在这个基础上，构思本书的框架结构。经过几个月
努力，有了一个大致想法。2022 年 1 月和 3 月，两次与岚岚沟通，
根据她提出的"鲁迅精神要放在上海这个点"的要求，不断完善思
路。4 月底，形成了书稿毛坯，约 17 万字。5 月上旬，我将书稿的
写作情况两次向为松先生报告，他都很快回复，提出了 3000 多字
的书面意见和建议。在为松先生的悉心指导下，我对书稿初稿作了
调整和修改。8 月 12 日，完成了《鲁迅在上海（1927—1936）：鲁
迅精神与上海城市品格》书稿（未定稿），约 24 万字。

去年 9 月 28 日，上海人民出版社主办、学林出版社承办，在
上海市社联举办了拙作书稿试读本的专家审稿会。出席会议的领导
和专家，除了王为松、刘征和王锡荣外，还有：上海人民出版社党
委书记、社长温泽远，学林出版社总编辑尹利欣，上海外国语大学
研究员陈福康，上海师范大学教授杨剑龙，中共上海市委党史研究
室研究二处处长吴海勇，鲁迅纪念馆副馆长乐融等。各位领导和专
家对书稿提出了不少宝贵的修改和补充意见。北京大学教授钱理群
以书面方式对书稿发表了意见。

审稿会后不久，经过四个多月努力，形成了书稿 2.0 版，书名
改为《鲁迅精神与上海城市品格——鲁迅在上海（1927—1936）》，
26.7 万字。今年 2 月 10 日，我按照约定，去学林出版社听取对
书稿 2.0 版的修改意见，刘征、尹利欣提出了很好的意见。同时，

我还收到了上海人民出版社资深专家对书稿提出的宝贵意见。此后，我谢绝了许多社会活动，用了两个多月时间集中精力修改书稿，调整了一些内容，修改了一些提法，压缩了篇幅，形成了3.0版。责任编辑以专业的眼光，细致地做好工作，使书稿尽可能避免差错。

衷心感谢为本书的出版付出辛勤劳动的各位领导和专家。

本书目录中解说鲁迅精神的内容尽可能用先生作品中的相关表述，出发点是让读者走近鲁迅，直接感受其风骨和风采。有的可能一下子看不明白，那就请读有关章节吧——我想，多数读者会愿意的。为更好地呈现"鲁迅在上海"，本书较多地引用了鲁迅作品中的相关内容，旨在让先生作品本身来回答什么是鲁迅精神。以引用先生上海十年作品的相关内容为主，适当引用之前作品，以保持其思想的完整性。对先生本人已经讲得很清楚、今天仍容易理解的内容，不多作解读。需要解读的，根据不同情况，有些比较展开，有些则点到为止。本书每一章的最后一节，是笔者联系上海城市品格读鲁迅精神的心得。这种心得不是对上海某一方面工作的全面评论，而只是有感而发，按照问题导向思路，从某种角度提一点改进建议而已。由于知识和经验积累的局限，难免考虑不周，敬请读者批评指正。

书稿写作过程中，得到家人一如既往的理解和支持，尤其是两个小外孙女不时催促"外公，你去书房写书吧"，为我的写作增添了爱的力量。书稿形成过程中，得到友人一如既往的相助，帮我校核文字，修改一些提法，避免了个别文字上的差错。这种不带私利，只是出于友情的帮助，坚定了我完成挑战性任务的勇气和信心。衷心感激他们。

刘国胜

2023 年 4 月 23 日于上海徐汇滨江中海瀛台

图书在版编目(CIP)数据

鲁迅精神与上海城市品格:鲁迅在上海:1927—
1936/刘国胜著.—上海:学林出版社,2023
ISBN 978-7-5486-1968-0

Ⅰ.①鲁… Ⅱ.①刘… Ⅲ.①鲁迅(1881-1936)-
生平事迹 Ⅳ.①K825.6

中国国家版本馆 CIP 数据核字(2023)第 193909 号

责任编辑 刘　征　石佳彦
封面设计 谢定莹

鲁迅精神与上海城市品格
　　——鲁迅在上海(1927—1936)
刘国胜　著

出　　版 学林出版社
　　　　　 (201101　上海市闵行区号景路 159 弄 C 座)
发　　行 上海人民出版社发行中心
　　　　　 (201101　上海市闵行区号景路 159 弄 C 座)
印　　刷 上海盛通时代印刷有限公司
开　　本 720×1000　1/16
印　　张 21.25
字　　数 23 万
版　　次 2024 年 1 月第 1 版
印　　次 2024 年 1 月第 1 次印刷
ISBN 978-7-5486-1968-0/G·757
定　　价 88.00 元

(如发生印刷、装订质量问题,读者可向工厂调换)